BLAUE REIHE

Aus der BLAUEN REIHE empfehlen wir:

Sichtbar werden! PR-Strategien und Tipps für soziale Organisationen, Vereine und Unternehmen
Handbuch für die tägliche Praxis
ISBN 978-3-8029-5426-9

Professionelles Fördermittelmanagement
Praxishandbuch für mehr Wirkung und Effizienz
ISBN 978-3-8029-5424-5

Finanzierung von Organisationen der Sozialwirtschaft
Finanzierungsströme – Finanzgeber – Verhandlungsstrategien
ISBN 978-3-8029-5451-1

lagfa bayern e.V.

KOMPETENT UND SICHER IM FREIWILLIGENMANAGEMENT

Ein Handbuch aus der Praxis für die Praxis

WALHALLA

Bibliografische Information der Deutschen Nationalbibliothek
Die Deutsche Nationalbibliothek verzeichnet diese Publikation in der Deutschen Nationalbibliografie; detaillierte bibliografische Daten sind im Internet über www.dnb.de abrufbar.

Zitiervorschlag:

lagfa bayern e. V.: Kompetent und sicher im Freiwilligenmanagement
Ein Handbuch aus der Praxis für die Praxis
Walhalla Fachverlag, Regensburg

Weitere Infos zur BLAUEN REIHE finden Sie unter: www.fokus-sozialmanagement.de

Walhalla Mediengruppe

WALHALLA – eine Marke der Walhalla Mediengruppe

Kontakt bei Fragen zur Produktsicherheit:
Walhalla u. Praetoria Verlag GmbH & Co. KG, Haus an der Eisernen Brücke, 93042 Regensburg, E-Mail: produktsicherheit@walhalla.de, Telefon: 0941 5684-0

Produktion: Walhalla Mediengruppe, Regensburg
Umschlaggestaltung: grubergrafik, Augsburg

Printed in Germany
ISBN 978-3-8029-5427-6

Zur Walhalla Mediengruppe gehören die Marken WALHALLA, Deichmann+Fuchs, metropolitan und Annual Multimedia Award.

Gesamtinhaltsverzeichnis

Abbildungsverzeichnis

Tabellen

Checklisten und Vorlagen im Text

Checklisten und Vorlagen im Anhang

Abkürzungsverzeichnis

Abs.	Absatz
Art.	Artikel
bspw.	beispielsweise
bzgl.	bezüglich
bzw.	beziehungsweise
ca.	circa
DSGVO	Datenschutz-Grundverordnung
ebd.	ebenda
et al.	et alii/und andere
e. V.	eingetragener Verein
evtl.	eventuell
f./ff.	folgende Seite/Seiten
ggf.	gegebenenfalls
i. d. R.	in der Regel
inkl.	Inklusive
lt.	laut
S.	Seite/Seiten
s. a.	siehe auch
s. o.	siehe oben
o. Ä.	oder Ähnliches
o. g.	oben genannt
o. J.	ohne Jahr
u. a.	unter anderem
UNO	United Nations Organization
u. v. m.	und vieles mehr
v. a.	vor allem
vgl.	vergleiche
z. B.	zum Beispiel
z. T.	zum Teil

Wir widmen dieses Buch unserer Kollegin
Monika Nitsche
1973–2025

Sie wird uns als leidenschaftliche Verfechterin des Bürgerschaftlichen Engagements in Erinnerung bleiben, die mit ihrem Wissen, ihrer Empathie und ihrem unerschütterlichen Glauben an die Kraft des Ehrenamts viele Menschen motiviert hat.

Die **lagfa bayern** ist der Zusammenschluss der rund 120 Freiwilligenagenturen, Freiwilligenzentren und Koordinierungszentren Bürgerschaftliches Engagement in Bayern. Gemeinsam mit unseren Mitgliedseinrichtungen setzen wir uns aktiv für die Förderung des freiwilligen Engagements in Bayern ein.

Die lagfa bayern e.V. wird gefördert durch

Bayerisches Staatsministerium für
Familie, Arbeit und Soziales

Hinweis

Wir sehen genderinklusive Formulierungen als einen Beitrag unserer Organisation zur gesellschaftlichen Verantwortung in Bezug auf Geschlechtergerechtigkeit. Wir sind der Überzeugung, dass das generische Maskulinum durch Konzeptualisierungsunterschiede nicht alle Menschen, die sich angesprochen fühlen sollen, einschließt.Um alte Deutungshoheiten aufzubrechen, nutzen wir deshalb in dieser Publikation neben neutralen Formulierungen den Genderdoppelpunkt.

lagfa bayern e.V. im September 2025

Vorwort

Bürgerschaftliches Engagement ist ein wichtiges Fundament für eine stabile demokratische Gesellschaft. Freiwillige bringen Zeit, Wissen, Fähigkeiten und Begeisterung für eine Sache ein. Mit ihrem Engagement prägen sie das gesellschaftliche Miteinander nachhaltig und tragen dazu bei, dass Zusammenhalt, Solidarität und gegenseitige Unterstützung gelebt werden.

Um dieses wertvolle Engagement nachhaltig zu fördern und zu stärken, bedarf es eines professionellen und wertschätzenden Freiwilligenmanagements, das über die bloße Koordination von Helfer:innen hinausgeht. Es geht darum, Freiwillige gezielt anzusprechen, sie zu motivieren, in ihrer Arbeit zu begleiten und ihre individuellen Fähigkeiten bestmöglich einzusetzen. Ein gutes Freiwilligenmanagement erkennt die Bedürfnisse der Freiwilligen, schafft eine offene, wertschätzende Kultur und sorgt dafür, dass sich jede:r Einzelne willkommen und gebraucht fühlt. Bisher gab es nur wenige Leitfäden, die diese Themen allumfassend behandelten.

Die lagfa bayern ist der Dach- und Fachverband für Freiwilligenagenturen in Bayern. Unser Ziel ist die Förderung des freiwilligen Engagements in all seinen Facetten. Deshalb setzen wir uns für die Professionalisierung des Freiwilligenmanagements ein. Dieses Handbuch ist dafür ein wichtiger Meilenstein. Es orientiert sich an den Herausforderungen und Bedürfnissen derjenigen, die täglich mit Freiwilligen arbeiten – sei es in Freiwilligenagenturen, in Vereinen, Verbänden, gemeinnützigen Organisationen oder Kommunen. Deshalb wurden die Kapitel auch mit Praxistipps und konkreten Hilfestellungen für den Alltag in Form von Checklisten und Vorlagen angereichert.

Das Ziel ist es, die Arbeit mit Freiwilligen zu erleichtern, sie professioneller zu gestalten und die Zusammenarbeit für alle Beteiligten bereichernd zu machen.

Das Handbuch bietet eine breite Palette an Themen, die für die Arbeit mit Freiwilligen relevant sind. Neben allgemeinen Fakten zum Engagement und zu aktuellen Entwicklungen werden anhand des Freiwilligenzyklus wichtige Stationen des Freiwilligenmanagements beschrieben und durch übergeordnete Managementthemen wie Projektorganisation, Finanzierung, Qualitätsentwicklung oder Öffentlichkeitsarbeit ergänzt. Zusammen bieten diese einen umfassenden Werkzeugkasten für wirkungsvolles Freiwilligenmanagement. In einem weiteren Teil werden besondere Engagementformate vorgestellt und aufgezeigt, welche Herausforderungen sich dafür jeweils im Freiwilligenmanagement ergeben.

Unser Ziel ist es, Sie als Leser:in dabei zu unterstützen, Freiwillige für Ihre Organisation zu begeistern, sie willkommen zu heißen und gemeinsam eine gute Zusammenarbeit aufzubauen. Wir möchten dazu beitragen, dass das Bürgerschaftliche Engagement weiter gestärkt wird und dass Freiwillige sich in ihrer Arbeit wertgeschätzt und unterstützt fühlen.

Bürgerschaftliches Engagement ist kein Selbstläufer. Es braucht Menschen, die sich einbringen, und Strukturen, die dieses Engagement fördern und unterstützen. Nur gemeinsam können wir die Herausforderungen unserer Zeit meistern und unsere Gesellschaft aktiv mitgestalten.

Wir hoffen, dass dieser Leitfaden Ihnen wertvolle Anregungen für Ihre tägliche Arbeit bietet und Sie daraus viele praktische Tipps für Ihren Alltag mitnehmen können.

Laura Eder und Eva Kurfer, Geschäftsführerinnen der lagfa bayern e. V.

Sonja Geigenberger, Vorständin der lagfa bayern e. V.

1. Strategisches Freiwilligenmanagement als Basis für gelingendes Engagement

Doris Rosenkranz

Strategisches Freiwilligenmanagement folgt einer Überzeugung, die ein überaus wertschätzendes Menschenbild vertritt: Mit dem Engagement im Ehrenamt machen Menschen ein kostbares Geschenk. Sie schenken ihre Zeit einem Verein, einer Organisation oder einem Anliegen, das ihnen wichtig ist. Sie tun dies freiwillig, u. a., weil sie einen Bedarf sehen oder Freude daran finden. Und sie tun dies zu den Bedingungen einer modernen Gesellschaft, die anders aussieht und anders funktioniert als noch in den Jahren nach dem Zweiten Weltkrieg.

In der aktuellen Diskussion in Wissenschaft und Politik gelten insbesondere **drei zentrale Annahmen**, die diesem Beitrag vorangestellt werden (vgl. Rosenkranz, Görtler, Buchner 2024):

1. Ehrenamt ist nicht selbstverständlich und lässt sich nicht einfach „von oben verordnen".
2. Ehrenamt ist dann attraktiv für Menschen, wenn es nicht (nur) aus der Sicht der Vereine und Organisationen gedacht wird, so drängend dort die Suche nach neuen Mitgliedern oft auch ist.
3. Entscheidend für die Aufnahme und/oder die Fortführung eines ehrenamtlichen Engagements sind gute Rahmenbedingungen, die die Perspektive der Ehrenamtlichen genauso berücksichtigen wie die Perspektive der Hauptamtlichen, mit denen sie eventuell gemeinsam aktiv sein werden.

Dieser strategische Ansatz des Freiwilligenmanagements nimmt damit nicht nur die „aufnehmende" Organisation selbst wahr, sondern öffnet den Blick auch für die Bedarfe der Freiwilligen und der künftig zu gewinnenden Zielgruppen für das Engagement.[1] Herzstück sind verantwortliche „Kümmer:innen" im Ehrenamt, die strategisches Freiwilligenmanagement umsetzen.

Heute mag ein solcher Ansatz fast selbstverständlich und der Verweis auf diese Inklusion der Perspektiven vielleicht redundant wirken. Dahinter steht jedoch ein innovativer Prozess über 25 Jahre, der allmählich in Deutschland etabliert wurde, seit dieses Jahrtausend begonnen hat.

Bemerkenswert ist dabei durchaus, dass es dauert, bis diese Perspektive in den Vereinen, in den Verbänden und den Organisationen des Engagements in Deutschland

[1] Engagement und Ehrenamt werden in diesem Beitrag synonym verwendet. Seit dem Beginn der Moderne im frühen 19. Jahrhundert fokussierte der Begriff Ehrenamt vor allem auf Amt und Funktion. Seit der Definition der Enquetekommission des Deutschen Bundestages etwa im Jahr 2022 gibt es einen gemeinsamen Nenner, auf den sich viele verständigen. Konstituierende Faktoren für ehrenamtliches Engagement sind demnach, dass die Menschen freiwillig und für andere Menschen und ein „Gemeinwohl" tätig sind und dies ohne das Ziel eines materiellen Gewinns (vgl. u. a. Deutscher Bundestag 2002; Hartnuß 2019; Backhaus-Maul 2021).

langsam und – durchaus nicht immer stetig – ihren Weg findet und in die Praxis des Engagements diffundiert.

Doch genau an dieser Konzeption lässt sich der gewandelte, der neue Ansatz im Umgang mit ehrenamtlich Engagierten festmachen.

Bedeutung des Engagements als Beitrag einer modernen Gesellschaft

Diese Perspektive, aus der auf das Engagement geblickt wird, gewinnt an Bedeutung, wenn man Engagement als konstituierenden Bestandteil des demokratischen Sozialstaates wahrnimmt. Wirksam im Sinne einer Beziehung auf Gegenseitigkeit, an der sich Bürger:innen ehrenamtlich beteiligen und andererseits auch wieder vom Engagement anderer profitieren. Dann ist jedes einzelne Engagement – ob im Rettungsdienst, bei Vorlesepatenschaften im Kindergarten oder für die Krötenrettung – ein Zeichen aktiver Mitgestaltung der Gesellschaft.

Aus soziologischer Sicht war und ist Ehrenamt dabei immer Teil gesellschaftlicher Entwicklung und abhängig von Rahmenbedingungen außerhalb des jeweiligen Ehrenamts. Engagement in allen Bereichen verändert sich kontinuierlich wie auch die anderen Bereiche einer modernen Gesellschaft: Das gilt für individuelle Vorlieben und Motivationen genauso wie für den Wunsch nach Anerkennung. Je mehr Menschen z. B. beruflich eingespannt sind, desto weniger Zeit bleibt womöglich für ein Ehrenamt. Je knapper die Haushaltskasse in der Familie, desto schwieriger wird es, Zeit für ein ehrenamtliches Engagement unentgeltlich einzusetzen.

Wenn Engagement ein Beitrag zum gesellschaftlichen Miteinander ist und das Ziel weiterhin sein soll, dass sich Menschen engagieren, dann muss ermöglicht werden, dass Ehrenamt im Leben der Menschen einen Platz haben kann, dass es attraktiv ist und dass es Spaß macht, Zeit für dieses Engagement aufzuwenden.

Und es braucht Ideen, damit es zeitlich auch für Mütter und Väter mit kleinen Kindern, für Berufstätige und für Berufspendler zu schaffen ist. Und dass auch Engagement für Menschen möglich wird, die nach Deutschland eingewandert sind und womöglich bisher weder den Begriff „Verein" gehört haben noch das Konzept „zivilgesellschaftliches Engagement" kennen oder schon selbst erlebt haben.

Freiwilligenmanagement als strategisches Aufgabenfeld

Die These lautet hier: Wenn Verantwortliche für Engagement diesen Wandel wahrnehmen, ihn mitdenken und in eine eigene Strategie umsetzen, wird es für das Ehrenamt auch künftig gute Rahmenbedingungen geben. Dies ist der Ansatz strategischen Freiwilligenmanagements.

Gesangvereine lösen sich auf, Feuerwehren müssen aktiv um Nachwuchs werben. In dieser Lage ist es zunächst verständlich, dass Ehrenamt über viele Jahre häufig vom Organisationsinteresse aus gedacht wurde. Dabei ging es um Fragen wie: Woher kommen neue Mitglieder? Was muss der/die neue Vereinsvorsitzende mitbringen? Was benötigt die Organisation?

Auf den ersten Blick könnte man die Aufgaben im Freiwilligenmanagement daher so verstehen, dass „Kümmer:innen" dafür sorgen, dass viele Ehrenamtliche kommen, sich angenommen und begleitet fühlen. Tatsächlich geht es weit darüber hinaus: Ziel ist ein strategisches Gesamtpaket, dass das Interesse der Organisation erweitert um die Perspektive der Ehrenamtlichen. Die Ansprache (künftiger) Ehrenamtlicher ist dann z. B.

direkt verbunden mit einer transparenten und klaren Aufgabenbeschreibung, zeitgemäßer Anerkennung und persönlicher Begleitung.

Bis zur Jahrtausendwende war diese Perspektive in der Fachwelt nicht sehr stark entwickelt. In Philadelphia, USA, publizierte Susan J. Ellis ab 1994 Schriften und Ratgeber, die damals in Deutschland nur mit Mühe zu erhalten waren (vgl. Ellis 2002). Es gab mit der Gründung der „Akademie für Ehrenamtlichkeit im fjs e. V." in Berlin u. a. von Christiane Biedermann (2000) erste Konzepte für die Gestaltung von Engagement. Und der Bundestag hatte um das Jahr 2000 die Enquetekommission eingerichtet und damit früh das Thema Engagement politisch gesetzt.

Internationales Jahr des Ehrenamts 2001

Von den Vereinten Nationen wurde dann das Jahr 2001 zum Internationalen Jahr des Ehrenamts deklariert. Als junge und frisch berufene Professorin mit empirischer Erfahrung im Volunteers Management in den USA organisierte die Autorin zusammen mit der Psychologin Angelika Weber im März 2001 aus diesem Anlass eine Fachtagung. Finanziert wurde die Tagung durch die Bosch-Stiftung und das Bayerische Sozialministerium, zu Gast bei der Tagung in Würzburg waren etwa 450 Teilnehmende aus ganz Bayern.

Themen waren die künftige Entwicklung des Engagements sowie die Chancen und Stolpersteine für Vereine und Verbände. Aufgrund der großen, positiven Resonanz entstand die Idee, das Konzept „Strategisches Freiwilligenmanagement" für die Praxis weiterzuentwickeln. Bei der Gründung der „Hochschulkooperation Ehrenamt" war neben den Inhalten auch die Zusammensetzung der Stakeholder innovativ: aus Bayern drei Hochschulen, die Mitglieder des Landesnetzwerkes Bürgerschaftliches Engagement und bald noch die Spitzen der Träger der Freien Wohlfahrt (vgl. www.hochschul-kooperation-ehrenamt.de).

Hochschulkooperation Ehrenamt

Seit dem Jahr 2008 gibt es die jährlichen Lehrgänge der „Hochschulkooperation Ehrenamt". Die inzwischen etwa 460 Absolvent:innen dieser Weiterbildung sind in Bayern, Deutschland und der Schweiz in allen Feldern des Engagements tätig. Seit 2015 ist der Lehrgang auch in Österreich etabliert.

Seit 2014 hat sich zudem aus dem Kreis des Lehrgangs ein fachliches Netzwerk entwickelt – die Gesellschaft für Freiwilligenmanagement. Sie steht allen Interessierten am Freiwilligenmanagement offen und ist aktiver Partner in der Vertretung der Belange der „Kümmer:innen" (vgl. www.gesellschaft-freiwilligenmanagement.de).

Das Interesse an der Weiterbildung blieb über die Jahre hoch, es zeigte sich aber auch, dass ein erfolgreiches Konzept für strategisches Freiwilligenmanagement immer verbunden ist mit einer kontinuierlichen Organisationsentwicklung. Ein solcher Prozess kann zeitintensiv sein und benötigt Ressourcen. Oft ist dieser Prozess mit einer strategischen Planung verbunden, wo die Organisation in „x Jahren" stehen will, ob z. B. im Ehrenamt dann andere Zielgruppen angesprochen werden oder andere Formen der Anerkennung gelten sollen. All dies bedarf politischer Entscheidungen und Aushandlungsprozesse für passende Rahmenbedingungen.

Das Land Bayern und das für Grundsatzfragen im Engagement zuständige Staatsministerium für Familie, Arbeit und Soziales haben als Teil der Engagementstrategie förderliche

Rahmenbedingungen seit vielen Jahren tatkräftig unterstützt[2] und die Infrastruktur für Bürgerschaftliches Engagement in Bayern stark und erfolgreich ausgebaut, etwa durch die Förderung der Freiwilligenagenturen in Bayern oder die Veranstaltung Ehrenamtskongress Bayern. (Ein Überblick zur Infrastruktur findet sich bei Rosenkranz, Görtler, Buchner 2024, S. 36–41).

Hoher Bedarf an Qualifizierung

Strategisches Freiwilligenmanagement ist also zentrale Voraussetzung für gelingendes Engagement. Doch erstaunlich wenig ist bisher aus Erhebungen bekannt über die konkrete Tätigkeit und Arbeitssituation der Ansprechpersonen im Engagement.

Eine Pilotstudie, finanziert durch die Deutsche Stiftung für Engagement und Ehrenamt (DSEE), lieferte 2023 nun erste empirische Anhaltspunkte, was es heißt, sich in Freiwilligenkoordination und Freiwilligenmanagement um Engagement zu „kümmern" (vgl. Rosenkranz, Buchner, Görtler 2023).

Insgesamt zeigen die etwa 1.430 Befragten in Deutschland eine enorme Heterogenität, sie sind ehrenamtlich als auch hauptamtlich zuständig für Engagement in ihrem Umfeld und nicht über eine einheitliche Benennung zu identifizieren. Oft sind geringe Stundenkontingente mit einer hohen Dichte an Aufgaben verbunden (ausführlich unter www.engagement-gestalten.de).

Eine Auswahl der Ergebnisse: Etwa ein Viertel (23 Prozent) sagt, dass es tatsächlich Ehrenamts- oder Freiwilligenkoordinator:in genannt wird. Ein Drittel der Befragten (34 Prozent) gibt an, sich im Rahmen anderer Funktionen als „Sozialarbeiter:in" oder „Geschäftsführung" um Fragen des Ehrenamts zu „kümmern". Über die Hälfte der Befragten (56 Prozent) wünscht sich mehr Austausch mit Personen in ähnlichen Positionen und ähnlichen Tätigkeitsfeldern.

Wissensbedarfe

Konkretes Wissen wünschen sich Kümmer:innen zu den Themen Gewinnung und Bindung von Ehrenamtlichen (24 Prozent), rechtliche Fragen und Finanzierung (18 Prozent). Fast 60 Prozent der verantwortlichen „Kümmer:innen" haben bisher keine Qualifizierung oder Weiterbildung zum Thema Engagement oder Freiwilligenmanagement besucht.

Fazit

Ehrenamtliches Engagement ist nicht selbstverständlich. Ehrenamtliches Engagement ist ein freiwilliges Geschenk von Bürger:innen, das nicht „verordnet" werden kann, sich aber durch gute Rahmenbedingungen gestalten lässt. Die Gestaltung von Engagement ist in dieser Perspektive ein Gesamtpaket, das durch Instrumente und Akteure des strategischen Freiwilligenmanagements gestärkt wird. Notwendig sind neben mehr empirischer Forschung zum Arbeitsfeld Freiwilligenmanagement eine Stärkung der Qualifizierung und der Vernetzung jener professionellen Akteur:innen, die als „Kümmer:innen" eine zentrale Bedeutung im Engagement einnehmen.

---

[2] So ist die Förderung des Ehrenamts seit dem Jahr 2013 als Staatsziel in der Bayerischen Verfassung verankert (vgl. Bayerischer Landtag 2013). In Art. 121 heißt es dort: „Staat und Gemeinden fördern den ehrenamtlichen Einsatz für das Gemeinwohl."

2. Ein paar Fakten zum Einstieg

Claudia Leitzmann

Das Ehrenamt, die Landschaft der Verbände, Vereine und Initiativen und des Bürgerengagements, hat sich seit Anfang der 2000er-Jahre sehr verändert, was sich nicht nur in der zunehmenden Verwendung der Begriffe „Bürgerschaftliches Engagement", „Bürgerengagement" oder „Freiwilligentätigkeit" niederschlägt. Dieses Kapitel gibt einen kurzen Überblick über die Entwicklung der letzten Jahrzehnte und die damit verbundenen aktuellen Herausforderungen für das Freiwilligenmanagement, dessen Bedeutung und Notwendigkeit sich selbst erst in den letzten Jahrzehnten herauskristallisiert hat.

Neue Formen des Engagements entstehen

Neben den traditionellen Verbänden und Vereinen sind zahlreiche neue Formen des Engagements, wie Initiativen, Nachbarschaftshilfen, Helferkreise für Geflüchtete, Selbsthilfegruppen und ganz besonders die Freiwilligenagenturen, entstanden oder stark gewachsen. Viele davon haben sich landes- oder bundesweit zusammengeschlossen, gemeinsam Konzepte und Ziele erarbeitet und setzen sich für eine Verbesserung der Rahmenbedingungen für ihr Engagement ein. Auch für die Politik ist die Bedeutung des Themas gewachsen. Begriffe wie Engagementpolitik oder Freiwilligenmanagement haben sich in den letzten 20 Jahren auch im Politikbetrieb etabliert. Positionen wie die „Ehrenamtsbeauftragten" eines Bundeslandes oder Stabstellen für Bürgerengagement in den Kommunen gab es vorher nicht, die im Jahr 2025 erstmals eingeführte Funktion einer Staatsministerin für Sport und Ehrenamt auf Bundesebene zeigt ebenfalls die zunehmende Bedeutung dieses neuen Politikfelds.

Auch die Zahl der Ausschreibungen, Stiftungen und Preise für das Ehrenamt und Bürgerschaftliches Engagement ist stark gestiegen. Kommunen, Parteien, Verbände, Kirchen, Schulen und Hochschulen loben Preise aus, Stiftungen legen Förderschwerpunkte entsprechend.

Ein großes und stark wachsendes Feld ist das der Fortbildungsangebote: Zu den immer schon fachlich notwendigen internen Einführungskursen wie etwa in der Rettungs- und Hospizarbeit sind Vereins- und Ehrenamtsakademien entstanden. Die Weiterbildungen für Ehrenamtliche und Hauptamtliche reichen von klassischen Themen wie dem Vereinsrecht über das Fundraising und die Presse- und Öffentlichkeitsarbeit bis hin zu aktuellen Bedarfen wie Informationen zur Situation kriegstraumatisierter Menschen oder zum Umgang mit demokratiefeindlichen Tendenzen in der eigenen Einrichtung.

Kooperation Haupt- und Ehrenamt

Die zunächst als problematisch angesehenen Kooperationen zwischen Haupt- und Ehrenamt sind heute in vielen Einrichtungen gelebte Realität und werden in ihrer Sinnhaftigkeit wohl kaum mehr angezweifelt. Dort, wo ehrenamtliche wie hauptamtliche Kräfte gut auf die Zusammenarbeit vorbereitet, professionell beraten und begleitet werden, sind die Kooperationen für alle Beteiligten ein Gewinn.

2.1 Diskussionen zu den Begrifflichkeiten

In den 1990er-Jahren des letzten Jahrhunderts kamen zunehmend neue Bezeichnungen für den Begriff es Ehrenamts auf. Mit der Etablierung der Freiwilligenagenturen und entsprechend des Begriffs der Freiwilligentätigkeit entstanden innerhalb der Engagementlandschaft Anfang der 2000er-Jahre heftige Diskussionen über die Bedeutung und korrekte Verwendung der unterschiedlichen neuen Begriffe. Insbesondere stand die Frage im Raum, ob und wo sich Kriterien wie Freiwilligkeit, Unentgeltlichkeit und Gemeinwohlorientierung der Tätigkeiten eindeutig abbilden lassen und wie sich diese von teilweise pauschal honorierten Tätigkeiten wie etwa in der Politik, als Übungsleiter:in im Sport oder im Freiwilligendienst unterscheiden.

Ehrenämter können zum einen durchaus gut dotiert sein, zum anderen sehen viele heute den traditionellen Begriff „Ehrenamt" als überholt an. Er scheint zwar nach wie vor für bestimmte Ämter oder formale Strukturen in Vereinen und Verbänden passend, nicht aber für die vielfältigen Formen des gesellschaftlichen Engagements, die sich auch durch einen zunehmenden Wunsch nach Mitbestimmung und Mitgestaltung auszeichnen. Auch wenn Fachleute Wert auf eine eindeutige Definition legen, werden heute viele der Begriffe weitgehend synonym verwendet. Hier der Versuch einer Charakterisierung.

Das klassische Ehrenamt

Bei der Entstehung des **Ehrenamts** zu Beginn des 19. Jahrhunderts war die unentgeltlich übernommene Aufgabe mit einem hohen öffentlichen Ansehen verbunden. Es gehörte zum guten Ton, ein Ehrenamt zu bekleiden. Heute scheint diese Begriffszusammensetzung von Ehre und Amt zwar veraltet, es gibt aber nach wie vor sehr wichtige und unverzichtbare Ehrenämter, die dem ursprünglichen Sinn entsprechen, wie z. B. das Amt der ehrenamtlichen Schöffen bei Gericht, des/der Präsident:in der Industrie- und Handelskammer (IHK) oder der Würdenträger:innen in großen Verbänden. In diesen Fällen ist das Ehrenamt ein freiwilliges Engagement, bei dem man in ein Amt gewählt bzw. für eine bestimmte Zeit dazu bestellt wird. Die Dauer des Engagements ist durch die Amtsperiode festgelegt. Man unterliegt in diesen Ämtern möglicherweise rechtlichen Vorgaben (Vereins- und Steuerrecht) und der Kontrolle von Vereinsorganen oder staatlicher Behörden (Ehrenamt als Schöffe oder Schöffin, als Bewährungshelfer:in).

Freiwilligenarbeit

Bei dem Begriff der **Freiwilligenarbeit** geht es vor allem um die besondere Stellung der unentgeltlichen Tätigkeit im Vergleich zur Erwerbsarbeit. Ähnlich wie in der Diskussion um Familienarbeit zeigt sich in unserer Gesellschaft, dass der Wert einer Tätigkeit stark von ihrem Status als (bezahlte) (Erwerbs-)Arbeit abhängt. „Freiwilligenarbeit" betont daher den Aspekt der Leistung im ehrenamtlichen Engagement, aber auch, dass diese Leistung nicht weisungsgebunden, sondern aus freien Stücken erbracht wird.

Freiwilliges Engagement

Mit dem Begriff des **freiwilligen Engagements** wird vor allem die Freiwilligkeit betont: Es geht um ein Engagement, zu dem man sich freiwillig, d. h. ohne Verpflichtung und ohne finanzielle Interessen entschieden hat. Dies kann einmalig und stundenweise sein, aber bei regelmäßigen Einsätzen auch einen höheren zeitlichen Umfang haben. Es besteht keine unbedingte Verpflichtung, einen bestimmten Zeitraum des Engagements einzuhalten, aber in der Praxis kann dieses Engagement durchaus mit einer zeitlichen Selbstverpflichtung (z. B. bei Lesepaten für ein Schuljahr) bzw. mit einem zuverlässigen regelmäßigen Einsatz verbunden sein.

Freiwilligendienste

Das Besondere an den **Freiwilligendiensten** ist, dass man sich zwar freiwillig für sie entscheidet, diese Dienste aber grundsätzlich mit einem höheren Maß an Selbstverpflichtung verbunden sind: Freiwilligendienste beinhalten eine schriftlich vereinbarte Stundenzahl, häufig im Umfang einer Vollzeitbeschäftigung. Diese hohe zeitliche Bindung bei nur sehr geringen Entgeltleistungen macht gesetzliche Regelungen insbesondere zum Schutz der Freiwilligen notwendig. Aufgrund des hohen zeitlichen Einsatzes und der damit wegfallenden Möglichkeit, ausreichend Erwerbsarbeit zu leisten, kann eine Art Grundsicherung in Form von Taschengeld, Kost, Logis und Sozialversicherung geboten werden. Freiwilligendienste sind z. B. das Freiwillige Soziale Jahr (FSJ), das Freiwillige Ökologische Jahr (FÖJ) sowie der Bundesfreiwilligendienst (BFD). Freiwilligendienste werden im In- und im Ausland angeboten.

Corporate Citizenship

Mit **Corporate Citizenship** bezeichnet man das Bürgerschaftliche Engagement in und von Unternehmen, das über die eigentliche Geschäftstätigkeit hinausgeht. Ziel ist es, ein Unternehmen auf möglichst vielfältige Weise mit dem Gemeinwesen zu vernetzen und zur Lösung gesellschaftlicher Probleme beizutragen. Das Unternehmen setzt sich als „guter Bürger" aktiv für die Zivilgesellschaft oder konkrete Zwecke (z. B. Ökologie, Kultur, Soziales) ein. Die dazu gehörige Managementstrategie wird als „Corporate Responsibility" bezeichnet. Das Engagement von Unternehmen kann unterschiedlich aussehen: Es reicht vom Einsatz von finanziellen Ressourcen oder auch fachlicher Beratung über klassische Spenden und Sponsoring bis hin zur Freistellung von Personal für ehrenamtliche Einsätze. Für diese Engagementform werden auch die Begriffe Unternehmensengagement oder Corporate Volunteering verwendet.

Selbsthilfe

Die **Selbsthilfe**, häufig zu Unrecht im Kontext des gesellschaftlichen Engagements übersehen, zeichnet sich durch das gemeinsame Engagement in einer Gruppe aus, die sich aus betroffenen Menschen, deren Angehörigen und Freunden zusammensetzt. Dabei geht es um den Erfahrungsaustausch und die gegenseitige Hilfe, aber auch um die Zusammenführung von Expertenwissen zu den unterschiedlichen Themen. Öffentliche Aufklärung, weiterführende Angebote und Lobbyarbeit sind ebenfalls Ziele von Selbsthilfegruppen, die damit eine wichtige Ergänzung im Gesundheitsbereich darstellen (Herzsportgruppen, chronische Erkrankungen), aber auch im Sozialbereich (z. B. Familie, Migration, Arbeitslosigkeit) tätig sind.

Bürgerschaftliches Engagement

Der Begriff **Bürgerschaftliches Engagement** hat sich seit Beginn der 2000er-Jahre zunehmend als übergeordnete Bezeichnung für beispielsweise Ehrenamt, Freiwilligenarbeit oder -tätigkeit etabliert. Er weist darauf hin, dass Menschen selbstbestimmt und als mündige Bürger:innen handeln, wenn sie sich engagieren. Als Mitglied einer demokratischen Gesellschaft geht es nicht nur darum, dem Staat ehrenamtlich zu „dienen" und ein würdiges „Amt" zu bekleiden, sondern auch darum, aktiv an der Entwicklung der Gesellschaft teilzuhaben, sie mitzugestalten und Verantwortung zu übernehmen.

2.2 Aktuelles aus dem Engagementbereich

Das Ehrenamt hat sich mit den gesellschaftlichen Veränderungen gewandelt. Es ist eine Tatsache, dass viele Vereine, Kirchen und Parteien Mitglieder verlieren und große Schwierigkeiten haben, junge Menschen zu finden, die z. B. bereit sind, ein Vorstandsamt zu übernehmen. Trotzdem – und das erscheint zunächst paradox – ist die Engagementbereitschaft der Menschen gleichbleibend hoch mit steigender Tendenz, das belegen Studien wie der bundesweite Freiwilligensurvey oder die einschlägigen Umfragen von ZiviZ. Auch und gerade in Krisensituationen, wie etwa bei einer Flutkatastrophe oder bei der plötzlich notwendigen Erstaufnahme von Geflüchteten aus Kriegsgebieten, zeigt sich, dass die meisten Menschen bereit sind, sich unentgeltlich gesellschaftlich zu engagieren, wenn sie gebraucht werden.

2.2.1 Verändertes Engagementverhalten

Was sich seit Beginn des Jahrtausends verändert hat, sind die individuellen Lebenssituationen und -formen, die Bildungswege und die wachsende Mobilität. Viele Engagierte wollen oder können sich nicht mehr über einen längeren Zeitraum fest an eine Einrichtung binden. Und sie sind anspruchsvoller geworden: Sie wünschen z. B. eine gute Vorbereitung und Einarbeitung in ihr Tätigkeitsfeld und die Möglichkeit zur Mitgestaltung.

Viele große Verbände und traditionsreiche Vereine haben sich diesen neuen Herausforderungen bereits gestellt: in Sportvereinen gibt es erfolgreiche Projekte zur Verteilung von Verantwortungslasten mit der Neuaufstellung der Vorstandsarbeit, z. B. in Tandems oder mit der Einführung eines Jugendvorstands, in dem man sich erst einmal an die Verantwortungsübernahme herantasten kann. Und bei den Feuerwehren laufen Programme zur Einbindung neuer Zielgruppen wie etwa von Frauen oder von Menschen mit Zuwanderungsgeschichte. Immer noch leisten die Ehrenamtlichen in diesen traditionellen Strukturen den größten Teil der ehrenamtlichen Arbeit in Bayern.

Rolle der Freiwilligenagenturen

Gewachsen ist die Zahl der Menschen, die sich gern engagieren möchten, aber noch keine Verbindung zu einer passenden Einrichtung haben und nicht wissen, wo ihre Fähigkeiten gebraucht werden und wie sie sich einbringen können. Hier spielen die Freiwilligenagenturen eine wichtige Rolle. Parteilich und konfessionell meist ungebunden, bieten sie Beratungs- und Vermittlungsangebote für engagierte und am Engagement interessierte Bürger:innen sowie für Organisationen, die auf ehrenamtliches Engagement angewiesen sind oder sich hierfür öffnen wollen. Auch Bürgerstiftungen, Mehrgenerationenhäuser, Selbsthilfekontaktstellen, Seniorenbüros und soziokulturelle Zentren arbeiten ähnlich. Allen Einrichtungen ist gemeinsam, dass sie freiwillige Aktivitäten bündeln, befördern und die Zugangswege ebnen. In Bayern haben sich diese Einrichtungen im Landesnetzwerk Bürgerschaftliches Engagement Bayern e. V. (LBE) zusammengeschlossen, das im Jahr 2003 gegründet wurde.

2.2.2 Engagement in Zahlen

Der in fünfjährigem Abstand mit über 12.000 intensiv Befragten durchgeführte Freiwilligensurvey ist die wichtigste Grundlage zur Erforschung des Bürgerschaftlichen Engagements in Deutschland. Zum Zeitpunkt der Veröffentlichung dieses Buchs lagen die Zahlen von 1999 bis 2019 vor. Für das Land Bayern existiert eine eigene Auswertung der Ergebnisse, auf die in diesem Kapitel ebenfalls Bezug genommen wird.

Im Jahr 2019 engagierten sich in Deutschland 28,8 Millionen Menschen freiwillig, das entspricht 39,7 Prozent der Bevölkerung ab 14 Jahren. Bayern lag mit einer Engagementquote von 41 Prozent über dem Bundesdurchschnitt. Insgesamt hat sich der Anteil freiwillig engagierter Menschen innerhalb von 20 Jahren stark erhöht, von 30,9 Prozent (1999) auf fast 40 Prozent (2019).

Organisationsformen des Engagements

Als Organisationsform, in der ehrenamtliches Engagement stattfindet, ist der Verein Spitzenreiter. Bayern liegt mit 47 Prozent bei der Mitgliedschaft (eingetragene Mitglieder) der gemeinnützigen Organisationen auf Platz eins. Im Jahr 2022 waren in Bayern von 99.381 zivilgesellschaftlichen Organisationen 92.927 Vereine (94 Prozent), 4.337 Stiftungen und 2.117 andere Formen. Nicht einmal ein Fünftel (17 Prozent) der Gruppe freiwillig Engagierter ist selbst organisiert. Auch wenn die Gründungstendenz für Vereine leicht rückläufig ist, steigt die Gesamtzahl der Vereine weiterhin an.

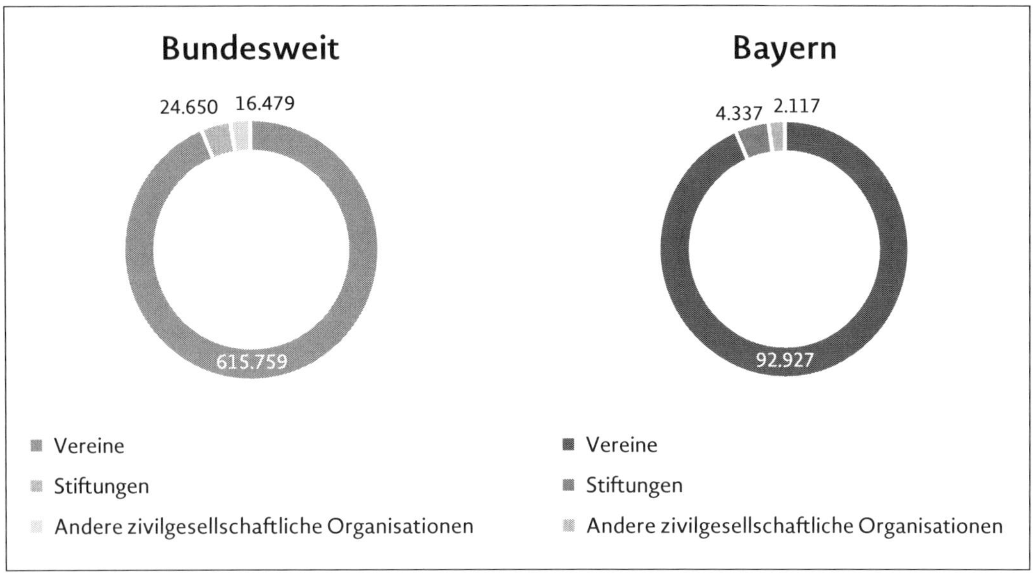

Abbildung 1: Anzahl der Vereine, Stiftungen und anderer zivilgesellschaftlichen Organisationen in Bayern und bundesweit (Schubert et al., 2023, S. 11)

Engagierte nach Alter, Geschlecht, Bildung und Herkunft

Die Anteile freiwillig Engagierter haben seit 1999 in allen Altersgruppen zugenommen. Besonders ausgeprägt ist der Anstieg bei den 65-Jährigen und Älteren, in dieser Altersgruppe ist die Engagementquote von 18 Prozent im Jahr 1999 auf 31,2 Prozent im Jahr 2019 gestiegen. Der höchste Anteil Engagierter ist jedoch 2019 bei den 30- bis 49-Jährigen mit 44,7 Prozent zu finden.

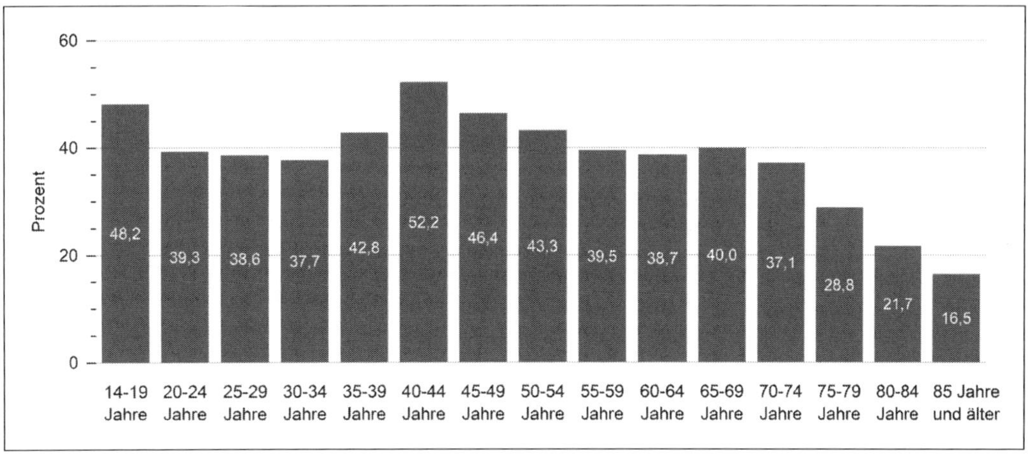

Abbildung 2: Anteile der freiwillig engagierten Personen nach vier Altersgruppen, im Zeitvergleich 1999–2019 (Simonson et al., 2021, S. 16)

Frauen und Männer unterschieden sich 2019 zum ersten Mal seit 1999 nicht hinsichtlich der Engagementquote. Während sich in der Vergangenheit seit 1999 stets Männer zu größeren Anteilen freiwillig engagierten, war im Jahr 2019 erstmals kein statistisch signifikanter Geschlechterunterschied in der Engagementquote festzustellen (Frauen: 39,2 Prozent, Männer: 40,2 Prozent).

Die Unterschiede zwischen den Bildungsgruppen haben zugenommen. 2019 engagierten sich Personen mit hoher Schulbildung zu 51,1 Prozent, mit mittlerer Bildung zu 37,4 Prozent und mit niedrigem Bildungsstand zu 26,3 Prozent.

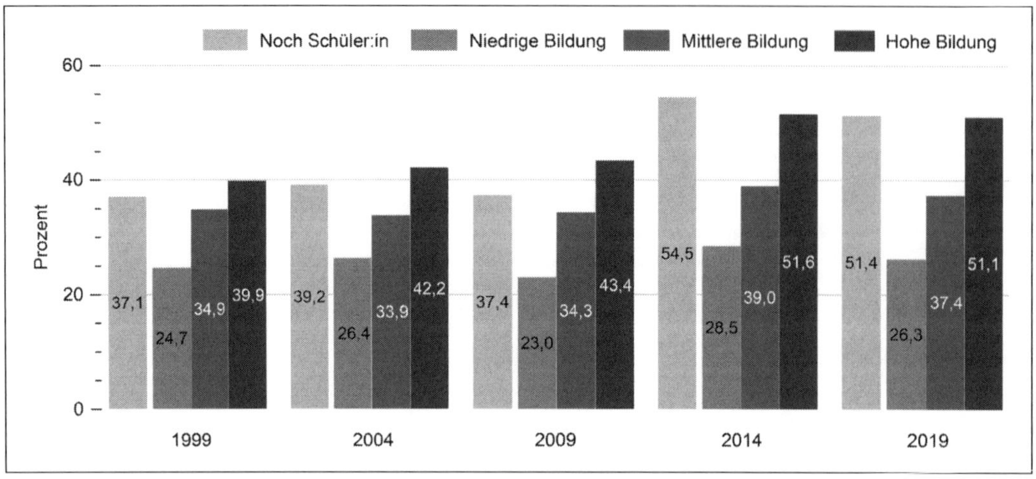

Abbildung 3: Anteile der freiwillig engagierten Personen nach Bildung, im Zeitvergleich 1999–2019 (Simonson et al., 2021, S. 17)

Sowohl 2014 als auch 2019 engagierten sich Personen mit Migrationshintergrund (27 Prozent) zu geringeren Anteilen als Personen ohne Migrationshintergrund (44,4 Prozent). Allerdings liegt der Anteil an Engagierten bei Menschen mit Migrationshintergrund, die in Deutschland geboren sind und die deutsche Staatsangehörigkeit besitzen, bei 38,7 Prozent.

Motivation und Engagementfelder

Spaß am Engagement – das ist in Bayern wie in allen anderen Bundesländern mit Abstand das Hauptmotiv dafür, sich freiwillig zu engagieren. Danach kommt der Wunsch, anderen zu helfen. Mit leichtem Abstand folgen als Motive die Intention, etwas für das Gemeinwohl zu tun, die Möglichkeit, die Gesellschaft mitzugestalten, und das Zusammenkommen mit anderen Menschen.

Wie ausnahmslos in allen Flächenländern ist ehrenamtliche Tätigkeit im Bereich Sport und Bewegung mit Abstand am häufigsten. Im Freistaat engagieren sich in diesem Feld gut 15 Prozent der Befragten. Dahinter folgen Kultur und Musik (etwa zehn Prozent), der soziale Bereich (neun Prozent), der kirchliche beziehungsweise religiöse Sektor (acht Prozent) sowie Schule oder Kindergarten (sieben Prozent). Diese Rangfolge entspricht in etwa dem bundesweit erkennbaren Muster, mit Ausnahme des kirchlich-religiösen Bereichs, der in Bayern etwas weiter vorn rangiert.

Wünsche an das Engagement

Wie in ganz Deutschland wünschen sich freiwillig Engagierte in Bayern an organisatorischen Verbesserungen vor allem mehr und besser ausgestattete Räumlichkeiten (44 Prozent). Auch in anderen Punkten weicht Bayern kaum vom gesamtdeutschen Ergebnis ab. Zu den bevorzugt genannten Wünschen gehören fachliche Unterstützung (38 Prozent), Weiterbildung (37 Prozent), unbürokratische Kostenerstattung (37 Prozent) und Anerkennung seitens Hauptamtlicher (35 Prozent). Etwas stärker als im Bundesdurchschnitt gilt das Augenmerk dem Abbau bürokratischer Hürden. Die Ehrenamtlichen in Bayern wünschen sich eine bessere Information und Beratung durch staatliche und öffentliche Stellen (56 Prozent) sowie einen Versicherungsschutz bei Haftpflicht und Unfall (57 Prozent).

Dahinter folgen nahezu gleichrangig die Vereinbarkeit von Ehrenamt und Beruf, die Anerkennung der jeweiligen Engagements als Praktikum und Weiterbildung sowie eine steuerfreie Aufwandsentschädigung (jeweils knapp über 50 Prozent).

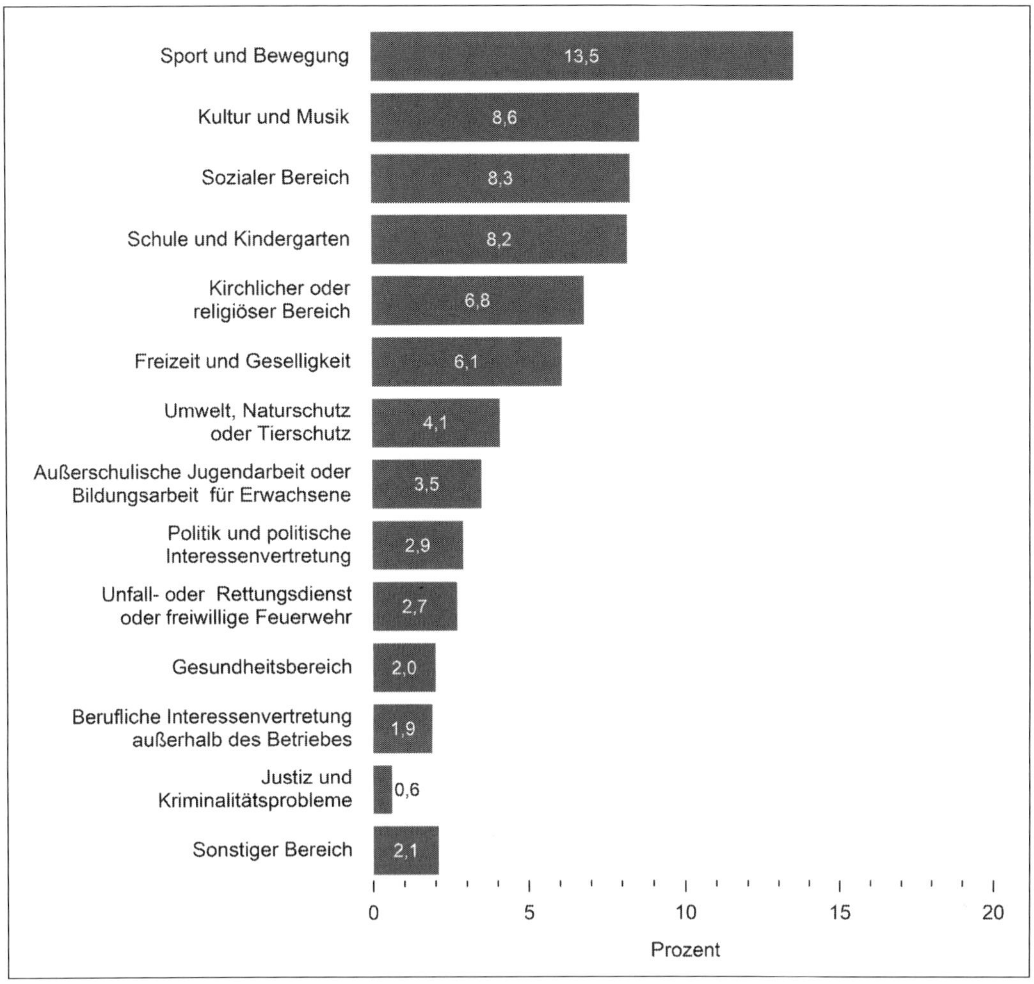

Abbildung 4: Anteile der freiwillig engagierten Personen in vierzehn Bereichen 2019 (Simonson et al., 2021, S. 22)

2.2.3 Folgerungen für die Arbeit mit Freiwilligen

Bayern weist im deutschlandweiten Vergleich eine kulturell und strukturell gefestigte Engagementlandschaft auf, die sich auch und gerade im ländlichen Raum findet. Zahlreiche Verbesserungsoptionen, die weiteres Freiwilligenpotenzial heben könnten, bieten sich dennoch an. Große Herausforderungen sind für viele Organisationen die Nachfolge im Vereinsvorstand, die Gewinnung junger Engagierter sowie die Stärkung der Vielfalt innerhalb der Organisation. Folgende Erkenntnisse sollten dabei im Blick stehen:

1. Hohe Engagementbereitschaft nutzen

Potenzial erkennen

Die Größenordnung des Engagementpotenzials wurde im Freiwilligensurvey 2019 mit der Frage erhoben, wer sich vorstellen könne, sich künftig freiwillig zu engagieren. In Bayern lag dieser Anteil bei Befragten, die bisher nicht freiwillig engagiert sind, bei

59 Prozent und damit fast genau im Bundesdurchschnitt. Bemerkenswert ist die Entwicklung dieses Anteils über zwei Jahrzehnte. Obgleich die Quote des tatsächlich ausgeübten Engagements im Land von 1999 bis 2019 um nur etwa sieben Prozentpunkte angestiegen ist, hat sich parallel dazu die erwogene Engagementbereitschaft um fast 25 Prozentpunkte erhöht: Dies zeigt die steigende Popularität des bürgerschaftlichen Engagements – und die Mobilisierungsmöglichkeiten für zivilgesellschaftliche Organisationen.

2. Kurzfristiges Engagement ermöglichen

Zeitliche Flexibilität ermögliche

Hinsichtlich freiwillig Engagierter gaben 57 Prozent der Organisationen in Bayern an, diese leicht für kurzfristige Engagements mobilisieren zu können. Die Mobilisierung für ein dauerhaftes Engagement gelingt jedoch nur 19 Prozent der bayerischen Organisationen leicht, für ehrenamtliche Leitungsfunktionen ebenfalls nur 23 Prozent. Ein wichtiger Faktor ist auch die steigende Zahl derjenigen, die pro Woche höchstens zwei Stunden für ihr Engagement aufbringen. Nach Auskunft der befragten Personen in Bayern sind vor allem zeitliche Gründe ein Hindernis für freiwilliges Engagement.

3. Jungen Menschen das Engagement erleichtern

Fast zwei Drittel der Organisationen in Bayern haben keine Engagierten unter 18 Jahren, 35 Prozent keine zwischen 18 und 30 Jahren. Organisationen in kleinen Gemeinden fällt es leichter, Kinder und Jugendliche für ein Engagement zu gewinnen, als Organisationen in Großstädten. Die verstärkte Zusammenarbeit mit Schulen und Hochschulen in Form von Engagementprojekten (s. a. Kapitel 4.6 „Service-Learning"), Praktika oder Aktionstagen bietet sich hier ebenso an wie die Etablierung neuer Formate der niedrigschwelligen Kinder- und Jugendbeteiligung in den Vereinen.

4. Diversität im Engagement fördern

Die freiwillig Engagierten in bayerischen Organisationen sind zumeist recht homogen. Außerdem haben sie oft eine ähnliche soziale und kulturelle Prägung. Lediglich acht Prozent der Organisationen gaben an, dass die Engagierten in ihrer Zusammensetzung (eher) kulturell unterschiedlich sind. Engagierte mit unterschiedlichen sozialen Prägungen gibt es immerhin in 19 Prozent der Organisationen. Viele Vereine haben das Potenzial erkannt, das die Einbindung neuer Zielgruppen für die Gewinnung neuer Mitglieder birgt. Anderen muss man dies vielleicht erst nahelegen.

Engagement attraktiv gestalten

Viele Organisationen würden ohne freiwilliges Engagement von Bürger:innen nicht existieren. Daher gilt es, im Sinne eines lebendigen Gemeinwesens den Rahmen für Engagement so attraktiv wie möglich zu gestalten. Dabei ist die Förderung von Engagement eine gesamtgesellschaftliche Aufgabe. Bund, Länder und Kommunen spielen besonders wichtige Rollen in der Gestaltung von Fördermaßnahmen und rechtlichen Rahmenbedingungen. Doch zu den Akteur:innen der Engagementförderung zählen auch zivilgesellschaftliche Organisationen selbst, wie Verbände, Stiftungen oder Freiwilligenagenturen in privater Trägerschaft. Auch privatwirtschaftlichen Unternehmen kommt eine wichtige Rolle zu, das lokale Umfeld im Rahmen ihrer gesellschaftlichen Verantwortung mitzugestalten und zivilgesellschaftliches Engagement zu fördern.

Jenseits externer Unterstützung sollten Organisationen jedoch auch selbst neue Wege einschlagen, um sich den aktuellen Herausforderungen anzupassen und innovative Lösungen für gesellschaftliche Probleme zu entwickeln. Mit konkreten Maßnahmen der Organisationsentwicklung können Organisationen ihren Teil dazu beitragen, dass sie auch künftig für Engagierte attraktiv sind und nachhaltig arbeiten können.

2.3 Entwicklung des Freiwilligenmanagements als Tätigkeitsfeld

Claudia Leitzmann

Seit Beginn des Ehrenamts in Deutschland im 19. Jahrhundert und insbesondere seit Gründung der ersten großen Sozialverbände gab es die Notwendigkeit, ehrenamtliche Helfer zu rekrutieren, für ihre Aufgaben einzuteilen und bei ihrer Tätigkeit in irgendeiner Art zu „beaufsichtigen". Normalerweise kam diese Aufgabe der Leitung einer Organisation zu.

Anfang des 21. Jahrhunderts jedoch entstand ein eigenes Tätigkeitsfeld. Mit Veränderung und Erweiterung des Ehrenamts hin zu vielfältigen neuen Formaten des Bürgerschaftlichen Engagements, mit einem neuen Verständnis für die Beteiligung und Mitwirkung der Bürger:innen und mit der Einrichtung neuer Strukturen zur Förderung und Unterstützung des Engagements ging eine Erweiterung der damit verbundenen und flankierenden Aufgaben und Herausforderungen einher. Dabei kamen verschiedene Begriffe zur Anwendung: Freiwilligenkoordination, Freiwilligenbetreuung, Ehrenamtsmanagement, Ehrenamtskoordination, Freiwilligenservice: All diese lassen sich heute unter dem Begriff des Freiwilligenmanagements, mit vor Ort unterschiedlicher Schwerpunktsetzung, zusammenfassen.

Von der Zusatzaufgabe zum Berufsbild

War die Tätigkeit der Einarbeitung, Koordinierung und Begleitung Ehrenamtlicher zum Leidwesen vieler Angestellter z. B. in sozialen Einrichtungen zunächst immer eine zusätzliche oder „nebenbei mitlaufende" zu erledigende Aufgabe etwa der hauptamtlichen Personalverantwortlichen, hat sie sich erst nach und nach zu einem eigenen Berufsbild entwickelt. Und es hat einige Jahre gedauert, bis die ersten Stellenangebote auftauchten, in denen dezidiert nach Freiwilligenmanager:innen gesucht wurde.

Anfang der 2000er-Jahre kam erstmals die Bezeichnung des „Managements" für die Arbeit mit Ehrenamtlichen auf. Eines der ersten Fachbücher hatte noch den Titel „Freiwilligenarbeit", aber im Untertitel bereits die „Einführung in das Management von Ehrenamtlichen in der Sozialen Arbeit" (Rosenkranz, Weber, 2002). Ähnlich entwickelten sich die Begrifflichkeiten im Kulturbereich (Wagner, 2000). Im Jahr 2005 startete das Landesnetzwerk Bürgerschaftliches Engagement mit der dreitägigen Fortbildung „Mit Ehrenamtlichen professionell arbeiten", die die folgenden 20 Jahre immer ausgebucht war.

Akademisierung und Weiterbildung

Diese ersten Fortbildungen für haupt- und ehrenamtliche Koordinator:innen von Ehrenamtlichen zeigten schnell den großen Bedarf und führten u. a. zur Entwicklung eines akademischen Weiterbildungsangebots für Berufstätige: Die Hochschulkooperation Ehrenamt – ein Zusammenschluss von vier Hochschulen – begründete in Zusammenarbeit mit dem Landesnetzwerk Bürgerschaftliches Engagement sowie der Landesarbeitsgemeinschaft der Freien Wohlfahrtspflege Bayern den ersten und bislang einzigen

Zertifikatskurs zum Freiwilligenmanagement in Deutschland. Die praxisnahe und interdisziplinäre Weiterbildung wird seit dem Jahr 2009 jährlich mit großem Erfolg durchgeführt (https://www.hochschul-kooperation-ehrenamt.de/).

Unter Mitwirkung von Absolventen der Weiterbildung wurde im Jahr 2014 auch die Gesellschaft für Freiwilligenmanagement (GFM) gegründet, die es sich zur Aufgabe gemacht hat, die Interessen der Verantwortlichen im Freiwilligenmanagement zu vertreten und sich für Qualitätsstandards und ein einheitliches Berufsbild des Freiwilligenmanagements einzusetzen (https://www.gesellschaft-freiwilligenmanagement.de).

Vermittlungsfunktion

Die Gewinnung, Begleitung und Förderung von Freiwilligen steht im Mittelpunkt des – hauptamtlichen oder ehrenamtlichen – Freiwilligenmanagements. Das Freiwilligenmanagement ist ein wichtiger Vermittler zwischen den Wünschen und Bedürfnissen der Freiwilligen und den Anforderungen der potenziellen Einsatzstellen wie etwa einer Freiwilligenorganisation, eines Vereins oder sozialen Verbands. Neben der Begleitung der Ehrenamtlichen gehört die Vermittlung zwischen haupt- und ehrenamtlichen Mitarbeitenden zu den Aufgaben des Freiwilligenmanagements. Die Notwendigkeit, hierfür hauptamtliche Strukturen zu schaffen, wird heute kaum mehr infrage gestellt.

EXKURS: Internationale Entwicklung des Freiwilligenmanagements als Profession

Wolfgang Krell

In frühen Zeiten der Koordination von Freiwilligen wurde diese von verschiedenen Personen, die selbst Freiwillige waren, übernommen oder war mit ihrem eigentlichen Beruf verbunden. Besondere Berufe aus der Medizin oder dem Lehrbereich waren prädestiniert, Führungsaufgaben in der Koordination von Freiwilligen in der lokalen Gemeinschaft oder bei Epidemien zu übernehmen. Auch Seelsorger:innen waren oft zuständig für das Freiwilligenmanagement in ihren Pfarreien. Seit 1969 wurden in den USA sogenannte „Directors of Volunteers" erstmalig in großen Krankenhäusern angestellt (Ellis, Noyes, 1990, S. 342, 344). Ende der 1970er konnte der Begriff eines „Freiwilligenkoordinators" oder „Direktors für Freiwillige" auch als offizielle Berufsbezeichnung gefunden werden (Ellis, Noyes, 1990, S. 345).

In den 1960er-Jahren erhielt freiwilliges Engagement in den USA eine immer größere Bedeutung (Frauenbewegung, Anti-Vietnamkriegs-Bewegung, Bürgerrechtsbewegung, Krieg gegen Armut), sodass auch der Bedarf an Freiwilligenmanagement immer deutlicher wurde (Piatak, Soba, 2025, S. 20).

Daneben entstand auch immer mehr Fachliteratur zum Freiwilligenmanagement. War Harriet Naylor 1967 die erste Autorin, die ein Buch zu Freiwilligenmanagement veröffentlichte (Piatak, Soba, 2025, S. 21), stieg die Zahl der Fachbücher und Fachartikel in den 1970er-Jahren in den USA und später auch in anderen Ländern wie Kanada, England und Australien sehr schnell an (Ellis, Noyes, 1990, S. 345). In ihrem Buch „Volunteerism: An emerging profession" von 1974 stellen Cull und Hardy bereits viele Elemente des Freiwilligenmanagements dar und auch die Rolle des „Director of Volunteers" wird ganz selbstverständlich vorausgesetzt (Cull, Hardy, 1974, S. 34).

Auch erste ethische und professionelle Standards wurden in den USA 1975 von der „Association of Volunteer Administration" (AVA) formuliert (Fisher, Cole, 1993, S. 177–191). Die AVA war eine der ersten nationalen Zusammenschlüsse von Freiwilligenmanager:innen. Dieser Entwicklung gingen die Treffen von „Directors of Volunteers in Agencies" (DOVIAs) auf lokaler Ebene voraus. Die AVA entwickelte dann auch ein Zertifizierungsprogramm, mit dem sich Praktiker:innen aus dem Freiwilligenmanagement als „Certified in Volunteer Administration" (CVA) auszeichnen lassen konnten (Ellis, Noyes, 1990, S. 346). Dieses national anerkannte Zertifikat erhielt auch Bedeutung in anderen englischsprachigen Ländern und wird aktuell vom „Council for Certification in Volunteer Administration" (CCVA, www.cvacert.org) organisiert. Eine Studie zu den Fähigkeiten von gemeinnützigen Organisationen im Freiwilligenmanagement von 2004 entfachte erneut eine Diskussion zum Freiwilligenmanagement als notwendige professionelle Ressource für den Einsatz von Freiwilligen. Investitionen in das Freiwilligenmanagement haben eine positive Auswirkung auf die Gewinnung von zusätzlichen Freiwilligen (Urban Institute, 2004, S. 4).

Die Fortschritte in der fachlichen und professionellen Entwicklung gingen dann auch auf andere Länder über wie Kanada, England, Australien und Neuseeland (AVM, 2014).

Die Entwicklung von Fachwissen und fachlichem Austausch begann auch in anderen Ländern der Welt, der Verein „IAVE – International Association of Volunteer Efforts", gegründet 1969 in USA, trug wesentlich zu einem weltweiten Austausch zu Freiwilligenengagement und Freiwilligenmanagement bei (Ellis, Noyes, 1990, S. 348).

Die fachliche Diskussion ging ab dem Jahr 2000 weiter, mit gegensätzlichen Positionen dazu, ob Freiwilligenmanagement wirklich eine Profession sei bzw. werden sollte (vgl. Ellis, McCurley, 2000; AVM, 2014; Ellis, 2017; Ullian, Schink, 2012). Grundsätzlich entwickelte sich das Freiwilligenmanagement weiter hin zu einer Profession – mit theoretischer Grundlage, einem speziellen Fachwissen, beruflichen Kompetenzen, einer grundlegenden Ethik und auch Aus- und Fortbildungsangeboten sowie verschiedenen Zertifizierungsmöglichkeiten (Ullian, Schink, 2012, S. 11; Piatak, Sowa, 2025, S. 19–35).

Seit 2006 gibt es auch den Internationalen Tag des Freiwilligenmanagements als eigenständigen Thementag, der immer am 5. November begangen wird. In seinem Leitbild wird noch einmal zusammengefasst, um was es im Freiwilligenmanagement geht:

„Wir feiern den Beruf des Freiwilligenmanagers, denn …

- Freiwilligenmanager verfügen über die Fähigkeiten und das Wissen, um Menschen dabei zu helfen, Teil der Lösung für die Bedürfnisse der Gemeinschaft zu sein. Selbst in zynischen Zeiten praktizieren sie die Kunst des Möglichen,
- Freiwilligenmanager verändern Leben – sowohl das der Freiwilligen selbst als auch das derjenigen, die von gut begleiteten Freiwilligen betreut werden. Es ist

ein Beruf, der das Leben verändert. Freiwilligenmanager bieten die Begleitung und Anleitung, die es Menschen ermöglicht, eine gute und gerechte Gesellschaft aufzubauen und das soziale Gefüge zu verbessern. Ohne professionelle Begleitung würden die Zeit, die Talente und die Bemühungen der Menschen vergeudet werden,

- ein gut organisiertes Freiwilligenprogramm zeigt der Gemeinschaft – einschließlich potenzieller Spender – dass die Organisation öffentliche Kontrolle und Beteiligung nicht scheut und bestrebt ist, finanzielle Mittel so effizient wie möglich zu nutzen,
- gut begleitete Freiwillige werden zu einer Kraft der Anwaltschaftlichkeit und der Öffentlichkeitsarbeit für eine Organisation oder ein Programm – einer Kraft, die mit keinem Geld zu kaufen ist"

(IVMD, 2025).

Warum „Management"?

Dass es sich um eine anspruchsvolle Aufgabe handelt, wird mit dem Begriff des „Managements", der ursprünglich die Organisation betriebswirtschaftlicher Abläufe beschrieb, zu Recht betont. Gerade im Bereich des Ehrenamts werden viele Tätigkeiten, nur weil sie nicht bezahlt werden, häufig weniger ernst genommen und automatisch assoziiert mit „unprofessionell". Auch die mit dem Ehrenamt verbundenen hauptamtlichen Tätigkeiten wie etwa die Beratung, Organisation und Koordination der Ehrenamtlichen werden entsprechend weniger ernst genommen.

Psychologen und Personalberater nennen in zahlreichen Publikationen und auf einschlägigen Internetportalen die wichtigsten Qualitäten von Manager:innen. Hier eine Auswahl der zentralen Qualitäten:

- Kommunikationsfähigkeit
- Flexibilität
- Verantwortungsbewusstsein
- klare Erwartungshaltung
- Akzeptanz von Fehlern
- Potenziale erkennen
- Teams zusammenstellen
- Motivation
- Fähigkeit zur Selbstkritik
- emotionale Intelligenz

Freiwilligenmanager:innen brauchen genau diese Skills und darüber hinaus das Verständnis für die Motivation und Beweggründe der Menschen, die sich ehrenamtlich engagieren. Sie müssen Talente erkennen und zusammenführen, Kooperationsmöglichkeiten eröffnen, die unterschiedlichen Welten von haupt- und ehrenamtlich Tätigen zusammenbringen, biografische Passungen berücksichtigen, Projekte und Zeitbudgets realistisch einschätzen, dabei Improvisationstalent und Kreativität einsetzen und bei alledem immer die Freiwilligkeit sicherstellen und Ausstiegsoptionen bieten.

Ehrenamt braucht Hauptamt

In sehr vielen Bereichen ist die Unterstützung der Engagierten durch hauptamtliches Freiwilligenmanagement unverzichtbar. **Die Ehrenamtlichen benötigen**

- Kontinuität und Verlässlichkeit in der Ansprechstruktur ihrer Projekte
- Fachlichkeit im jeweiligen Engagementthema, die Freiwilligenmanager vermitteln bzw. organisieren können
- Passgenauigkeit des Managements, das ihre Möglichkeiten und Fähigkeiten mit den Ansprüchen des Projekts zusammenbringt
- ein Freiwilligenmanagements, das ihnen rechtliche Themen aus dem Weg räumt
- Hilfestellungen in entstehenden offenen Fragen zum Projekt und in möglichen Krisensituationen
- Organisationen des kontinuierlichen Informationsflusses zum Projekt und mit den anderen Ehrenamtlichen
- die vom Träger des Projekts organisierte Ermutigung und Anerkennung ihrer Tätigkeit

Stabilen Rahmen schaffen

Zusammenfassend kann man mit Thomas Röbke, dem langjährigen Vorsitzenden des Sprecherrates des Netzwerks Bürgerschaftliches Engagement (BBE) formulieren: „Die Hauptamtlichen zimmern einen stabilen Rahmen, in dem die Ehrenamtlichen ihre Bilder malen können."

Die Aus- und Fortbildung im Bereich Freiwilligenmanagement hat sehr wesentlich zur professionellen Weiterentwicklung des Umgangs mit bürgerschaftlich Engagierten beigetragen: Sie deckt inzwischen alle wesentlichen Aspekte ab, wie sie auch in diesem Handbuch behandelt werden.

Beispielhaft seien genannt:

- die Entwicklung von Leitbild und Zielperspektiven von Ehrenamtsprojekten in der Vorbereitungsphase
- die Rekrutierung von Freiwilligen für das Projekt (inkl. begleitende Öffentlichkeitsarbeit)
- der Prozess des „Onboarding" für die neuen Freiwilligen (inkl. Begrüßungsmappe, Fragebogen für Interessenten, Stellenbeschreibungen – siehe Kapitel 3.2.7)
- die konkrete Aufstellung des Ehrenamtsprojekts (wenn möglich unter inhaltlicher Beteiligung der Engagierten)
- die Organisation von Einsätzen mit Begleitung und Unterstützung durch die Projektverantwortlichen der Organisation
- die Entwicklung des Angebots von Schulungen und Fortbildungen für die Freiwilligen

- die kontinuierliche Kommunikation und Rückkopplung mit den Ehrenamtlichen im Laufe des Projekts/Programms
- die Gestaltung der „Anerkennungskultur" zur Wertschätzung der Freiwilligen (wenn möglich mit persönlichen und originellen Ideen, die über Stammtisch und Weihnachtsfeier hinausgehen)
- die kontinuierliche Dokumentation und Evaluation des Freiwilligenprojekts (wenn möglich unter Beteiligung der Ehrenamtlichen)
- unter Umständen auch die Einleitung der Beendigung des individuellen Engagements (wenn möglich unter Verweis auf andere Möglichkeiten)

Aber auch jenseits der direkten Arbeit mit den Freiwilligen kann sich die Freiwilligenkoordination mit ihren Projekterfahrungen einklinken: In die Öffentlichkeitsarbeit des jeweiligen Vereins und in dessen Fundraising (für beides sind Ehrenamtliche ein sehr gutes Argument), in die Kommunikation mit Partnern mit ähnlichen Zielsetzungen, in Netzwerken und für die Zusammenarbeit mit Förderern. Somit kann sie auf die gesamte Organisationsentwicklung einwirken. Für einen motivierenden, modernen, offenen Träger und dessen Gemeinwohlbelange.

Neue Herausforderungen

Auf der Basis des in den letzten 25 Jahren entwickelten „Berufsbildes" der Freiwilligenkoordination ist es möglich, auch auf neue Herausforderungen zu reagieren:

- **Krisensituationen:** Wie die Fluchtjahre 2015 bis 2017, die Coronazeit, die Ahrtalflut 2021 und die Fluchtbewegungen aus der Ukraine bewiesen haben, sind sehr viele Menschen in Krisensituationen bereit, mit ihrer Bürgerzeit und ihrem Bürgerwissen (und auch mit Spenden) zu helfen. Die Freiwilligenkoordination kann, bei schneller Reaktionszeit, den Menschen Angebote für ihre Hilfsbereitschaft machen.
- **Digitalisierung:** Digitale Plattformen und soziale Medien haben große Bedeutung für die Kommunikation mit Freiwilligen (Rekrutierung und Organisation) erhalten. Modernes Freiwilligenmanagement muss sich darauf einstellen, auch, um die begehrte junge Zielgruppe zu erreichen.
- **Vielfalt der Engagementformen:** Es gibt eine zunehmende Vielfalt an Möglichkeiten für Freiwilligenarbeit: Kurzzeitprojekte, virtuelle Freiwilligenarbeit und Mikroengagement. Für die jeweiligen Projektinhalte kann die Freiwilligenkoordination aus dieser Vielfalt wählen bzw. verschiedene Elemente davon kombinieren.
- **Nachhaltigkeit:** Viele Organisationen legen heute Wert auf nachhaltige Freiwilligenarbeit, die sowohl den Bedürfnissen der Freiwilligen als auch der Gemeinschaft gerecht wird. Die Orientierung an den 17 SDGs der UNO („Sustainable Development Goals") kann – auch im Austausch mit den Ehrenamtlichen – Orientierung und Motivation sein. Gerade Bildung und Demokratie sind in fast allen Projekten anteilig vertreten.
- **Information, Forschung und Empirie:** Seit dem ersten Freiwilligensurvey von 1999 gibt es eine immer breiter werdende „Ökologie des Wissens" über bürgerschaftliches Engagement, die sehr nützlich für die Weiterentwicklung der Freiwilligenkoordination ist.

- **Netzwerkbildung:** Der Ausbau des Wissens zum bürgerschaftlichen Engagement stellt die Freiwilligenkoordination vor erhebliche (zeitliche) Herausforderungen. Netzwerke mit ihren Fortbildungsangeboten, Tagungen und Positionspapieren sorgen für Orientierung; lokal und regional können Netzwerke zum „Peer-Group"-Austausch dienen. Besonders die diversen Newsletter geben schnellen Überblick über Angebote und Chancen (siehe bspw. die Publikationen des Netzwerks Bürgerschaftliches Engagement (BBE), der Deutschen Stiftung für Engagement (DSEE), des Landesnetzwerks Bürgerschaftliches Engagement (LBE), des Hauses des Stiftens ...). Zudem sind Netzwerke eine Chance für die inhaltliche Kooperation mehrerer Organisationen.

Das heutige Idealbild für die Freiwilligenmanager:innen kombiniert solide Kenntnisse der (z. T. rechtlichen) Rahmenbedingungen des Engagements mit eigener Leidenschaft für die Inhalte der Projekte, mit Empathie für die (oft heterogene) Gruppe der Ehrenamtlichen, mit dem Angebot für deren persönliche Weiterentwicklung, mit der Anerkennung des „Bürgerwissens" der Ehrenamtlichen (oft gegenüber der „Bürgerzeit" unterschätzt) und der Freude ausstrahlenden Kommunikationsbereitschaft.

3. Wichtig zu wissen für die Arbeit mit Freiwilligen

Wolfgang Krell

In diesem Kapitel werden die Grundlagen dargestellt, die wichtig sind für die Arbeit mit Freiwilligen, bevor die eigentlichen Inhalte des Freiwilligenmanagements im Rahmen des Engagementzyklus aufgegriffen werden. Um mit Freiwilligen gut arbeiten zu können, sind die vorbereitenden Aufgaben eine wesentliche Basis für ein gutes, gemeinsames Ergebnis. Entscheidend ist hier die Haltung der Organisation zum freiwilligen Engagement und zu dessen Vielfalt, wie auch die Klärung der Rahmenbedingungen für den Einsatz von Freiwilligen. Ein besonderer Blick wird dabei auch auf Freiwillige als Freiwilligenmanager:innen geworfen – was in vielen Organisationen die Regel ist, sowie auf die schon lange währende Debatte um Monetarisierung von Engagement.

3.1 „Alles eine Frage der Haltung"

Wolfgang Krell

Bei gemeinsamen Diskussionen mit Kolleg:innen zum Thema „Freiwilligenengagement" steht am Ende oft die Aussage: „Es ist alles eine Frage der Haltung!" Oft ist die Erkenntnis aus der Analyse von Organisationen, die mit Freiwilligen arbeiten, dass nicht fehlendes Wissen oder fehlende Methodenkenntnis das Freiwilligenmanagement schwierig gestalten, sondern die grundsätzliche Haltung der Verantwortlichen einer Organisation gegenüber freiwilligem Engagement.

Definition Haltung

> „Haltung ist die durch Werte und Moral begrenzte Gesinnung [...] eines Menschen, die den Handlungen, Zielsetzungen, Aussagen und Urteilen des Menschen zugrunde liegt. Sie bestimmt, wie wir mit eigenen Impulsen umgehen und welche Maßstäbe für unser Handeln wir verinnerlicht haben. [...] Unsere Haltung drückt sich in unsere Annahmen und Überzeugungen, in unseren Gefühlen und Emotionen und unserem Verhalten aus. Sie ist ein Realitätsfilter, der bestimmt, worauf wir unserer Aufmerksamkeit richten" (Permantier, 2019, S. 13).

Rolle der Haltung im Engagement

Im Zentrum eines professionellen Freiwilligenmanagements steht die Haltung zum freiwilligen Engagement. Sie bildet das Fundament für alle weiteren Maßnahmen und Entscheidungen im Umgang mit Freiwilligen. Eine wertschätzende Haltung bedeutet, den Einsatz von engagierten Menschen nicht als Lückenfüller oder bloßes Zusatzangebot zu betrachten, sondern als bedeutenden Beitrag zum Erreichen der Ziele der Organisation. Wer Freiwillige als Mitgestaltende begreift, schafft eine Atmosphäre des Respekts und der Anerkennung, in der sich Menschen langfristig einbringen möchten.

Diese Haltung wirkt sich unmittelbar auf die Organisationskultur aus: Sie entscheidet darüber, ob Freiwillige sich willkommen und ernst genommen fühlen. Eine offene und reflektierte Grundhaltung ermöglicht es, Freiwillige nicht nur zu integrieren, sondern ihnen auch Verantwortung zu übertragen und Vertrauen zu schenken. Das wiederum fördert Selbstwirksamkeit und Motivation.

Zugleich ist Haltung eine Voraussetzung dafür, passende Freiwillige zu gewinnen und eine gute Passung zwischen ihren Interessen und den Aufgaben in der Organisation herzustellen. Nur wenn klar ist, welchen Stellenwert das Engagement hat, können überzeugende und authentische Angebote geschaffen werden. Nicht zuletzt schafft eine professionelle Haltung die Basis für klare Rahmenbedingungen, transparente Kommunikation und faire Zusammenarbeit – von der Einarbeitung über die Begleitung bis zum wertschätzenden Abschied.

Haltung ist damit kein „weiches Thema", sondern die strategische Grundlage für erfolgreiches Engagement.

Freiwilliges Engagement – Basis von Demokratie

Freiwillig, unentgeltlich, gemeinschaftlich, öffentlich, gemeinwohlorientiert – das sind die Aspekte des bürgerschaftlichen Engagements, die die Enquetekommission des Deutschen Bundestages 2001 definiert hat.

- Menschen, die sich für eine Sache einsetzen, wollen etwas verändern, etwas erreichen, etwas zusammenbringen – sie wollen Gestaltungsmöglichkeiten haben. Selbstwirksamkeit zu erleben, ist eine der wesentlichen Motivationen für Engagement und die entscheidende Energie, warum sie für eine Sache „brennen". Das alles ist Grundlage für Demokratie, denn das Ehrenamt ist ähnlich wie die Politik eine der wenigen Tätigkeiten, bei der alle gleichberechtigt sein sollten – als Bürger:innen.
- Teilhabe und Mitsprache der Bürger:innen sind wesentliche Anteile des Engagements und damit stärkt das Engagement die Demokratie. Gerade im Ehrenamt können viele Werte der Demokratie vermittelt und demokratische Verfahren auch erlernt werden. Engagement in zivilgesellschaftlichen Organisationen ist die Schule der Demokratie. In Vereinen geht es nicht nur um Anschaffen und Ausführen, sondern vor allem um die gemeinsame Diskussion, das Finden eines Kompromisses oder einer Lösung, mit der alle zufrieden sind.
- Gerade die „Stillen" gehören bei diesen Diskussionen und Prozessen mitgenommen. Auch ihre Stimme sollte gehört werden, denn auch sie haben Wissen und viele Kompetenzen. Gerade in der gemeinsamen Aktion können sie zeigen, was sie können und mit ihren Fähigkeiten beeindrucken. Auch ihre Stimme sollte gehört werden, gerade in Situationen, in denen andere auftrumpfen und vorpreschen. Jeder Mensch bringt eigene Akzente und Kompetenzen in die Diskussion und in das Engagement mit.

3.1.1 Hauptamt und Ehrenamt

Bei der Suche nach hauptamtlich Mitarbeitenden, die Verantwortung für Ehrenamtliche übernehmen sollen, ist es sinnvoll, nach der eigenen Erfahrung im Engagement zu fragen. Wer sich selbst schon freiwillig engagiert hat, spürt die besondere Rolle von aktiven Bürger:innen. Aus der persönlichen Vorgeschichte gibt es dann auch schon Erlebnisse der Selbstwirksamkeit im Engagement und evtl. auch negative Eindrücke z. B. im Umgang von Hauptamtlichen mit Ehrenamtlichen oder von Ehrenamtlichen untereinander. Die eigene Erfahrung prägt die persönliche Haltung und kann unterstützend sein für die Haltung der Organisation zum freiwilligen Engagement.

Hauptamtlichen, die keine eigenen Erfahrungen im Ehrenamt haben, muss diese Haltung zum freiwilligen Engagement erst vermittelt werden – und es gibt immer wieder

Mitarbeitende, die diese Haltung nicht verstehen. Menschen haben in ihrem Bürgersein eine ganz eigene Rolle und andere Motive, die eben nicht der beruflichen Arbeit entsprechen. Im Idealfall brennen aber sowohl die Ehrenamtlichen wie auch die Hauptamtlichen für diese eine Sache, die die Organisation verfolgt und verficht.

Bürger:innen spielen oft auch als Mitbürger:innen eine entscheidende Rolle und sind aufgrund ihres gesunden Menschenverstandes gefragt, z. B. als ehrenamtliche Richter:innen. Nicht die Fachkenntnis ist hier entscheidend, sondern dass sie mitten im Leben stehen und die Vielfalt des Lebens kennen.

Oft befürchten Hauptamtliche, dass Ehrenamtliche ihnen ihre Jobs wegnehmen oder dass „Laien" die Arbeit nicht so gut machen können, wie die Fachleute. Dies gilt es immer abzuwägen, denn Ehrenamtliche sollten keine berufliche Arbeit ersetzen. Bürger:innen haben häufig spezielle Kompetenzen, die von Hauptamtlichen oft gar nicht erkannt oder eingesetzt werden. Die wertschätzende Zusammenarbeit für die gemeinsame Sache sollte im Vordergrund stehen.

Wichtig ist es, die jeweiligen Kompetenzen anzuerkennen. Das kann auf beiden Seiten ein besonderes fachliches Wissen sein oder bei Ehrenamtlichen die Zeit, die sie sich nehmen können für die persönliche Begleitung von Betroffenen. Ehrenamtliche agieren aufgrund ihrer besonderen Rolle anders: Sie werden nicht an Leistung gemessen, sie leben vor Ort und im Sozialraum.

Engagement für Infrastruktur

Ehrenamtliche und ehrenamtlich organisierte Vereine übernehmen viele Aufgaben, die die besondere Lebensqualität in Kommunen ausmachen. Zwar gibt es hoheitliche Aufgaben der staatlichen Stellen, die nicht von Ehrenamtlichen übernommen werden können, wie den Jugendschutz oder auch die Sicherheit durch die Polizei. Aber schon beim Brand- und Katastrophenschutz wird deutlich, wie wichtig Engagement ist: Über 95 Prozent der Freiwilligen Feuerwehren sind rein ehrenamtlich organisiert.

Wenn Bürger:innen z. B. öffentliche Einrichtungen wie Büchereien, Bürgerbusse, Schwimmbäder oder auch Wirtshäuser übernehmen und selbst organisiert verwalten, dann sichern sie wesentliche Angebote einer kommunalen Infrastruktur und der Lebensqualität am Ort. Eine bürgerschaftliche Initiative ist durch ihre Selbstorganisation und Selbstverantwortung folglich nicht mehr an Weisungen des/der Bürgermeister:in oder Entscheidungen des Gemeinde- oder Stadtrates gebunden. Damit hat sie einen anderen Charakter als eine Gemeinde- oder Stadtverwaltung. Viele Angebote, die von Gemeinden und Städten eingestellt werden müssten, werden durch Engagement von Bürger:innen aufgefangen – im ersten Moment nicht, um Geld zu sparen, sondern um die Angebote aufrechtzuerhalten.

Verantwortung der Leitung

Die Haltung in einer Organisation und das offene Klima gegenüber Freiwilligen ist eine Verantwortung der Leitung, also des Vorstands bzw. der Geschäftsführung. Der Wille, mit Freiwilligen zu arbeiten, muss von oben anerkannt sein und gefördert werden. Entscheidend ist, dass die ganze Organisation durchwoben ist. Die Pforte in einer Einrichtung ist beispielsweise die Stelle, an der Neue ankommen, d. h., auch die Mitarbeitenden an der Pforte müssen einbezogen sein in das Freiwilligenkonzept der Organisation.

Wenn aber nur die Leitung überzeugt ist vom Freiwilligeneinsatz in der Organisation und dieser mit den Abteilungen der Einrichtung nicht diskutiert und besprochen ist, dann ist eine Einbeziehung von Ehrenamtlichen zum Scheitern verurteilt. Freiwilligen-engagement muss sich durch das ganze Organisationskonzept ziehen – von oben nach unten und von unten nach oben. Engagement sollte auch in der gesamten Organisation eingebunden sein – und nicht nur für eine bestimmte „Ecke" reserviert werden. Deshalb muss das Engagementkonzept mit allen Beteiligten immer wieder neu diskutiert und ausgerichtet werden. Die Orientierung gibt die Grundsatzfrage vor: wo können Freiwillige noch eingebunden werden? Wo können aktive Bürger:innen noch einen Beitrag zur Verwirklichung der gemeinsamen Ziele der Organisation leisten?

Veränderungen offen begegnen

Es geht darum, offen für Veränderungen zu bleiben: Was hat sich in unserer Arbeit in den letzten 10, 20 Jahren verändert? Sowohl Ehrenamtliche wie auch Hauptamtliche müssen sich dieser Diskussion stellen und nicht einfach so weitermachen wie bisher. Gemeinsam muss auch diskutiert werden, wo es bspw. ein Abschiednehmen von Inhalten der Arbeit wie auch von Personen geben soll und muss.

3.1.2 Rein ehrenamtlich organisierte Vereine

Rein ehrenamtliche Organisationen sind in Deutschland die Regel – nur ein kleiner Teil der Vereine hat hauptamtlich Mitarbeitende. Der entscheidende Punkt ist, dass sich Menschen im Verein für eine gemeinsame Sache einsetzen und engagieren. Der Vorstand hat eine besondere Verantwortung für das Engagementkonzept seines Vereins – das wiederum rein ehrenamtlich organisiert werden muss. Wichtig ist, die Kompetenzen der einzelnen Aktiven zu erkennen und sie in die Arbeit des Vereins einzubinden. Dabei sind auch Transparenz und eine offene Kommunikation innerhalb des Vereins wichtig. Die Mitglieder und Aktiven nur einmal im Jahr auf der Mitgliederversammlung über aktuelle Entwicklungen in der Organisation zu informieren, ist zu wenig, um sie aktiv werden zu lassen. Wenn keine Mitverantwortung angefragt wird, dann gibt es auch keine Partizipation. Und wenn keiner der Interessierten eingebunden wird, dann muss der Vereinsvorstand letztlich alles allein machen.

Gute Rahmenbedingungen

Die Haltung zum Engagement zeichnet sich auch darin aus, dass gute Rahmenbedingung für das Ehrenamt geschaffen werden. Das ist einerseits zuerst Aufgabe der Organisationen selbst. Gute Strukturen des Freiwilligenmanagements und der Engagementförderung helfen, wie man an bestimmten Organisationen sieht, z. B. Telefonseelsorge und Hospiz – diese sind gut organisiert. Wesentliche Basis für solche guten Rahmenbedingungen ist aber auch eine ausreichende finanzielle Ausstattung der Organisationen. Damit ist es andererseits auch die Verantwortung der staatlichen Stellen, die Voraussetzungen zu schaffen, dass Einsatzstellen gut arbeiten können – dies gilt sowohl für finanzielle Unterstützung wie auch den Bürokratieabbau.

EXKURS: Freiwillige als Freiwilligenmanager:innen

Wolfgang Krell

In Deutschland gibt es mehr als 650.000 Organisationen der Zivilgesellschaft, davon sind 94 Prozent Vereine. Nur 27 Prozent dieser Organisationen beschäftigen hauptberufliche Mitarbeiter:innen, d. h., 53 Prozent der Organisationen der Zivilgesellschaft sind rein ehrenamtlich organisiert. Außerdem hat mehr als die Hälfte all dieser Organisationen nur ein Jahresbudget von weniger als 10.000 Euro. Vor diesem Hintergrund kann auch geschlossen werden, dass die meisten der Personen, die als Freiwillige tätig sind, diese Aufgabe ehrenamtlich übernehmen (Schubert et al., 2023, S. 2).

Generell sollte gelten, dass Freiwilligenmanagement professionell gemacht wird. Das muss aber nicht heißen, dass die Aufgabe immer von Hauptamtlichen in einer Organisation übernommen werden muss. Freiwillige als Freiwilligenmanager:innen haben aber natürlich eine andere Rolle in einer Einsatzstelle als beruflich Mitarbeitende. Daraus ergeben sich mögliche Vorteile, aber auch mögliche Nachteile für die Arbeit der Verantwortlichen im Freiwilligenmanagement.

In vielen – vor allem rein ehrenamtlich organisierten – Vereinen ist die Aufgabe des Freiwilligenmanagements nicht eindeutig definiert und festgehalten, bzw. die Beauftragung ist nicht eindeutig auf bestimmte Verantwortliche bezogen. Deshalb wird das Freiwilligenmanagement oft informell übernommen (vgl. Freeland, 2019, S. 2).

Ehrenamtliche Freiwilligenmanager:innen müssen oft die gleichen Aufgaben wie hauptamtliche Freiwilligenmanager:innen übernehmen. In größeren Organisationen können sie diese aber auch unterstützen. Die fachlichen Grundlagen der Arbeit in diesem Bereich gelten genauso für die freiwillig Aktiven. In großen Verbänden besteht oft die Möglichkeit, von hauptamtlichen Freiwilligenmanager:innen des Dachverbands Unterstützung zu bekommen, auch wenn man vor Ort die Aufgabe ehrenamtlich erfüllt.

Vorteile für den Einsatz von Freiwilligen können sein:

- Als Freiwillige unter Freiwilligen sind die Verantwortlichen näher dran an verschiedenen Engagierten in einer Organisation. Aus diesem Grund können Informationen von der Leitung, also von oben, wie auch Mitteilungen der Aktiven, also von unten, besser innerhalb der Organisation vermittelt werden.
- Freiwillige sind zeitlich ungebundener, nicht auf feste Dienstzeiten beschränkt und können andere Freiwillige besser erreichen.
- Neue Interessierte lassen sich durch ehrenamtliche Freiwilligenmanager:innen leichter werben, da sie selbst Freiwillige sind und die Aufgaben von Ehrenamtlichen überzeugender vermitteln können als Hauptamtliche.
- Die Rolle des Verantwortlichen für Freiwillige kann auch einen Karrieresprung für erfahrene Freiwillige bedeuten – eine neue Aufgabe, die herausfordernd und trotzdem innerhalb der gleichen Organisation möglich ist, in der sie schon lange Zeit aktiv sind.
- Wenn neue Freiwillige bewusst für eine Aufgabe geworben werden, können Menschen mit ganz eigenen Kompetenzen und Erfahrungen neu zur Organisation stoßen. Gerade auch für Menschen, die in den Ruhestand gehen, kann es eine interessante Aufgabe sein, berufliche Erfahrungen im Ehrenamt weiter einzubringen.
- Anspruchsvollere Aufgaben im Engagement können auch die Entwicklung von zukünftig Verantwortliche im Verein anstoßen.

Nachteile für den Einsatz von Freiwilligen können sein:

- Es kann schwierig sein, die richtige Person für eine Rolle zu finden. Oft übernehmen Ehrenamtliche im Verein mehrere Aufgaben, sodass es zur Überlastung kommen kann.
- Ehrenamtliche Freiwilligenmanager:innen können aufgrund fehlender Ressourcen evtl. die fachlichen Standards nicht so ausfüllen wie Hauptamtliche.
- Als Freiwilliger kann es zu Problemen führen, andere Freiwilligen auf Vorgaben hinzuweisen oder selbst in einer Führungsrolle gegenüber anderen Freiwilligen zu sein.

(vgl. Freeland, 2019, S. 4–5)

Klare Aufgabenbeschreibung

Für die Rolle als ehrenamtliche:r Verantwortliche:r ist eine klare Aufgabenbeschreibung wichtig, außerdem ein aufmerksamer Auswahlprozess und laufende Fortbildungen zu den Aufgaben der Gewinnung, Begleitung, Schulung, Anerkennung und Verabschiedung von Freiwilligen. Die Erwartungen, die an ehrenamtliche Freiwilligenmanager:innen gestellt werden, müssen klar formuliert sein. Das birgt ein gewisses Dilemma: Zum einen wird erwartet, dass die Funktion der Freiwilligenmanager:in adäquat erfüllt wird, andererseits kann man nicht erwarten, dass Ehrenamtliche hinsichtlich Erreichbarkeit und Fachwissen (z. B. über rechtliche Rahmenbedingungen) einer hauptamtlichen Kraft gleichgestellt werden. Bei größeren Organisationen sollte daher immer auch überlegt werden, wie das Freiwilligenmanagement durch Freiwillige zusätzlich unterstützt werden kann.

Dafür sollten verschiedene Aufgaben herausgearbeitet werden, sodass beruflich Tätige entlastet werden. Diese können sein:

- Übernahme des Onboardings und der Einführung in die Organisation
- Durchführung von Schulungseinheiten zur Vermittlung der verschiedenen Aufgaben von Freiwilligen
- Übernahme einer Schichtleitung als Verantwortliche für die Unterstützung der in dieser Zeit aktiven Ehrenamtlichen
- Verantwortliche für Dokumentation und Forschung, mit der Aufgabe, Fakten und Berichte zur Arbeit der Freiwilligen zu verfassen
- Verantwortung für Ressourcenbeschaffung, z. B. Bedarfe prüfen, Materialien lagern, Schutzkleidung ausgeben – aber auch Fundraising bei möglichen Spendern und Unterstützern

(vgl. Campbell, Ellis, 1995, S. 52–53).

Austausch ist wichtig

Ehrenamtliche mit der Aufgabe des Freiwilligenmanagements sollten sich untereinander austauschen, entweder überregional in der gleichen Organisation oder organisationsübergreifend. Dazu kann die lokale Freiwilligenagentur evtl. ihre Unterstützung anbieten und zum Austauschtreffen im Freiwilligenmanagement einladen.

Freiwillige könne das Freiwilligenmanagement erfolgreich ausführen, insbesondere in kleineren Organisationen und Initiativen. Sie bringen große Flexibilität und Engagement sowie Empathie für Gleichgesinnte ein, können aber auf Grenzen bei Ressourcen, Fachlichkeit und Kontinuität stoßen.

Hauptamtliche Freiwilligenmanager:innen bieten mehr Struktur und Fachlichkeit, können aber auch stärker an die Vorgaben der Organisation und der Leitung gebunden sein als ehrenamtlich Verantwortliche. Idealerweise sollte es ein Zusammenspiel von beiden Verantwortungsträger:innen geben (eben evtl. auf lokaler und überregionaler Ebene), sodass das Ehrenamt in Organisationen professionell und bereichernd umgesetzt werden kann.

3.2 Rahmenbedingungen für freiwilliges Engagement

Wolfgang Krell

Um Freiwillige zu finden und auch länger zu binden, sind gute Rahmenbedingungen für das Engagement die wesentliche Voraussetzung. Menschen wollen sich engagieren und für die Gesellschaft und/oder für eine gemeinsame Sache einsetzen, wie Studien zeigen.

Rahmenbedingungen müssen aber in der Organisation vorbereitet, diskutiert und beschlossen sein – deshalb ist die gute Vorbereitung eines Freiwilligenprojekts wichtig, um später auch gemeinsam Erfolg zu haben. Im Folgenden sollen die entscheidenden Rahmenbedingungen für freiwilliges Engagement in einer Einsatzorganisation aufgezeigt werden. Ziel muss es sein, dass sich Freiwillige gerne in einer Organisation engagieren und möglichst lange dabeibleiben. Grundlage dafür ist, dass sie sich in ihrem Engagement sicher und wohlfühlen. Nur dann können sie sich ganz besonders für die gemeinsamen Ziele einer Einsatzstelle einbringen und sind Teil des gesamten Teams.

3.2.1 Leitbild/Vision und freiwilliges Engagement

Ziele definieren und kommunizieren

Jede Organisation, jede Einrichtung, jeder Verein hat ein bestimmtes Ziel, d. h., es gibt etwas, für das sich alle gemeinsam einsetzen wollen. Das kann der Dienst an Mitmenschen sein, aber auch ein Thema wie Naturschutz oder Denkmalschutz. – also etwas, das in irgendeiner Weise zum Gemeinwohl beiträgt und es stärkt.

Mit diesen Zielen einer Organisation ist – entweder schriftlich gefasst als Leitbild oder mündlich überliefert – eine Vision verbunden, wie sich alle Aktiven in dieser Organisation die zukünftige Entwicklung zu ihrem bestimmten Thema vorstellen. Wenn eine Organisation neue Freiwillige sucht, dann muss sie möglichen interessierten Menschen klar verdeutlichen, was die Ziele der Organisation sind, was erreicht werden soll und welche Aufgaben in der Organisation dafür zu erledigen sind.

Um neue Freiwillige zu gewinnen, sind viele Dinge notwendig – eine wesentliche Voraussetzung ist aber, den Sinn einer Organisation aufzuzeigen und sinnvolle Aufgaben für Freiwillige zu bewerben. Das zielt auf eine der wesentlichen Motivationen von Freiwilligen: etwas Sinnvolles im Engagement zu erreichen und zu spüren, dass man dort etwas verändern kann. Freiwilliges Engagement in einer Organisation mit der Sinnhaftigkeit des Tuns aller Aktiven in dieser zu verbinden, ist die wesentliche Aufgabe, um eine Idee für Engagement in der eigenen Organisation zu entwickeln. Weitere konkrete Schritte der Vorbereitung bauen darauf auf.

Verantwortung der Leitung

In einer Einsatzorganisation ist es die Verantwortung von Vorstand bzw. Geschäftsführung, dafür zu sorgen, dass freiwilliges Engagement nach besten Qualitätsstandards im eigenen Verein oder der Einrichtung möglich wird. Es braucht deshalb eine Haltung, die offen ist für die Beteiligung von engagierten Bürger:innen. Um die Umsetzung in einer Organisation zu ermöglichen, braucht es dafür auch formelle Beschlüsse der Leitung, um intern und extern deutlich zu machen, dass Ehrenamt ein wesentlicher Teil der Organisation ist und sein soll. Es kann Teil des Leitbildes und damit der Vision einer Organisation sein – es können auch grundlegende Vorstandsbeschlüsse dazu gefasst werden.

Die Verantwortung der Leitung – ein Begriff aus dem Qualitätsmanagement – ist deshalb so wichtig, weil die zuständigen Mitarbeitenden für Freiwilligenmanagement dann auch mit dem Rückhalt der Leitung in ihrer Organisation agieren können und nicht alleingelassen sind mit ihrer Aufgabe und ihrem Auftrag. Sie müssen sich auf grundlegende Beschlüsse der Leitung berufen können. Nur so können sie die entsprechenden Folgerungen aus diesen Entscheidungen einfordern, wie finanzielle und personelle Ressourcen, kontinuierliche Auseinandersetzung der gesamten Organisation mit freiwilligem Engagement und der offenen Haltung aller Mitarbeitenden zum Ehrenamt.

Mitsprache sichern

Im Zusammenhang mit der jeweiligen freiwilligen Tätigkeit sind wechselseitige, umfassende und rechtzeitige Informationen innerhalb der Einsatzstelle notwendig. Soweit dies möglich ist, sollte klar beschrieben werden, wie ein solcher Informationsfluss sichergestellt wird.

Mit der verantwortlichen Mitarbeit in einem Aufgabenbereich sind auch gestufte Mitentscheidungsmöglichkeiten verbunden. Die Beschreibung der Möglichkeiten und Grenzen von Mitentscheidung und Mitgestaltung geben allen Beteiligten die notwendige Orientierung und zeigen Zuständigkeiten und Verantwortlichkeiten im jeweiligen Tätigkeitsfeld auf.

3.2.2 Kosten und Budget

„Ehrenamt ist kostenlos, aber nicht umsonst!", heißt das viel genutzte Sprichwort. Ein entscheidender Faktor im Freiwilligenmanagement ist folglich auch die finanzielle Ausstattung der Freiwilligenarbeit in einer Organisation. Erste wichtige Entscheidungen sind – als Folge einer grundsätzlichen Entscheidung der Leitung einer Organisation – die Budgetplanung für den Einsatz von Ehrenamtlichen. Detaillierter wird auf dieses Thema in Kapitel 5 „Finanzierung im Freiwilligenmanagement" eingegangen.

Neben dem Personalaufwand für Freiwilligenmanagement und für Verwaltung sind als Sachkosten auch der Aufwand für Aus- und Fortbildung der Freiwilligen zu kalkulieren sowie die Kosten für Anerkennung des Engagements.

Ein besonderer Posten im Budget ist die Kostenerstattung für die Engagierten. Diese Erstattung des Aufwands kann aufgrund steuerrechtlicher Ausnahmen auch pauschal über die Ehrenamtspauschale (für alle Bereiche des freiwilligen Engagements) oder durch die Übungsleiterpauschale (für bestimmte Tätigkeiten im Engagement) erfolgen.

EXKURS: Monetarisierung

Wolfgang Krell

Seit vielen Jahren gibt es eine fachliche Diskussion zur „Monetarisierung im freiwilligen Engagement“ bzw. zum „bezahlten Ehrenamt“. Mit dem Begriff Monetarisierung sind „alle Zahlungen gemeint,

- die deutlich über der Erstattung von Kosten liegen,
- die über die üblichen geldwerten Anerkennungsformen hinausgehen,
- die zeitbezogen für abgeleistete Stunden (vergleichbar der Erwerbsarbeit) erstattet werden,
- die für geleistete Tätigkeit mit Einkommensabsicht erfolgen,
- die in der Kombination von Minijob und Übungsleiterpauschale stattfinden“

(bagfa, 2015, S. 3).

Freiwillige sollen die Kosten, die ihnen im direkten Zusammenhang mit ihrer ehrenamtlichen Tätigkeit entstehen, erstattet bekommen. Es können auch pauschale Aufwandserstattungen fließen, aber keine Pauschalen für Stunden, also kein Geld für aufgewandte Zeit. Bei einer stundenweisen **„Aufwandsentschädigung“** ist die Einsatzstelle außerdem gezwungen, eine Leistungsmessung zwischen den verschiedenen Freiwilligen zu machen, denn wer die gleiche „Arbeit“ in der doppelten Zeit erledigt, erhält auch für die doppelten Stunden eine „Aufwandsentschädigung“. Leistungsmessung ist aber gerade etwas, was aktive Bürger:innen in ihrem Engagement nicht wollen – sie wollen gemeinsam aktiv sein, ohne dass es darum geht, wer wie viel in welcher Zeit leisten kann oder will.

Bei den bereits üblichen Pauschalen von acht bis 15 Euro muss auch der **Mindestlohn im Blick behalten** werden, denn diese Pauschalen sind mit Stundenlöhnen vergleichbar. Außerdem könnte das Mindestlohngesetz zur Anwendung kommen, auch wenn eine Zahlung unter dem Titel „Aufwandsentschädigung“ erfolgt. Entscheidend sind Umfang und Charakter der Leistungen, die erbracht werden – eine stundenweise Entlohnung bedeutet eine große Nähe zur Erwerbsarbeit. Wenn Ehrenamtliche für ihre Tätigkeit Geld erhalten, ist zu berücksichtigen, dass es sich um einen (Dienst-)Leistungsaustausch handelt.

Generell sollten Organisationen darauf achten, dass Zahlungen – üblicherweise im Rahmen von **Übungsleiterpauschalen** (Stand Juni 2025: noch 2.500 Euro im Jahr – Erhöhung auf 3.300 Euro in 2026 geplant) oder Ehrenamtspauschalen (Stand Juni 2025: 849 Euro, Erhöhung auf 960 Euro in 2026 geplant) – den Charakter der Entschädigung für tatsächliche Aufwendungen nicht verlieren und somit Bezahlung nicht zum eigentlichen Grund für die Tätigkeit wird. Außerdem können schnell (tatsächliche oder auch gefühlte) Ungerechtigkeiten entstehen, die Unzufriedenheit und Konflikte zwischen Freiwilligen erzeugen. Es ist deshalb zu empfehlen, Erstattungen und sonstige Geldzahlungen gemeinsam mit haupt- und ehrenamtlichen Mitarbeiter:innen zu diskutieren und getroffene Vereinbarungen offen zu kommunizieren.

Generell gilt im Bürgerschaftlichen Engagement: Wer beginnt, für Zeitaufwand zu zahlen, kann nicht mehr aufhören. Feste Einsätze nach Dienstplan, für die Stundenpauschalen gezahlt werden (z. B. in der Betreuung Demenzerkrankter), haben als arbeitsmarktpolitische Maßnahmen oder unterstützende Dienstleistungsangebote ihre Berechtigung, sind aber kein Bürgerschaftliches Engagement. Wenn ein Unterstützungsbedarf von vielen Wochenstunden über viele Wochen und Monate besteht, dann sollte diese Unterstützung als Erwerbsarbeit organisiert und angeboten werden. Eine Vermischung in der Praxis und in der Argumentation schadet der Idee des freiwilligen, selbstbestimmten Engagements von aktiven Bürger:innen.

Bürgerschaftliches Engagement kann einen wertvollen Beitrag leisten, gesellschaftliche Probleme zu lösen – neben den Leistungen von Staat und Wirtschaft. Bezahlung ist nicht das ausschlaggebende Kriterium, um Freiwillige zu gewinnen. Wie der **Freiwilligensurvey 2019** zeigt, erhalten lediglich 9,6 Prozent aller Engagierten Geld bzw. zusätzliche Sachleistungen (Freiwilligensurvey 2019, S. 253). Ausschlagend, um sich für ein Engagement zu entscheiden, sind die Selbstbestimmung der Bürger:innen sowie die passenden Rahmenbedingungen, die aber stets einer entsprechenden Finanzierung bedürfen (vgl. lagfa bayern, 2023).

3.2.3 Kooperation von Hauptamtlichen und Freiwilligen

Die Förderung des freiwilligen Engagements ist eine wichtige Aufgabe für alle beruflich Mitarbeitenden einer Organisation. Grundlegend ist dabei eine Haltung, die geprägt ist von gegenseitiger Wertschätzung und Anerkennung. Überall dort, wo eine solche Haltung gelebt wird, ist eine gelingende, fruchtbare Zusammenarbeit erfahrbar. Diese ist dann für alle Beteiligten zufriedenstellend und tragfähig.

Zeitnahe Beratung und Unterstützung

Regelmäßige Treffen zwischen freiwillig und beruflich Mitarbeitenden geben den notwendigen Raum für Kontakte und eröffnen so die Möglichkeit einer zeitnahen Beratung, Unterstützung und gegenseitigen Information wie auch von Transparenz und Verbindlichkeit. Können entsprechende Formen des regelmäßigen Austauschs entwickelt werden, so steigert dies die Zufriedenheit und die fruchtbare Zusammenarbeit der Beteiligten.

Die Förderung des eigenverantwortlichen Handelns der Freiwilligen ist eine besondere Herausforderung. Wo es gelingt, eine klare Abgrenzung der Tätigkeitsfelder zu schaffen und die notwendige Rollen- und Aufgabenklärung zu ermöglichen, wird eine wesentliche Basis für echte partnerschaftliche Zusammenarbeit sichtbar. Die Balance zwischen Forderung und Förderung gelingt dort, wo gegenseitiges Vertrauen und Zutrauen gegeben ist. Dies erfordert von den Hauptamtlichen in einem hohen Maße Kommunikationsfähigkeit und die Bereitschaft, sich nicht allein auf ihre „Zuständigkeiten" zurückzuziehen. Wo es Hauptamtlichen gelingt, die unterschiedlichen Neigungen, Begabungen und Fähigkeiten der Ehrenamtlichen wahrzunehmen und zusammenzuführen, entsteht eine anziehende Atmosphäre.

Die Hauptamtlichen vorbereiten

Die beruflich Mitarbeitenden einer Organisation müssen dementsprechend auf die Zusammenarbeit mit Freiwilligen vorbereitet sein und sollten entsprechende Fortbildungen bzw. Ausbildungen absolvieren können (siehe auch Kapitel 4.6 „Freiwillige begleiten und binden").

3.2.4 Versicherung

Versicherungen sind ein besonders wichtiges Thema, auch für die Freiwilligen. Es sollte nicht erst thematisiert werden, wenn ein Versicherungsschaden entstanden ist. Entscheidend sind für den Einsatz von Freiwilligen drei Versicherungsformen: die Unfallversicherung, die Haftpflichtversicherung und (bei Benutzung des eigenen Autos im Einsatz) die Kfz-Dienstreise-Vollkaskoversicherung bzw. die Schadensrabatt-Rückstufungsversicherung.

Im Vorfeld sind folgende Dinge zu klären:

- Welche Versicherungen sind für die Organisation notwendig und welche sollten abgeschlossen werden bzw. sind es schon?
- Wer ist der/die Ansprechpartner:in für Versicherungsfragen in der Organisation?
- Wer ist der/die Ansprechpartner:in für die Freiwilligen im Schadensfall?
- Ist der/die Freiwillige bei Schadenseintritt im Auftrag der Organisation tätig bzw. unterwegs gewesen?

Die Ehrenamtlichen und auch alle Personen, die Verantwortung für sie tragen bzw. mit ihnen zusammenarbeiten, sollten darüber informiert sein, dass nach einem Unfall bzw. Schadensereignis umgehend die Einsatzstelle informiert wird. Dann können die Unfallmeldung bei der zuständigen Versicherung gemacht und weitere notwendige Schritte geklärt werden.

Unfallversicherung

Für viele Bereiche des freiwilligen Engagements gilt eine **gesetzliche Unfallversicherung**, insbesondere für Ehrenamtliche in Kommunen und anderen Körperschaften des öffentlichen Rechts, z. B. Jugendringe und Religionsgemeinschaften. Beim Einsatz im Bereich von Kommunen muss die Meldung zur Unfallversicherung abgeklärt werden und die Form der Meldung vereinbart sein (Liste bei der kommunalen Einsatzstelle oder namentliche Liste und Änderungsmeldungen zur zuständigen Dienststelle usw.).

In der **Berufsgenossenschaft Wohlfahrtspflege** (bgw) werden Freiwillige, die bei Wohlfahrtsverbänden aktiv sind, bei der Meldung der beruflich Mitarbeitenden kostenfrei mitgemeldet. Es reicht die Anzahl der Freiwilligen, sodass dafür keine Namensliste geführt und keine Vereinbarung getroffen werden muss. Eine Unfallversicherung für Tätigkeiten in gemeinnützigen Organisationen anderer Bereiche kann bei der Berufsgenossenschaft VBG abgeschlossen werden.

Haftpflichtversicherung

Freie Träger sollten eine **Vereins-Haftpflichtversicherung** haben. Bei Kommunen tritt die kommunale Haftpflichtversicherung ein. Es ist auf jeden Fall vorab zu klären, ob Freiwillige hier mitversichert sind. Wichtig ist zu wissen, wie die Dokumentation des Einsatzes von Freiwilligen durchgeführt werden muss: Ist nur die Zahl der Freiwilligen zu nennen oder muss eine aktuelle Namensliste der aktiven Freiwilligen geführt werden? Zudem ist für die Versicherung mit jedem/r Freiwilligen eine schriftliche Vereinbarung zu treffen, um die Beauftragung auch zu belegen.

Sinnvoll ist es außerdem, zu klären, ob der/die Freiwillige privat ausreichend Vorsorge getroffen hat und eine **private Haftpflichtversicherung** vorhanden ist. Diese kann in bestimmten Fällen für den Schaden aufkommen, wenn ehrenamtliches Engagement mit eingeschlossen ist. Bei der Übergabe von Schlüsseln ist auch zu klären, ob Freiwillige dafür eine ausreichende private Schlüssel-Haftpflichtversicherung haben oder die bestehende private Haftpflicht dies miteinschließt. Weil dies in der Regel nicht der Fall ist, sollte die Einsatzstelle diese Schlüssel-Haftpflichtversicherung auch für Freiwillige abschließen.

Kfz-Haftpflichtversicherung

Wenn Freiwillige ihr eigenes Auto für das freiwillige Engagement nutzen, ist sicherzustellen, dass dieses Fahrzeug ebenfalls versichert ist. Dabei geht es um den Ersatz des Schadens beim Fahrzeug des Unfallgegners bzw. um den Schaden am eigenen Fahrzeug (unabhängig davon, wer den Unfall verschuldet). Bei Schuld des Unfallgegners erstattet dessen **Kfz-Haftpflichtversicherung** den Schaden. Bei Schuld des Freiwilligen wird sein Schaden nur erstattet, wenn er eine private Kfz-Vollkaskoversicherung hat – wenn er diese nicht besitzt, muss er selbst für den von ihm verursachten Schaden an seinem Fahrzeug aufkommen. Aus diesem Grund ist eine Kfz-Dienstreise-Vollkaskoversicherung des Trägers zu empfehlen, um Schäden an Fahrzeugen der Freiwilligen abzusichern. Einzelne Träger haben diese Versicherung z. T. auch schon für die dienstliche Nutzung von Privatfahrzeugen der beruflich Mitarbeitenden, diese kann in der Regel auf Freiwillige erweitert werden.

Bei Schuld des Freiwilligen erstattet zwar seine private Kfz-Haftpflichtversicherung den Schaden des Unfallgegners, der/die Betroffene kommt aber in eine höhere Schadensrabattstufe und hat zukünftig höhere Versicherungskosten. Dafür gibt es eine zusätzliche Versicherungsform, die Kfz-Haftpflichtschaden-Rückstufungsversicherung, die diese Rückstufung mit Einsatz einer Einmalzahlung übernimmt, sodass den Freiwilligen damit die Höherstufung erspart bleibt.

Ehrenamtsversicherungen des Landes

In verschiedenen Bundesländern gibt es **Ehrenamtsversicherungen** des Landes, die als letzte Absicherungsstufe für die Versicherung von Schäden im Ehrenamt gedacht sind. Sie treten in der Regel nur nachrangig ein, d. h., wenn die Organisation, die für die Versicherung der Freiwilligen erstverantwortlich ist, keine entsprechende Versicherung vorhält. Generell dienen sie auch der Absicherung von Engagement in rechtlich unselbstständigen Organisationen und Initiativen. Diese Landesversicherungen haben unterschiedliche Voraussetzungen, die für das jeweilige Bundesland zu prüfen sind.

3.2.5 Schutzkonzepte

Der Schutz der Freiwilligen selbst wie auch der Schutz der Menschen, mit denen Freiwillige arbeiten, ist ein wichtiges Ziel im Freiwilligenmanagement. Für beide Zielrichtungen sollten in der Organisation Schutzkonzepte erarbeitet werden, die in der Regel sowohl für die Hauptamtlichen wie auch Ehrenamtlichen einer Einsatzstelle gelten. Bei größeren Einrichtungen können diese Regelungen auch Hand in Hand gehen mit Vorgaben der Unfallversicherung und der Berufsgenossenschaften. Bei kleineren Organisationen sind es evtl. auch nur wenige wichtige Regeln, die schriftlich festgehalten sind und allen Aktiven klar vermittelt werden.

Ein Schutzkonzept ist ein wesentlicher Teil des Risikomanagements: Es enthält Vorgaben, Regeln und vor allem auch definierte Ablaufprozesse für verschiedene Vorfälle in der Organisation.

Schutz der Freiwilligen

In einem solchen Konzept geht es um den Schutz der physischen und psychischen Gesundheit der aktiven Freiwilligen. Je gefährlicher ein Einsatz der Ehrenamtlichen ist, desto wichtiger ist es, klare Vorgaben und auch Grenzen für den Einsatz zu definieren. Bei der Freiwilligen Feuerwehr können Einsätze sehr riskant sein und es bedarf klarer Regeln, wie die Aktiven gemeinsam agieren und sich auch gegenseitig schützen.

Der Umfang eines solchen Schutzkonzeptes richtet sich nach der Risikoabwägung. Bei der Coronapandemie hat sich gezeigt, dass Regeln für den Schutz von Ehrenamtlichen für alle Engagementfelder notwendig werden können.

Insbesondere auch bei hoher psychischer Belastung sind Angebote wie Supervision, Debriefing durch psychologische Hilfe, Traumaberatung oder Notfallseelsorge mit einzuplanen.

Schutz von anderen

Der Schutz der unterstützten Personen steht hier im Vordergrund – im Wesentlichen die Prävention vor sexuellem Missbrauch. Dazu ist ein Schutzkonzept auszuarbeiten, in dem ein Verhaltenskodex definiert wird und in dem auch Prozesse zum Vorgehen bei entsprechenden Vorfällen in der Organisation festgehalten sind. Wichtig ist es, vor allem das Thema Missbrauch in der Organisation offen anzusprechen und sich immer wieder in Austauschtreffen und Fortbildungen damit auseinanderzusetzen. Schutzmaßnahmen sind ein Teil eines notwendigen Konzepts, die kontinuierliche Beschäftigung mit dem Thema ist die eigentliche Herausforderung, aber auch Abschreckung für mögliche Täter:innen. Materialien dazu gibt es u. a. bei Amyna, einer Fachstelle zum Schutz vor sexueller Gewalt (www. https://amyna.de/wp/angebot/publikationen/).

Datenschutz ernst nehmen

Ein besonderer Bereich im Rahmen des Schutzes von Freiwilligen und Zielgruppen ist der Datenschutz. Auch hier sind gesetzliche Vorgaben im Rahmen der Datenschutzgrundverordnung der EU einzuhalten. Es ist deshalb sinnvoll, hierfür ein Schutzkonzept zu erarbeiten und entsprechende Vorlagen zu erstellen. Ausführlichere Informationen zum Datenschutz finden sich unter stiftungdatenschutz.org/ehrenamt oder für Bayern https://www.lda.bayern.de/media/veroeffentlichungen/DS-GVO_in_Vereinen.pdf.

3.2.6 Konzeption für Freiwilligenmanagement

Wenn eine Organisation erfolgreich mit Freiwilligen arbeiten will, muss sie zuerst eine umfassende Konzeption für Freiwilligenmanagement erstellen. Diese Vorarbeit ist aufwendig, hilft aber, Abläufe zu erleichtern und Zeit und Aufwand zu sparen.

Wesentliche Punkte in einer solchen Konzeption sind:

- Aufzeigen der Verbindung des freiwilligen Engagements mit dem Leitbild/der Vision und den Zielen einer Organisation
- Bekenntnis zur engen Kooperation von Hauptamtlichen und Ehrenamtlichen in der Organisation
- Schaffung einer Position für Freiwilligenmanagement und Benennung einer verantwortlichen Person, die auch entsprechend Zeit und Ressourcen dafür zur Verfügung hat
- Sicherung notwendiger Budgets für Personalkosten und Sachkosten

- Ausarbeitung der Engagementfelder, d. h. der Bereiche, in denen Freiwillige eingesetzt werden sollen – mit Formulierung von Stellenbeschreibungen
- Erarbeitung der Standards für Freiwilligenmanagement in der Organisation (siehe z. B. „Qualitätsstandards für Freiwilligenmanagement", Gesellschaft für Freiwilligenmanagement, o. J., oder „Freiwillige willkommen", bagfa 2014)
- Darstellung der Inhalte des Engagementkreislaufs (siehe Kapitel 4) – mit Anpassung auf die eigenen Gegebenheiten in der Organisation – u. a. für Gewinnung, Fort- und Weiterbildung, Anerkennung, Verabschiedung und Evaluation
- Grundlagen der Kommunikation und Öffentlichkeitsarbeit im Rahmen des Freiwilligenmanagements
- Unterlagen für das Freiwilligenmanagement in der Organisation als Anlage zur Konzeption

3.2.7 Ausarbeitung von Formularen

In vielen Fällen ist es hilfreich, in der Zusammenarbeit mit Freiwilligen Formulare, Checklisten und Vorlagen einzusetzen. Dazu lassen sich im Internet diverse Vorlagen von verschiedenen Einsatzstellen finden.

Tipp: Wer online Vorlagen für Formulare oder Checklisten sucht, sollte auch in englischer Sprache auf die Suche gehen. Viele Organisationen und Dachverbände haben auf ihren Webseiten ausgezeichnete Vorlagen online gestellt, die nur noch übersetzt und angepasst werden müssen. Ein Beispiel dafür ist „Volunteering Ressource hub" von Volunteering Australia: https://volunteeringhub.org.au/volstandard/volunteer-recognition/

Checklisten helfen

Solche Vorlagen können u. a. sein:

- Formular für Fragebogen für neue Interessenten
- Formular für Stellenbeschreibungen in den verschiedenen Einsatzbereichen
- Vorlage für Engagementvereinbarung
- Vorlage für Personalbogen von Freiwilligen
- Vorlage für Gliederung der Begrüßungsmappe
- Checklisten für das Onboarding
- Checkliste für Evaluation
- Vorlagen für Schutzkonzepte und passende Informationsblätter für die Mitarbeitenden
- Vorlagen für Informationsblätter, z. B. zum polizeilichen Führungszeugnis
- Vorlagen für Engagementnachweise, Zertifikate usw.
- Formulare für Datenschutz mit Informationen zu Rechten und Pflichten

Verschiedene dieser Vorlagen sind in den folgenden Kapiteln dieses Buchs erwähnt oder im Anhang mit aufgenommen.

3.3 Vielfalt im Engagement – Haltung, Chancen und Zukunftsstrategie

Vanessa Körner

Unsere Gesellschaft in Deutschland ist vielfältig – und das nicht nur in der Wahrnehmung, sondern in Zahlen und Fakten: 24,9 Millionen Menschen haben einen Migrationshintergrund, Menschen aus über 200 Nationalitäten leben hier. 7,8 Millionen Menschen haben eine schwere Behinderung, elf Prozent der deutschen Bevölkerung bezeichnet sich als nicht heterosexuell, sondern als LGBT: lesbisch, schwul, bisexuell und/oder transgender. Religiös betrachtet sind 50 Prozent der Menschen Christen, während 36 Prozent keiner Religionsgemeinschaft angehören. Der Islam ist mit 8,5 Prozent die zweitgrößte Religionsgemeinschaft, gefolgt von Hinduismus, Buddhismus und Judentum (vgl. Orth, 2024). Dem aktuellen Armutsbericht des Paritätischen Gesamtverbands zufolge sind 15,5 Prozent der Bevölkerung in Deutschland von Armut betroffen, dabei insbesondere Alleinerziehende, junge Erwachsene und Pensionierte – wobei die Altersarmut stark weiblich geprägt ist (vgl. Schabram et al., 2025).

Vielfalt fördern

Die Zahlen zeigen: Vielfalt ist Realität: Menschen unterscheiden sich in Herkunft, Alter, Geschlecht, Bildung, Sprache, Fähigkeiten, Weltanschauung und Lebensentwürfen – und genau diese Unterschiede bereichern das freiwillige Engagement. Jeder Mensch kann aktiv mit seinem Engagement zu einer aktiven Zivilgesellschaft beitragen. Unsere Aufgabe im Freiwilligenmanagement ist es, Vielfalt unter den Engagierten aktiv zu fördern und zu fordern, diskriminierende, rassistische, sexistische Strukturen zu hinterfragen und aufzubrechen und so im Engagement Teilhabe möglich zu machen.

Ziel dieses Exkurses ist es, für die Bedeutung von Vielfalt im Ehrenamt zu sensibilisieren und aufzuzeigen, wie ein vielfaltssensibles strategisches Freiwilligenmanagement zur gesellschaftlichen Teilhabe aller Menschen beitragen kann. Vielfalt ist dabei keine Herausforderung, die es zu bewältigen gilt, sondern eine Chance, die gestaltet werden will – mit Haltung, Offenheit und kreativen Ideen aus der Gemeinschaft heraus.

Charta der Vielfalt

Über 5.900 Unternehmen und Institutionen mit rund 14,7 Millionen Beschäftigten haben in Deutschland die „Charta der Vielfalt" unterzeichnet, um sich klar für die Förderung von Vielfalt einzusetzen (vgl. Orth, 2024). Mit dem Diversity-Management haben Unternehmen bereits Anfang der 1990er-Jahre begonnen, sich gezielt mit dem Mehrwert einer vielfältigen Belegschaft auseinanderzusetzen. Ein Blick auf die Entwicklung im Bürgerschaftlichen Engagement zeigt, dass Vielfalt im Ehrenamt erstmals 2010 auf Bundesebene in der Engagementstrategie thematisiert wurde (2009 im Freiwilligensurvey, bmfsfj.de) – damals noch zurückhaltend. Mit der Engagementstrategie 2024 wurde Vielfalt dann als zentrales Thema verankert: Alle Menschen sollen das Recht haben, sich zu engagieren – unabhängig von Herkunft, Alter, Bildung oder Einschränkungen (BMFSFJ, 2024). Seither ist schon viel passiert: Es gibt mehr niedrigschwellige Angebote, neue Zielgruppen werden angesprochen und viele Organisationen öffnen sich bewusst für Vielfalt – auch im Hinblick auf den demografischen Wandel und die Nachwuchsgewinnung. Auch wurden neue Förderprojekte ins Leben gerufen und umgesetzt (vgl. lagfa-bayern.de). Eine Studie von ZiviZ (Zivilgesellschaft in Zahlen) zeigt beispielhaft, dass Vielfalt bereits gelebte Realität ist, aber in vielen Organisationen noch nicht vollständig angekommen ist. Es braucht gezielte Förderung, Beratung und Begleitung, um Vielfalt erfolgreich zu integrieren und zu nutzen (Schubert et al., 2023).

Vielfalt zu fördern, bedeutet Vielfalt als Chance für ein positives Miteinander zu begreifen, Potenziale und Ressourcen der Engagierten zu sehen, Bedürfnisse und Bedarfe der Menschen wahrzunehmen und verschiedene Perspektiven als Bereicherung zu sehen. Durch das AGG (Allgemeines Gleichbehandlungsgesetz) ist zudem seit 2006 die Gleichberechtigung auch gesetzlich verankert.

Aktiv an gesellschaftlichen Entwicklungen teilhaben

Die Förderung von Vielfalt im Engagement bedeutet nicht nur, unterschiedliche Menschen einzubeziehen, sondern auch, sich aktiv mit den gesellschaftlichen Entwicklungen und Querschnittsthemen auseinanderzusetzen, die unsere Zukunft prägen und die Vielfältigkeit im Engagement spiegeln. Dazu gehört etwa der demografische Wandel: Die Generation der Babyboomer geht in den Ruhestand – viele von ihnen suchen neue Formen der Teilhabe. Andere werden in einigen Jahren auf Unterstützung angewiesen sein. Hier kann Engagement Brücken bauen – etwa durch generationenübergreifende Projekte oder ehrenamtliche Begleitung im Pflegekontext.

Auch Menschen mit Migrationsgeschichte wollen sich engagieren – oft trotz sprachlicher Hürden. Hier lohnt es sich, neue Wege zu denken: Können wir die Mehrsprachigkeit von Freiwilligen als Ressource nutzen, um Zugänge zu erleichtern und gleichzeitig Sprachförderung zu ermöglichen? Vielfalt bedeutet auch, Potenziale zu erkennen, wo manche nur Barrieren sehen.

Junge Menschen wiederum suchen flexible, sinnstiftende Engagementformen. Sie wollen mitgestalten, nicht nur mithelfen. Können Vereine neue Formate entwickeln, die Jugendliche ansprechen? Lässt sich beispielsweise das Thema Klimaschutz in bestehende Strukturen integrieren, um neue Zielgruppen zu erreichen?

Darüber hinaus lohnt sich der Blick über den Tellerrand: In muslimischen Gemeinden, queeren Netzwerken oder im Bereich des Naturschutzes entstehen vielfältige Formen von Engagement, die oft wenig sichtbar sind – aber wertvolle Impulse für die gesamte Engagementlandschaft bieten. Diese und andere Initiativen greifen gesellschaftliche Themen wie Zugehörigkeit, Identität, Nachhaltigkeit oder soziale Gerechtigkeit auf und verbinden sie mit konkretem Handeln.

Sich gegenseitig stärken

Ein zukunftsfähiges Freiwilligenmanagement bedeutet daher auch, voneinander zu wissen, voneinander zu lernen und sich gegenseitig zu stärken. Der Austausch zwischen unterschiedlichen Engagementkulturen – sei es in religiösen, queeren, ökologischen oder bildungsnahen Kontexten – eröffnet neue Perspektiven und schafft Synergien. Vielfalt im Engagement heißt auch: Räume schaffen, in denen sich unterschiedliche Erfahrungen begegnen und gegenseitig bereichern können.

Bei der Neubesetzung eines Engagements stellt sich nicht nur die Frage, wer sich engagieren könnte, sondern auch, wie wir Menschen ansprechen. Verwenden wir einfache, verständliche Sprache? Fühlen sich junge Menschen angesprochen? Sind die Rahmenbedingungen barrierefrei? Gibt es eine Begleitung für den Einstieg? Spiegelt unsere Anerkennungskultur die Vielfalt der Engagierten wider? Kann sich die Person Ehrenamt leisten? Diese Fragen sind zentral, wenn wir Engagement inklusiv und zukunftsfähig gestalten wollen. Vielfalt bedeutet, Zugänge zu schaffen – nicht nur symbolisch, sondern ganz konkret.

All das erfordert neue Strategien – und eine klare Haltung. Vielfalt gehört somit in jede Engagementstrategie, in jedes Freiwilligenmanagement und muss im gesamten Engagementzyklus mitgedacht werden.

Vielfalt bereichert

Vielfalt im Ehrenamt ist kein Sonderthema mehr im Freiwilligenmanagement – Vielfalt ist Querschnitt, Haltung und Zukunftsstrategie zugleich. Wer Vielfalt mitdenkt, schafft neue Engagements, Räume für Teilhabe, stärkt das Miteinander und gewinnt neue Engagierte.

Last but noch least braucht es Mut: Vielfalt ist nicht immer bequem, aber immer bereichernd.

Best Practice: Come Together im z'sam München

Das Projekt Come Together des z'sam – Zentrum für freiwilliges Engagement der Diakonie München und Oberbayern zeigt, wie Vielfalt in der Engagementförderung gelingen kann. Es bringt Menschen mit und ohne Fluchterfahrung aus verschiedenen Herkunftsländern und Generationen zusammen – auf Augenhöhe, mit Respekt und gegenseitigem Interesse.

Im Mittelpunkt stehen regelmäßig organisierte Treffen, bei denen gemeinsam gekocht und erzählt wird und Kulturen vorgestellt werden. Ergänzt werden diese Begegnungen durch Länderabende und gemeinsame Ausflüge, die interkulturelles Lernen fördern und nachhaltige Beziehungen entstehen lassen.

Das Besondere an Come Together ist der diversitätssensible und partizipative Ansatz: Menschen mit Fluchterfahrung sind nicht nur Gäste, sondern gleichberechtigte Mitgestaltende, die ihre Kompetenzen und Lebensgeschichten aktiv einbringen. Durch den intergenerativen Dialog wird der Zusammenhalt gestärkt und ein geschützter Raum geschaffen, in dem alle Stimmen gehört werden.

Durch die intensive Zusammenarbeit mit zivilgesellschaftlichen Partnern und die Nutzung mehrsprachiger Angebote gelingt es, Zugänge ins Ehrenamt für alle Menschen in München zu schaffen – unabhängig von Herkunft oder Sprache. Ob durch persönliche Beratung, Social-Media-Aktionen oder niedrigschwellige Formate: „Come Together" öffnet Türen und schafft Begegnungen.

So entsteht ein lebendiger Raum, in dem das Ehrenamt Brücken baut – zwischen Kulturen, Generationen und Lebenswelten. Die Teilnehmenden berichten von einem echten Gemeinschaftsgefühl, dem Abbau von Vorurteilen und dem Wertschätzen von Vielfalt als Ressource. Das Projekt fördert Vertrauen und Nähe durch niedrigschwellige Begegnungen – ganz ohne institutionelle Barrieren.

Best Practice, weil:

- Partizipation statt paternalistischer Hilfe: Menschen mit Fluchterfahrung übernehmen Verantwortung und gestalten aktiv mit.
- intergenerativer Ansatz: Der Austausch zwischen verschiedenen Generationen stärkt den gesellschaftlichen Zusammenhalt und Lernprozesse.

- niedrigschwellige Begegnungen: Gemeinsames Kochen, Erzählen und Feiern schaffen Vertrauen und Abbau von Vorurteilen.
- Diversität als Ressource: Unterschiedliche Kulturen, Sprachen und Lebenswege werden wertgeschätzt und als Bereicherung erlebt.
- sicherer, geschützter Raum: ein Umfeld, in dem alle Teilnehmenden sich sicher, respektiert und anerkannt fühlen.

4. Mit Freiwilligen erfolgreich zusammenarbeiten

Laura Eder

Freiwillige kommen nicht von selbst – und sie bleiben nicht ohne Grund. Wer mit freiwillig Engagierten erfolgreich zusammenarbeiten möchte, braucht mehr als gute Absichten. Neben den bereits genannten Rahmenbedingungen sind auch konkrete Strukturen und Vorgehensweisen hilfreich, um Engagement möglich und lohnend zu machen – für alle Beteiligten. Kapitel 4 zeigt anhand des Engagementzyklus (siehe Abb. 5 in Kapitel 4.1) auf, wie Organisationen freiwilliges Engagement ganz konkret umsetzen können, und beschreibt die einzelnen Phasen der Freiwilligenarbeit von der Gewinnung bis zur Verabschiedung.

Im Zentrum steht dabei nicht nur die Frage, wie man „helfende Hände" gewinnt – sondern wie man Menschen wirklich einbindet, ihre Potenziale erkennt und gemeinsam wirksam wird. Der Engagementzyklus ist ein praktisches Denkmodell, das hilft, alle Phasen der Freiwilligenarbeit im Blick zu behalten. Er erinnert daran, dass gutes Freiwilligenmanagement eine kontinuierliche, dialogische Aufgabe ist – nicht nur eine administrative.

Das Kapitel versteht sich als Werkzeugkasten und Reflexionshilfe zugleich. Es soll dabei unterstützen, bestehende Prozesse zu verbessern, neue Ideen zu entwickeln und blinde Flecken im eigenen System zu erkennen. Die Leser:innen sind eingeladen, die Inhalte nicht nur „von A bis Z" zu lesen, sondern auch gezielt in einzelne Abschnitte einzutauchen – je nachdem, welche Fragen und Herausforderungen in der eigenen Organisation aktuell sind.

Engagement braucht Struktur

Denn klar ist: Engagement passiert nicht einfach so – es braucht Strukturen, Haltung und eine Organisation, die bereit ist, sich auf Menschen einzulassen. Wer den Engagementzyklus als Ganzes versteht und gestaltet, schafft die Grundlage für gelingende Zusammenarbeit.

4.1 Alles für einen gelingenden Start und ein gutes Miteinander

Wolfgang Krell

Wenn die Haltung der Organisation zur Arbeit mit Freiwilligen geklärt ist und auch die Rahmenbedingungen für deren Einsatz geschaffen sind, beginnen die Vorbereitungen, die für einen gelingenden Start und ein gutes Miteinander sorgen.

Zusammenfassen lässt sich dieser Prozess im sogenannten Engagementzyklus – oder auch Engagementkreislauf genannt –, der auf anschauliche Weise den Weg eines/einer Engagierten durch die Organisation aufzeigt und wie er/sie in den einzelnen Phasen von den Freiwilligenmanager:innen unterstützt werden kann.

> **Wichtig zu wissen:** Es gibt verschiedene Konzepte für die Inhalte von Freiwilligenmanagement. Verschiedene Autor:innen haben eigene Akzente gesetzt, wobei sich die verschiedenen Modelle des Freiwilligenmanagements inhaltlich doch sehr ähnlich sind (Safrit-Schmieding, 2016, S. 7 ff.). Harriet Naylor hat 1967 mit „Volunteers Today: Finding, Training and Working with Them" das erste Buch zu Freiwilligenmanagement veröffentlicht (Naylor, 1967).
>
> Das Pastorenehepaar Arthur und Suzanne Lawson stellte erstmals das Freiwilligenmanagement als Kreislauf dar, als sie auf der amerikanischen National Conference on

Volunteerism 1986 ihr Schulungskonzept für Freiwillige vorstellten und ein Handout dabeihatten, in dem die Aufgaben des Freiwilligenmanagements in dieser Form aufgezeigt wurden (Lawson, Lawson, 1987, S. 35).

Allgemein kann gesagt werden, dass es für die Inhalte des Engagementkreislaufs eben nicht den/die Autor:in gibt, sondern dass dieses Konzept aus der Praxis und aus sehr verschiedenen Quellen entwickelt wurde und immer wieder neu bewertet wird. Die Inhalte des Engagementkreislaufs bleiben in Diskussion, wie der Beitrag von Jill Jukes aus 2017 mit dem Titel „It's Time to Update the Volunteer Engagement Cycle" zeigt (Jukes, 2017).

Der Engagementzyklus wird von vielen Organisationen in leicht abgewandelter Form genutzt und dargestellt. In der folgenden Darstellung haben wir einen eigenen Zyklus erarbeitet, der alle für uns wichtigen Themen mit einschließt. Die Unterkapitel folgen der Logik dieses hier dargestellten Kreislaufs.

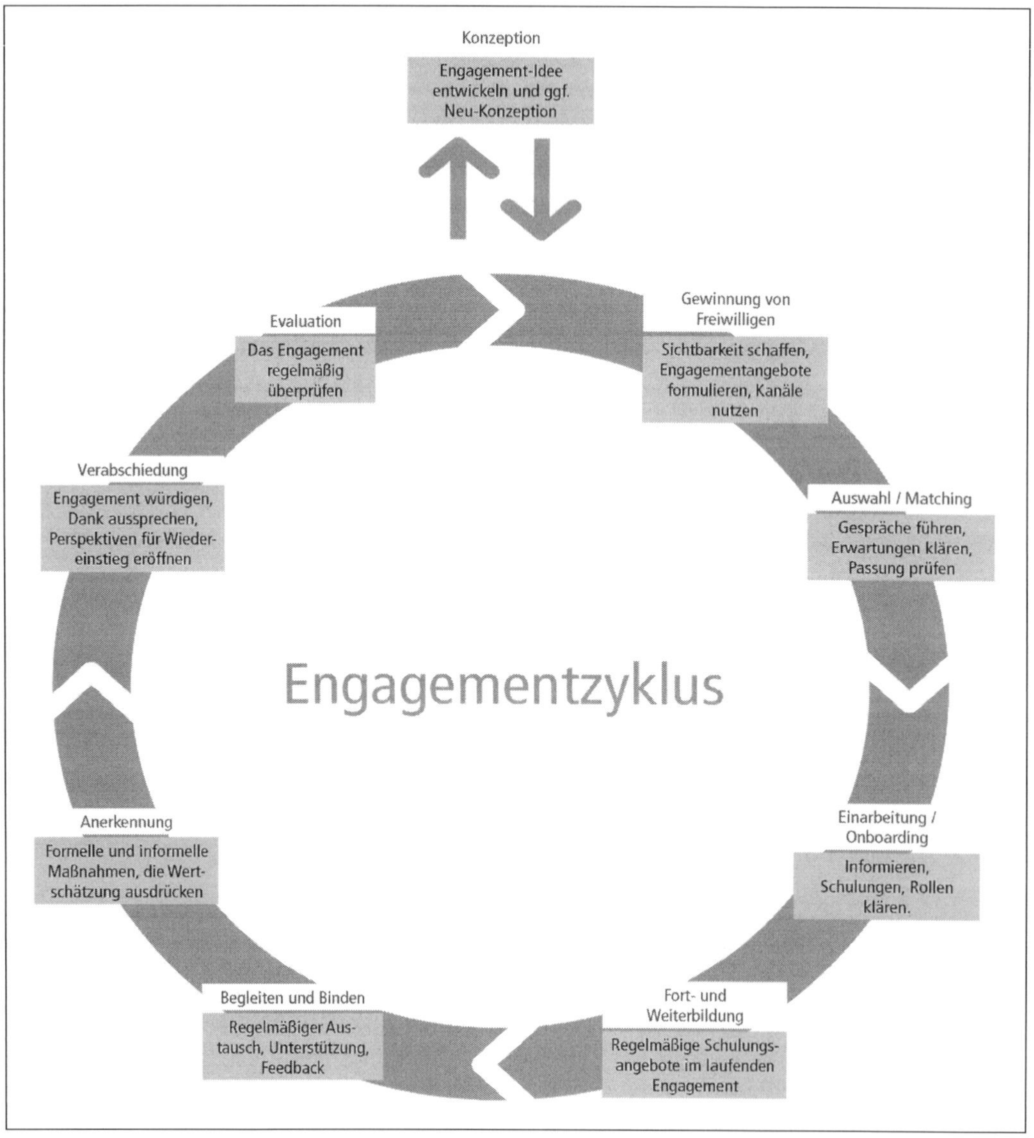

Abbildung 5: Engagementzyklus, (eigene Darstellung)

Zu Beginn der Arbeit mit Freiwilligen stehen die Vorbereitung der Organisation und die Entwicklung einer Konzeption zum Einsatz von freiwillig Engagierten, an der sich die Arbeit orientieren wird. Wenn die Vorbereitungen abgeschlossen sind, geht es darum, Freiwillige für das Engagement in der Organisation zu gewinnen und über Erstgespräche passende Engagierte auszuwählen. Eine gelingende Einarbeitung ist wichtig für den Start, genauso wie für eine nachhaltige und langfristige Zusammenarbeit.

Regelmäßigen Austausch anbieten

Um die Freiwilligen zu begleiten und im besten Fall langfristig zu binden ist der regelmäßige Austausch, eine individuelle Unterstützung und konstruktives Feedback unabdingbar. Das Angebot von Fort- und Weiterbildungen bietet den Engagierten die Möglichkeit, ihre Kenntnisse und Fähigkeiten zu erweitern, an ihren Aufgaben zu wachsen und sich auch in der Organisation weiterzuentwickeln. Sie dienen somit einerseits zur Begleitung und zur Bindung der Engagierten, jedoch auch als eine Form der Wertschätzung und Anerkennung. Das Ende eines Engagements kann viele Gründe haben, die Verabschiedung ist jedoch von großer Bedeutung, um den Einsatz zu würdigen, Dank auszudrücken und die Funktion als Botschafter:innen nach außen positiv zu gestalten. Der Einsatz der Ehrenamtlichen sollte immer reflektiert werden, sowohl mit den jeweiligen Personen als auch in der Organisation, denn dadurch kann es erst zur Schärfung und Weiterentwicklung der Konzeption kommen und der Zyklus kann von Neuem beginnen.

4.2 Die Organisation vorbereiten | Das Haus richten

Wolfgang Krell

Wer Gäste in sein Haus einlädt, muss einige Vorbereitungen treffen. Auch spontane Gäste können kommen, aber um auf solche Überraschungen vorbereitet zu sein, sollte es auch dafür eine grundlegende Planung geben. Zum Internationalen Jahr des Freiwilligenengagements der UNO 2021 hat das Diakonische Werk Deutschland eine Broschürenreihe zur Arbeit mit Freiwilligen herausgegeben. Eine Broschüre hatte den Titel „Das Haus richten", was ein schönes Bild dafür ist, wie Organisationen sich im Rahmen des Freiwilligenmanagements vorbereiten sollten (Diakonie, 2001).

Selbsttest: Wie engagementfreundlich ist unsere Organisation?

Welche der folgenden Fragen können Sie mit JA beantworten?

1	Wir wissen, dass Ehrenamtliche für unsere Einrichtung wichtig sind, und strahlen das auch aus.	☐ Ja ☐ Nein
2	Es gibt bei uns Standards für die Ehrenamtsarbeit bzw. ein Konzept, das den Rahmen regelt.	☐ Ja ☐ Nein
3	Für die Gewinnung und Begleitung von Engagierten haben wir Verantwortliche bzw. Ansprechpartner*innen benannt.	☐ Ja ☐ Nein
4	Wir bieten unterschiedliche Engagementmöglichkeiten und -formate – darunter auch solche, die nur wenig Zeit beanspruchen oder digital/kontaktfrei möglich sind.	☐ Ja ☐ Nein

5	Wir haben die Aufgaben, die Ehrenamtliche in unserer Einrichtung verrichten können, klar beschrieben.	☐ Ja ☐ Nein
6	Über die Engagementmöglichkeiten in unserer Einrichtung informieren wir regelmäßig. Z. B. auf unserer Homepage, im Schaukasten oder in Rundbriefen/Newsletter.	☐ Ja ☐ Nein
7	Wir versuchen, für jedes Talent das passende Engagement zu finden, und sind dabei auch offen für neue Ideen.	☐ Ja ☐ Nein
8	Wir berichten nach innen und außen, was mit dem freiwilligen Engagement Gutes bewirkt wird.	☐ Ja ☐ Nein
9	Die Tätigkeiten sind so zugeschnitten, dass haupt- und ehrenamtliche Aufgaben möglichst klar voneinander abgegrenzt sind.	☐ Ja ☐ Nein
10	Die Beziehung zwischen Haupt- und Ehrenamtlichen ist von Respekt und gegenseitiger Anerkennung geprägt.	☐ Ja ☐ Nein
11	Engagierte wissen, was sie erwartet. Es werden klare Absprachen über Zuständigkeiten, Rechte und Pflichten getroffen.	☐ Ja ☐ Nein
12	Es gibt ein Budget für die Ehrenamtsarbeit, z. B. für die Erstattung von Auslagen der Engagierten und deren Fortbildung.	☐ Ja ☐ Nein
13	Wir würdigen das Engagement in unserer Einrichtung im Rahmen von Veranstaltungen oder durch andere Formen der Anerkennung.	☐ Ja ☐ Nein
14	Abschied ist bei uns kein Tabu: Ehrenamtliche dürfen eine Tätigkeit ohne schlechtes Gewissen auch wieder beenden.	☐ Ja ☐ Nein
15	Wir wollen die Ehrenamtsarbeit in unserer Einrichtung kontinuierlich verbessern. Deshalb reflektieren wir das Thema Ehrenamt-/Engagementförderung regelmäßig in unseren Gremien.	☐ Ja ☐ Nein

Tabelle 1: Selbsttest: Wie engagementfreundlich ist unsere Organisation? (geringfügig bearbeitet, Fachstelle Engagementförderung der Evangelischen Kirche von Kurhessen-Waldeck, 2021, S. 15)

Bei 13- bis 15-mal Ja sind die wesentlichen Voraussetzungen für den Einsatz von Freiwilligen in der Organisation geschaffen und die Organisation gut aufgestellt, bei sieben- bis zwölfmal Ja sind doch noch einige vorbereitenden Arbeiten notwendig. Bei null- bis sechsmal Ja steht eine Organisation erst ganz am Beginn einer möglichen Zusammenarbeit mit Freiwilligen.

Bedarfsanalyse

Zum Start der Zusammenarbeit mit Freiwilligen oder einem Neustart in der Freiwilligenarbeit sollte noch einmal eine Bestandsaufnahme erfolgen, ob alle notwendigen Vorbereitungen getroffen wurden.

Der erste Schritt sollte die Bedarfsanalyse sein, d. h., gemeinsam im Team zu überlegen, wo und in welchen Bereichen der Organisation Bedarfe vorhanden sind, die von Freiwilligen übernommen oder teilweise abgedeckt werden können. Dabei gilt es, diese Analyse möglichst breit und offen anzulegen, um nicht nur bestimmte „Ecken" des Engagements für Freiwillige zu reservieren, sondern in der gesamten Organisation zu schauen, wo die Kompetenzen von Ehrenamtlichen sinnvoll eingesetzt werden können.

Rahmenbedingungen klären

Dieser Check sollte vor allem auf die Rahmenbedingungen des Engagements abzielen (siehe Kapitel 3.2). Innerhalb der Organisation sollten ein Team von Hauptamtlichen (insbesondere auch die Leitung, also Geschäftsführung oder Vorstand) sowie aktive Ehrenamtliche die verschiedenen Punkte noch einmal gemeinsam diskutierten.

Zu prüfen ist also, ob folgende Punkte ausgearbeitet sind und entsprechende Unterlagen vorliegen bzw. auch beschlossen sind:

- Grundsatzbeschluss der Leitung zum Engagement von Freiwilligen in der Organisation
- Bezug zum Leitbild und zu den Zielen der Organisation
- Beschluss über notwendiges Finanzbudget mit ausreichenden Ressourcen für Personal- und Sachkosten
- Ausarbeitung von Versicherungsschutz
- Schutzkonzepte für Freiwillige wie auch Schutzkonzepte zu Datenschutz und Missbrauchsprävention, insbesondere auch Regelungen zum Führungszeugnis
- Konzeption zum Freiwilligenmanagement in der Einsatzstelle – mit Berücksichtigung aller Punkte des Engagementskreislaufs, insbesondere auch der Anerkennungskultur
- feste Ansprechperson mit entsprechendem Zeitbudget
- Vorbereitung von Vorlagen für die Arbeit mit Freiwilligen
- Konzeption für Kommunikation und Marketing
- interne Kommunikation an alle Mitarbeitenden über den Einsatz von Freiwilligen

Zur Vorbereitung gehört ebenfalls die Reservierung entsprechender Räume für Einzelgespräche mit Freiwilligen, für Austauschtreffen mit Freiwilligengruppen, wie auch für Schulungen und Fortbildungsangebote.

Außerdem ist die Beschaffung notwendiger Ausstattung wie z. B. Laptop, Dienst- bzw. Schutzkleidung, Geräte/Werkzeug für den Einsatz vorab zu organisieren.

4.3 Freiwillige gewinnen

Renate Volk

Wie kann es gelingen, neue und zur Organisation passende Freiwillige zu gewinnen? Vielfältige und auf die Bedürfnisse der gewünschten Freiwilligen abgestimmte Engagementangebote sowie eine zielgruppenorientierte Öffentlichkeitsarbeit spielen dabei entscheidende Rollen. Je nach Alter, Lebenssituation oder persönlichem Hintergrund bringen die Freiwilligen unterschiedliche Erfahrungen, Erwartungen und Wünsche mit – an das Engagement wie auch an die Öffentlichkeitsarbeit. Deshalb ist es wichtig, die Zielgruppen differenziert zu betrachten. Desto besser lassen sich passgenaue Aufgabenprofile und wirkungsvolle Kommunikationsmaßnahmen entwickeln.

Bestandsaufnahme vorab

Organisationen haben oft eine sehr klare Vorstellung davon, welche Freiwilligen sie gewinnen wollen. Die Wünsche und Anforderungen stimmen nicht immer mit den Erwartungen und Bedürfnissen der Freiwilligen überein, die auf der Suche nach einem Engagement sind. Am Anfang einer erfolgreichen Gewinnungsstrategie steht deshalb erst einmal eine Bestandsaufnahme. Die Haupt- und/oder Ehrenamtlichenteams sollten dabei mit einbezogen und gemeinsam folgende Fragen besprochen werden:

- Welche unterschiedlichen Zielgruppen an Freiwilligen zieht die Organisation bereits an?
- Welche Freiwilligengruppen sollen künftig verstärkt angesprochen werden?
- Welche Zielgruppen sollen in der Zukunft weniger angesprochen werden?

Das Ergebnis dieser Überlegungen ist eine Zusammenstellung von Freiwilligengruppen, die mit unterschiedlichen Aufgabenprofilen und Maßnahmen der Öffentlichkeitsarbeit angesprochen werden sollten.

Bedürfnisse der Freiwilligen berücksichtigen

So individuell wie die Menschen, so individuell sind auch die Engagementwünsche und -vorstellungen. Diese hängen auch sehr von der Lebenssituation der interessierten Freiwilligen ab. Die zunehmende Digitalisierung und damit auch Flexibilisierung der Arbeitszeiten von Berufstätigen und Studierenden wirkt sich auf die Anforderungen an das Ehrenamt aus. Immer mehr Freiwillige wünschen sich ein ehrenamtliches Engagement, das flexibel, weniger verbindlich oder auch digital möglich ist. Das Kapitel 4.6 geht vertiefender auf die unterschiedlichen Motivlagen von Freiwilligen ein.

Diversität bei den Freiwilligen eröffnet neue Möglichkeiten.

Diversität ist auch im Ehrenamt ein wichtiger Motor für Kreativität, neue Ideen, Weiterentwicklung und Zufriedenheit im Team. Noch ist in vielen Organisationen die Diversität unserer Gesellschaft nicht angekommen. Die sprachlichen Anforderungen an ein Engagement sind teilweise sehr hoch. Es besteht wenig Bereitschaft, sich auf die Bedürfnisse von potenziellen Freiwilligen unterschiedlichster Kulturen und Sprachniveaus oder mit einem körperlichen Handicap einzustellen. Wie Vielfalt im Engagement erfolgreich gestaltet werden kann, beschreibt Kapitel 3.3. In jedem Fall ist es wichtig, nicht die vermeintlich „perfekten" Ehrenamtlichen zu fokussieren, sondern sich bewusst zu machen, wie unterschiedlich die Menschen „ticken" und wie wichtig es ist, auch im Ehrenamt Begegnungsräume für Menschen unterschiedlichster Hintergründe zu schaffen.

Diversitätssensible Öffentlichkeitsarbeit

Diversitätssensible Öffentlichkeitsarbeit bedeutet, Inhalte so zu gestalten, dass sie möglichst viele Menschen unabhängig von Herkunft, Geschlecht, Alter, Behinderung, sexueller Orientierung oder sozialem Status einbeziehen. Ziel ist, respektvoll und diskriminierungsfrei zu kommunizieren, Vielfalt sichtbar zu machen und gesellschaftliche Teilhabe zu fördern (s. a. „Vielfalt im Engagement" auf Seite 51).

1. Inklusive Sprache verwenden

Eine diskriminierungsfreie und inklusive Sprache stellt sicher, dass sich alle Menschen angesprochen fühlen und wertschätzend dargestellt werden. Dazu gehören u. a. eine einfache und verständliche sowie gendergerechte Sprache.

2. Vielfältige Bildsprache nutzen

Bilder transportieren Botschaften oft schneller als Worte. Daher ist es wichtig, dass visuelle Inhalte eine diverse Gesellschaft widerspiegeln und unterschiedliche Lebensrealitäten zeigen. Es gilt auch, Stereotypen zu vermeiden, z. B. Frauen als Pflegekräfte und Männer als Chefs zu sehen.

3. Zugänglichkeit gewährleisten

Öffentlichkeitsarbeit sollte möglichst barrierefrei sein, um Menschen mit unterschiedlichen Bedürfnissen zu erreichen. Mehrsprachige Informationsmaterialien, barrierefreie digitale Medien sowie eine gute Lesbarkeit und Verständlichkeit von Texten gehören dazu. Tipp: Die Aktion Mensch bietet Informationsmaterialien sowie Fördermöglichkeiten für barrierefreie Webseiten (www.aktion-mensch.de/inklusion/barrierefreiheit/barrierefreie-website).

4.3.1 Partizipation ermöglichen

Vielfalt sollte nicht nur innerhalb des eigenen Teams diskutiert werden. Wichtig ist, betroffene Gruppen aktiv bei der Entwicklung und Umsetzung einer Kommunikationsstrategie einzubeziehen und um Feedback zu bitten.

Mix aus unterschiedlichen Aufgabenprofilen erarbeiten

Hat das Team gemeinsam die für die Organisation passenden Freiwilligenzielgruppen definiert, empfiehlt es sich, einen differenzierteren Blick auf jede einzelne Freiwilligengruppe zu werfen.

- Welche Themen und Fragen beschäftigen sie?
- Welche Motivation für ein ehrenamtliches Engagement haben sie?
- Welche Rahmenbedingungen wünschen sie sich?
- Welche Erfahrungen und Erwartungen bringen sie mit?

Die Antworten geben Auskunft darüber, mit welchen Aufgaben, Maßnahmen und Argumenten eine Organisation bei den gewünschten Freiwilligenzielgruppen punkten kann. Zu berücksichtigen sind immer auch unterschiedliche Vorstellungen bzgl. Arbeitsweise, zeitlichem Einsatz, der Dauer des Engagements und dem Grad der Verantwortung. Es empfiehlt sich deshalb ein Mix aus Aufgabenprofilen, der unterschiedlichen Anforderungen und Bedürfnissen gerecht wird. Dazu zählen:

- **verschiedene Zeitbudgets:** Von einmal in der Woche bis hin zu sporadischen Einsätzen zu bestimmten Anlässen – verschiedene Zeitbudgets ziehen unterschiedliche Freiwilligenzielgruppen an.
- **regelmäßiges und flexibles Engagement:** Immer mehr Freiwillige möchten sich ihre Zeit selbst einteilen und ihre Termine flexibel planen können. Für andere wiederum ist ein regelmäßiger fester Termin hilfreich.
- **unterschiedliche Kompetenzen:** Berufliche Erfahrungen einbringen, erlerntes Wissen ausprobieren – für viele Freiwillige sind diese Aspekte ein Anreiz, sich zu engagieren.

- **unterschiedliche Sprachniveaus:** Gerade für Menschen aus anderen Kulturen ist ein Ehrenamt eine gute Möglichkeit, neue Lebenswelten kennenzulernen und ihre Sprachkenntnisse zu verbessern.
- **allein oder im Team:** Junge Menschen engagieren sich häufig gerne im Team, andere Ehrenamtliche bevorzugen ein Ehrenamt ohne engen Kontakt zu anderen.
- **vor Ort oder remote:** Für Ehrenamtliche, die im Homeoffice arbeiten, beruflich stark eingebunden oder viel unterwegs sind, kann ein digitales Engagement geeignet sein. Andere wünschen sich persönliche Kontakte und möchten deshalb lieber vor Ort aktiv sein.

4.3.2 Aufgabenprofile entwickeln

Auch bei den Aufgabenprofilen für Freiwillige steht erst einmal eine Bestandsaufnahme der bereits existierenden Aufgaben auf der Agenda. Dabei sind folgende Fragen hilfreich:

- Welche Aufgaben funktionieren gut? Welche weniger?
- Welche neuen Ideen gibt es?
- Kann eine größere Aufgabe in kleinere Aufgabenpakete unterteilt werden?
- Gibt es Möglichkeiten, sich flexibel oder digital von zu Hause aus zu engagieren?

EXKURS: Die Perspektive von potenziell Interessierten – Persona-Methode

Um sich in die Wünsche und Bedürfnisse unterschiedlicher Freiwilligengruppen hineinzuversetzen, sind „Personas" gut geeignet. Hierbei handelt es sich um eine Methode aus dem Marketing und der Produktentwicklung, bei der eine Person stellvertretend für die Zielgruppe dargestellt wird. Es geht darum, die spezifischen Wünsche, Erwartungen und Lebensumstände und Kommunikationsbedürfnisse zu erfassen. Daraus lassen sich dann Angebote und Kommunikationsmaßnahmen ableiten. Personas sind deutlich greifbarer als abstrakte Zielgruppendefinitionen.

Jede Zielgruppe (z. B. junge Engagierte) kann verschiedene Personas haben, die sich nach Lebenssituation, Aktivitäten, Werten etc. unterscheiden. Wenn die zeitlichen Ressourcen knapp sind, empfiehlt es sich, die Zahl der Personas zu begrenzen und pro Zielgruppe eine Persona zu definieren.

Persona-Profil entwickeln

Die ausgewählte fiktive Person sollte so ausführlich wie möglich beschrieben werden (vgl. LHM, 2024):

- *Hintergrund zur Person und Demografie*: Alter, Beruf, Geschlecht, Wohnsituation, Lebenssituation, Wohnumfeld, Lebensstil
- *Identifikatoren und Persönlichkeit:* Hobbys, Charaktereigenschaften, Netzwerke, Kommunikationskanäle, Bezugspersonen, Mobilität

- *Erwartungen, Ziele und Emotionen*: Motive für ein Engagement, Erwartungen an das Ehrenamt und die Organisation, Bedürfnisse, die mit einem Engagement erfüllt werden sollen, Art der gewünschten Wertschätzung
- *Herausforderungen:* Bedenken, Ängste, negative oder positive Vorerfahrungen
- *Lebensmotto:* ein möglicher Leitspruch der fiktiven Person

Die Ergebnisse werden auf einem Flipchart oder einem großen Bogen Papier festgehalten. Personas geben wertvolle Hinweise darauf, wo und wie über Möglichkeiten zum Engagement in der Öffentlichkeit berichtet werden sollte, welche Aufgaben die Freiwilligen gerne übernehmen möchten und welchen Mehrwert sie sich von ihrem Engagement wünschen.

Mit Design Thinking Personas entwickeln

Um (neue) Freiwillige zu gewinnen, ist es entscheidend, ihre Bedürfnisse zu kennen, ihre Perspektive einzunehmen und unterschiedliche Ideen zur Ansprache zu entwickeln. Design Thinking kann eine wertvolle Methode sein, um innovative Lösungen und Personas zu entwickeln. Dabei handelt es sich um einen Prozess, der mit unterschiedlichsten (kreativen) Methoden vom Problem zu Lösungsideen führt. Die Bedürfnisse und Sichtweisen der Zielgruppe werden dabei mit einbezogen. Aus Ideen entstehen „Prototypen". So etwa aus Kommunikation konkrete Kampagnen oder Visualisierungen. Die potenziellen Zielgruppen geben dazu Feedback und anschließend werden die Ideen weiter optimiert. Das Ergebnis sind in der Regel innovative Lösungen, die in der Praxis funktionieren. Durch die Anwendung von Design Thinking können Organisationen Maßnahmen entwickeln, um die Beteiligung von Freiwilligen zu fördern.

Literaturtipp: Das Design Thinking Playbook (Vahlen-Verlag, 2017)

Aufgaben für Freiwillige identifizieren

In vielen Organisationen mangelt es an Ideen für vielfältiges Engagement. Diese sind jedoch wichtig, um verschiedene und geeignete Freiwillige anzusprechen. Es sollte immer auch Angebote geben, die einen niedrigschwelligen und unkomplizierten Einstieg in ein Engagement ermöglichen, beispielsweise das gelegentliche Mithelfen bei Veranstaltungen. In der Praxis ist es häufig der Fall, dass sich Freiwillige nach einer Weile auch zutrauen, andere, zeitlich intensivere oder anspruchsvollere Aufgaben zu übernehmen. Das unten genannte Beispiel einer Kleiderkammer macht deutlich, wie viele unterschiedliche Möglichkeiten es in einer Organisation geben kann, Freiwillige einzubinden. Es gibt Aktivitäten an „vorderster Front" mit regelmäßigen Zeiten wie Verkauf, Beratung oder Kasse. Aber auch im Hintergrund gibt es verschiedene Möglichkeiten, sich zu engagieren: im Bereich der Öffentlichkeitsarbeit, der Datenverwaltung oder Webseitenpflege. Wer sich sporadisch engagieren und eigene Ideen einbringen möchte, kann dekorieren. Und wer gerne mit anpackt oder lieber für sich ist, kann im Lager mithelfen.

Vielfältige Aufgabenprofile am Beispiel einer Kleiderkammer:

Dekoration	Beratung/Ausgabe	Lager	Büro
Ideen entwickeln	Beraten	Spenden sortieren	Webseite pflegen
Deko einkaufen	Einsortieren	Aufräumen	Daten verwalten
Räume dekorieren	Waren präsentieren	Inventur	Öffentlichkeitsarbeit

Tabelle 2: Aufgabenprofile am Beispiel einer Kleiderkammer (eigene Darstellung)

Rahmenbedingungen für Freiwillige prüfen

Um Freiwillige zu gewinnen, braucht es, wie in Kapitel 3.2 beschrieben, die geeigneten Rahmenbedingungen, damit diese sich wohl- und willkommen fühlen. Die folgenden Informationen sollten auch in die Tätigkeitsbeschreibungen mit aufgenommen werden:

- feste:r Ansprechpartner:in für die Ehrenamtlichen
- Einarbeitung
- regelmäßiges Feedback
- Austauschmöglichkeiten, evtl. auch Weiterbildungsmöglichkeiten
- Bereitstellung notwendiger Arbeitsmaterialien, Informationen etc.
- Versicherungsschutz (Unfall- und Haftpflichtversicherung)
- Auslagenersatz (Fahrtkosten, Materialien)
- Entwicklungsmöglichkeiten, Perspektiven für Freiwillige

Tätigkeitsprofile klar und übersichtlich formulieren

Ein aussagekräftiges Tätigkeitsprofil ist ein zentrales Instrument, um Ehrenamtliche zu gewinnen. Es vermittelt klar, welche Aufgaben anfallen, welche Fähigkeiten gefragt sind und welchen Mehrwert das Engagement bietet. Ein präzises und ansprechendes Profil erleichtert Interessierten die Entscheidung und schafft von Anfang an realistische Erwartungen.

Ein gutes Tätigkeitsprofil sollte enthalten:

- Titel der Tätigkeit: kurz und aussagekräftig
- Beschreibung der Aufgaben: konkrete Tätigkeiten, Arbeitsumfang
- Anforderungen: benötigte Fähigkeiten, Erfahrungen oder Eigenschaften, formelle Anforderungen (Führungszeugnis, Impfungen)
- zeitlicher Rahmen: zeitlicher Einsatz, Regelmäßigkeit oder Flexibilität
- Einsatzort: vor Ort, hybrid oder digital
- Nutzen und Mehrwert des Engagements: für die Freiwilligen und die Organisation
- Angebote der Organisation für die Ehrenamtlichen: z. B. Austausch, Weiterbildungen, Versicherung, Auslagenersatz
- Ansprechperson: Kontaktdaten und Erreichbarkeit

Eine Vorlage, um Aufgabenprofile zu erstellen findet sich im Anhang auf Seite 222.

Texten von Tätigkeitsprofilen

Nicht nur die Inhalte eines Aufgabenprofils sind wichtig, auch die Sprache zählt. Der Text sollte klar und konkret formuliert sein. Eine persönliche Ansprache ist wichtig, hier sollte eine Organisation vorab überlegen, welche Form der persönlichen Ansprache (Sie oder du) passend ist. Es sollte konkret aufgezeigt werden, warum das Engagement sinnvoll ist, z. B.: „Hilf mit, älteren Menschen digitale Teilhabe zu ermöglichen!" Es empfiehlt sich eine motivierende und positive Sprache, z. B.: „Gestalte mit uns ein inklusives Stadtviertel!" statt „Ehrenamtliche für Inklusionsprojekt gesucht!".

Prägnante Überschriften verwenden

Die Überschrift entscheidet darüber, ob jemand sich weiter mit dem Tätigkeitsprofil beschäftigt oder nicht. Sie sollte Interesse wecken, klar sein und sofort vermitteln, worum es geht. Eine gelungene Überschrift hebt sich von der Masse ab und spricht gezielt die richtigen Menschen an, z. B.: „Kochen gegen die Einsamkeit", „Smartphone-Entdecker-Treff" oder „Kindern Rückenwind geben".

Best Practice: Ausschreibung für „Essen auf Rädern"

Sie möchten sich engagieren und das Leben der Menschen in Ihrer Nachbarschaft verbessern?

Fahren Sie Mahlzeiten aus für Nachbarn, die ans Haus gebunden sind – als Fahrer:in für unseren Service Essen-auf-Rädern.

Tragen Sie dazu bei, dass Ihre Nachbarn sich gut ernähren und lernen Sie gleichzeitig neue Freund:innen kennen!

Notwendig ist nur:

Verfügbarkeit für ca. acht Stunden im Monat – immer zwischen 7 und 16 Uhr –, Führerschein sowie ein eigenes Auto (Kfz-Unfallversicherung läuft über uns)

Wie bieten Ihnen eine kurze Schulung zur Einführung in Ihre Aufgabe.

Besonderer Bonus für Ihr Engagement: Sie können an kostenfreien Kursen für gesunde Ernährung teilnehmen.

Rufen Sie an: Helmut Meier, Telefon xxxx/xxxx, erreichbar zwischen 8 und 12 Uhr von Montag bis Freitag, oder schicken Sie eine Mail an: Helmut@Essen-.....de

(*Quelle:* Freiwilligen-Zentrum Augsburg).

4.3.3 Freiwillige analog und digital ansprechen

Bei der Ansprache von Freiwilligen wie auch der darauf abgestimmten Öffentlichkeitsarbeit, kommt es entscheidend darauf an, Kernaussagen und Kernanliegen in verständlichen Botschaften für die jeweiligen Zielgruppen zu formulieren (bagfa e. V., 2018, S. 3 ff.). Wer sind wir? Was tun wir? Was möchten wir erreichen? Auf diese drei Fragen sollten alle Ansprechpersonen in der Organisation gut verständliche und abgestimmte Antworten parat haben. Leitbild und Vision einer Organisation bilden die Grundlage für eine stimmige Öffentlichkeitsarbeit und sollten darin aufscheinen. Wichtig ist auch, dass Selbst- und Fremdbild zusammenpassen. Wer sich nach außen als innovativ, interkulturell und modern darstellt, sollte dies in der Organisation auch tatsächlich leben. Kernbotschaften sollten deshalb gemeinsam im Team formuliert und abgestimmt werden. Es empfiehlt sich auch, immer wieder einmal externe Kontakte zu bitten, Aussagen und Erscheinungsbild der Organisation auf Stimmigkeit zu prüfen. Über eine gelungene Kommunikationsstrategie informiert das Kapitel 5.5 „Öffentlichkeitsarbeit".

Die Kraft von Bildern und Emotionen – Storytelling

Geschichten und Bilder haben die Kraft, Menschen zu bewegen. Authentische Geschichten von engagierten Ehrenamtlichen wecken Emotionen, bleiben in Erinnerung und erzeugen eine Identifikation mit den Zielen der Organisation. Deshalb sind Berichte und Fotos von engagierten Ehrenamtlichen besonders wirksam, um andere potenzielle Ehrenamtliche anzusprechen. Ein wirksames Storytelling berichtet authentisch und macht konkrete Veränderungen sowie Erfolge sichtbar – bei den Freiwilligen wie auch den von ihnen betreuten Personen oder Projekten. Ein Mix aus Textbeiträgen, Bildern „in Aktion" oder Videos spricht unterschiedliche Zielgruppen an.

Tipp: Die Deutsche Stiftung Engagement und Ehrenamt (DSEE) hat eine Broschüre zum Förderpreis „EngagementGewinner" herausgegeben. Mit dem Preis wurden gemeinnützige Organisationen ausgezeichnet, die mit innovativen und inklusiven Ideen Engagierte und Ehrenamtliche nachhaltig begeistern und aktivieren konnten. Die Broschüre bietet eine Fülle von Anregungen, wie sich Freiwillige gewinnen lassen (DSEE, 2024).

4.3.4 Digitale Medien

Bei der Auswahl der Kommunikationsmedien sollten die Präferenzen der verschiedenen Zielgruppen berücksichtigt werden. Ältere Menschen lesen eher Zeitungen und Anzeigenblätter als jüngere Zielgruppen, die Social-Media-Kanäle nutzen. Manche Menschen freuen sich über eine direkte Ansprache, andere lesen Aushänge oder recherchieren im Internet. Deshalb ist die vorher beschriebene Persona-Methode auch wichtig, um Kommunikationskanäle der relevanten Zielgruppen zu identifizieren. Empfehlenswert ist auch, bereits aktive Freiwillige in der Organisation zu fragen, wie sie auf das Engagement aufmerksam wurden.

Aktive Freiwillige als Botschafter:innen

Eine Umfrage von vostel.de aus dem Jahr 2020 ergab, dass 45,8 Prozent der jungen Freiwilligen (18 bis 33 Jahre) durch Familie, Freunde und Bekannte auf ein Engagement aufmerksam werden. 18,8 Prozent nutzen die Internetsuche, während soziale Medien mit 53 Prozent (Facebook-Gruppen) und 23,4 Prozent (Instagram) ebenfalls eine Rolle spielen (Vostel, 2020).

Website

Die eigene Website ist von zentraler Bedeutung, um potenzielle Freiwillige anzusprechen. Bereits auf der Einstiegsseite sollten ein Menüpunkt oder ein Button auf das Thema Ehrenamt verweisen („Mitmachen", „Aktiv werden", „Ehrenamt"). Dort sollten konkrete und ansprechend formulierte Aufgabenbeschreibungen zu finden sein. Interessierte Freiwillige möchten auch wissen, was ihnen die Organisation bietet und wie die konkreten Schritte in ein Engagement sind. Videos, Fotos oder Steckbriefe von bereits engagierten Freiwilligen erhöhen die Identifikation mit der Organisation. Die

Kontaktaufnahme fällt leichter, wenn eine Ansprechperson mit Foto, E-Mail, Telefon und Sprechzeiten genannt ist.

Onlineplattformen und Apps

Im Internet gibt es mittlerweile eine Reihe von Internetseiten, die Organisationen, Vereine und Verbände nutzen können, um Engagementgesuche einzustellen. Dazu zählen u. a. Vostel, govolunteer, „freilich" in Bayern oder youvo. Die bekannteste und umfangreichste Onlineengagementvermittlung bietet die Aktion Mensch mit ihrer Engagementplattform. Hier wird besonders Wert auf inklusive Engagementangebote gelegt. Auch die meisten Freiwilligenagenturen bieten an, Engagementgesuche von Organisationen auf der eigenen Webseite hochzuladen, sodass sie von interessierten Personen gefunden werden können. Bei Freiwilligen beliebt sind auch Apps (Aktion Mensch, flexhero). Die Deutsche Stiftung Engagement und Ehrenamt (DSEE) bietet eine Übersicht über digitale Engagementplattformen. Kapitel 6 geht ausführlich auf das Thema Onlinevolunteering ein.

Social Media

Vor allem bei jüngeren Zielgruppen stehen Social Media hoch im Kurs. Aber auch ältere Freiwillige nutzen Social-Media-Kanäle wie Facebook oder Instagram. Das im Besitz von Microsoft befindliche Berufsnetzwerk LinkedIn wird ebenfalls immer häufiger genutzt. TikTok spricht vor allem jüngere Zielgruppen an (16 bis 29 Jahre). In vielen Organisationen hat sich bewährt, dass die Pflege der Social-Media-Kanäle von Freiwilligen übernommen wird. Sie sollten dabei nicht auf sich allein gestellt sein, sondern im regelmäßigen Austausch mit den Ansprechpersonen in der Organisation stehen. Idealerweise erstellt das Team bereits zu Jahresanfang einen Redaktions- und Zeitplan mit Ideen für Posts und Videos, sogenannten Content. Dazu zählen Bilder und kurze Videos von besonderen Ereignissen in der Einrichtung oder Freiwilligen in Aktion. Auch Anlässe wie eine Freiwilligenmesse, ein geplanter Infostand und der Tag des Ehrenamts eignen sich für Posts. Wichtig ist, eine Interaktion zu ermöglichen (z. B. ein Quiz, ein Anmeldebutton). Bei einem neuen Social-Media-Kanal empfiehlt es sich, diesen erst einmal selbst zu benutzen und ihn auszuprobieren, bevor die Organisation damit an die Öffentlichkeit geht.

4.3.5 Analoge Medien

Printmedien

Um potenziell interessierte Menschen anzusprechen, sollten auch klassische Medien nicht vergessen werden. Dazu gehören die Tageszeitungen, aber auch kostenfreie Werbezeitungen, die oft froh sind, wenn sie ihre Seiten mit interessanten Berichten füllen können. Die Beiträge sollten bereits nach journalistischen Regeln geschrieben und am besten mit einem aktuellen Bild versehen sein. Bei „Füllanzeigen" handelt es sich um fertig layoutete Anzeigen in unterschiedlichen Größen, die eine Anzeigenredaktion verwenden kann, wenn es im Anzeigenteil eine Lücke gibt. Hier empfiehlt sich, persönlich Kontakt zur Zeitung vor Ort aufzunehmen und nach dieser Möglichkeit zu fragen.

Aushänge

Viele Organisationen haben ihn noch, den Infokasten am Vereinsheim oder vor dem Seniorentreff – und machen mit Suchanzeigen nach ehrenamtlicher Unterstützung gute Erfahrungen. Auch hier gilt: je konkreter und ansprechender, desto besser.

Infostände und Infoveranstaltungen

Es gibt viele Anlässe und Möglichkeiten, Infostände durchzuführen: Bei Sportveranstaltungen, Stadtfesten, zu bestimmten Anlässen wie z. B. am 5. Mai, dem Europäischen

Protesttag zur Gleichstellung von Menschen mit Behinderung. Um interessierte Personen zu sich in die Organisation einzuladen, empfehlen sich Tage der offenen Tür, Informationsveranstaltungen, bei den sich die Organisation und engagierte Freiwillige vorstellen. Am besten ist, schon zu Jahresbeginn zu überlegen, zu welchen Anlässen und Terminen Informationsveranstaltungen möglich sind und ob es genug zeitliche Kapazitäten gibt, diese auch umzusetzen.

4.3.6 Sonstige Wege, um Freiwillige zu gewinnen

Freiwilligenagenturen/ Freiwilligenzentren

In den meisten Städten und Kommunen gibt es eine Freiwilligenagentur, ein Freiwilligenzentrum oder eine kommunale Anlaufstelle für Bürgerschaftliches Engagement (KoBE). Eine stets aktuelle Übersicht bietet die Bundesarbeitsgemeinschaft der Freiwilligenagenturen e. V. (bagfa). Sie motivieren die Bürger:innen vor Ort zum freiwilligen Engagement und informieren über konkrete Einsatzmöglichkeiten. Zu ihren weiteren Aufgaben gehören die Beratung von gemeinnützigen Organisationen in allen Fragen des Freiwilligenmanagements sowie die Entwicklung und Umsetzung von eigenen Projekten. Gemeinnützige Organisationen, die auf der Suche nach Freiwilligen sind, können sich an die Freiwilligenagentur vor Ort wenden und um Unterstützung bitten.

Freiwilligenmessen

Freiwilligenmessen, auch Ehrenamtsbörsen genannt, haben das Ziel, interessierte Menschen und gemeinnützige Projekte aus den Bereichen Soziales, Kultur und Umweltschutz zusammenzubringen. Ihren Besuchern bieten sie eine einmalige Möglichkeit, sich über die Vielfalt des bürgerschaftlichen Engagements in ihrer Heimatregion zu informieren. Zusätzlich werden an dem Tag oft Workshops und Informationsveranstaltungen sowie kulturelle Highlights angeboten. Gemeinnützige Organisationen, die auf der Suche nach Ehrenamtlichen sind, können sich für geplante Freiwilligenmessen bewerben.

FOKUS: Plattformen für digitale Engagementvermittlung

Anne Pahl

Engagementinteressierte suchen und finden passende Engagementmöglichkeiten und Informationen rund um das Thema Engagement zunehmend im Internet, auch wenn momentan keine Zahlen dazu vorliegen (vgl. Dritter Engagementbericht, 2020). Einen wirksamen Weg, potenzielle Freiwillige digital zu erreichen, bieten digitale Plattformen. In den letzten Jahren sind verschiedene gemeinnützige und kommerzielle Anbieter mit solchen Engagementplattformen gestartet.

Dabei reicht das Spektrum von lokalen Plattformen wie dem Caritas-Ehrenamtsportal über landes- und bundesweite Plattformen wie www.freilich-bayern.de oder die Engagementplattform der Aktion Mensch bis hin zu thematisch fokussierten Angeboten wie www.GoNature.de, einer Plattform für Engagement im Bereich Natur- und Artenschutz. Auch Apps mit unterschiedlichem Funktionsumfang bringen Freiwillige mit passenden Engagements zusammen. Eine Übersicht verschiedener deutscher Plattformen findet sich auf der Seite der Deutschen Stiftung für Engagement und Ehrenamt (www.deutsche-stiftung-engagement-und-ehrenamt.de/aktuelles/digitale-engagement-plattformen/).

Diese Plattformen bieten Organisationen die Möglichkeit, ihre Engagementeinsätze darzustellen und Details zu Ort, Zeit und Aufgaben genauer zu beschreiben. Anhand unterschiedlicher Such- und Filtermasken finden Interessierte passende Engagementangebote und können direkt mit Initiativen und Einrichtungen in Kontakt treten. Der Aktualisierung und ansprechenden Darstellung der Daten gilt dabei besondere Aufmerksamkeit.

Eine regelmäßige Überprüfung und Aktualisierung der Angaben sollte bei der Nutzung einer solchen Plattform deshalb unbedingt eingeplant werden. Auf der Engagementplattform der Aktion Mensch (engagement-plattform.de), die deutschlandweit mehr als 25.000 Engagementangebote veröffentlicht, übernehmen diese Aufgabe deshalb lokale Freiwilligenagenturen. Wichtig ist die konkrete und einfache Darstellung der Engagementmöglichkeit, damit auch ohne ein persönliches Gespräch das Interesse geweckt wird und die potenziellen Freiwilligen einschätzen können, ob das Engagement zu ihren Vorstellungen passt.

4.4 Erstgespräch und Auswahl von Freiwilligen

Renate Volk

Das Erstgespräch ist die letzte Phase der Gewinnungsstrategie. Es bietet die Gelegenheit, Wünsche und Erwartungen gegenseitig abzugleichen, zu prüfen, ob „die Chemie" stimmt und passende Freiwillige zu gewinnen. Zielsetzungen und auch die Entscheidungskriterien sollten im Vorfeld definiert und schriftlich festgehalten werden. Neben dem geeigneten Rahmen hilft ein Gesprächsleitfaden, ein Erstgespräch zu führen. Den Abschluss eines erfolgreichen Matchings bildet in der Regel eine schriftliche Engagementvereinbarung.

Bedeutung von Erstgesprächen im Freiwilligenmanagement

Melden sich Interessent:innen auf ein Engagementangebot, gilt es zu prüfen, ob die Vorstellungen der Organisation zu den Wünschen und Möglichkeiten der Freiwilligen passen. In einem persönlichen Erstgespräch können sich Freiwillige und die Ansprechpersonen in den Organisationen gegenseitig kennenlernen, Erwartungen, Interessen und Motivation miteinander abgleichen, Informationen austauschen und erste Absprachen treffen. Für ein Erstgespräch sollten mindestens 45 bis 60 Minuten eingeplant werden. Es ist ratsam, das Gespräch persönlich und nicht telefonisch oder per Videocall zu führen.

Erwartungen der Organisation vorab klären

Je nachdem wie intensiv, anspruchsvoll oder schwierig eine Aufgabe ist, desto höher können die Erwartungen von Seiten der Organisation und desto umfangreicher die ersten Schritte der Freiwilligen in ihr Engagement sein. Die Erwartungen an Familienpat:innen werden anders sein als an die Mitglieder einer ehrenamtlichen Gartengruppe. Deshalb ist es notwendig, vor den Erstgesprächen – möglichst gemeinsam im Team – zu überlegen, welche Eigenschaften oder Kompetenzen die Person mitbringen sowie welche Informationen sie erhalten sollte und wie es nach dem Erstgespräch weitergeht. Gibt es beispielsweise eine Schnuppermöglichkeit für das Ehrenamt oder eine „Buddystruktur", bei der eine bereits aktive ehrenamtliche Person zur Seite steht? (Siehe auch Kapitel 4.3 „Freiwillige gewinnen" und Kapitel 4.5 „Onboarding".)

4.4.1 Inhalte des Erstgesprächs

Für ein gelungenes Erstgespräch, das üblicherweise aus verschiedenen Schritten besteht, empfiehlt es sich, einen Leitfaden zu entwickeln, der alle wichtigen Punkte enthält. Dazu zählen neben der Vorstellung der Organisation und Beschreibung der Aufgabe auch das Kennenlernen der Motive und Erwartungen der interessierten Person.

Bereits engagierte Freiwillige berichten lassen

Schon zu Anfang des Gesprächs sollten die Inhalte und der Zweck des Gesprächs genannt und klargestellt werden, dass auch ein „Nein" möglich ist, z. B. wenn die Erwartungen nicht zusammenpassen oder wenn die Aufgabe nicht zu den Möglichkeiten des/der Ehrenamtlichen passt. Es können dann noch weitere mögliche Aufgaben besprochen werden. Freiwillige, die bereits in der Organisation aktiv sind, können ein realistisches und überzeugendes Bild der Aufgaben vermitteln. Es ist daher sinnvoll, sie in das Erstgespräch mit Interessierten einzubeziehen.

Erstgespräche vorbereiten

Für ein informatives und gelungenes Erstgespräch sind eine gute Vorbereitung, ausreichend Zeit und ein ruhiger Rahmen wichtig.

Checkliste „Erstgespräch":

1. **Informationsmaterialien vorbereiten**
   Überblick über die verschiedenen Tätigkeitsfelder
   Beschreibung der Organisation
   Anforderungen an Freiwillige
   Rahmenbedingungen des Engagements
2. **Gesprächsumgebung gestalten**
   ruhiger, einladender Gesprächsraum
   ausreichend Zeit einplanen
   ungestörte Atmosphäre schaffen
   Getränke und evtl. etwas Obst/Kekse bereithalten
3. **Gesprächsleitfaden bereithalten**
   Kernfragen zur Motivation des/der Freiwilligen
   offene Fragen zur Biografie und zu Kompetenzen
   mögliche Einsatzfelder identifizieren
4. **Kommunikationshaltung**
   wertschätzende und offene Gesprächsatmosphäre
   aktives Zuhören praktizieren
   Empathie und Interesse zeigen
5. **Dokumentation vorbereiten**
   Gesprächsprotokoll
   Einwilligungserklärungen
   Informationsblätter bereithalten

Checkliste 1: Erstgespräch (eigene Darstellung)

4.4.2 Ablauf des Erstgesprächs

Begrüßung und Einstieg

Die interessierte Person sollte schon an der Tür abgeholt und persönlich in den Besprechungsraum begleitet werden. Es ist wichtig, sich Zeit zu nehmen, um in Ruhe und in angenehmer Atmosphäre ins Gespräch zu kommen. Der zeitliche Rahmen und die Inhalte des Gesprächs sollten vorgestellt und darauf hingewiesen werden, dass alle Angaben vertraulich behandelt werden.

Vorstellung der eigenen Person, Organisation und Aufgabe

Schon bei der Begrüßung sollte sich die Ansprechperson mit Namen sowie ihre Rolle und Aufgabe in der Organisation vorstellen. Anschließend werden die Organisation, ihre Kernaufgaben und Struktur beschrieben. Daran schließen sich Informationen zur Rolle der Freiwilligen und der Engagementaufgabe an, für die sich der/die Freiwillige interessiert.

Kennenlernen der interessierten Person

Fragen nach der Motivation und den Erwartungen an das Engagement geben Aufschluss über die Wünsche und Vorstellungen der jeweiligen Person. Die Motivation, für sich selbst etwas aus dem Ehrenamt zu ziehen, z. B. neue Kontakte zu knüpfen, eine sinnvolle Aufgabe zu finden oder neue Erfahrungen sammeln, ist durchaus legitim. Bei einigen Motivationen, z. B. eine Tagesstruktur nach einer psychischen Erkrankung zu finden oder eine persönliche Krise zu überwinden, sollte nachgefragt werden.

Fragen nach Vorerfahrungen im Ehrenamt geben Aufschluss darüber, ob die interessierte Person bereits mit bestimmten Erwartungen an die Organisation herantritt. Wenn es welche gibt, wie wurde das Engagement erlebt? Was lief gut, was nicht? Was waren die Gründe für die Beendigung des Engagements? Negative Vorerfahrungen sollten thematisiert und gemeinsam überlegt werden, wie sich diese in Zukunft vermeiden lassen. Sind verschiedene Aufgaben zu vergeben, dann eignen sich auch Fragen nach den Interessen, Hobbys, eigenen Ideen oder Fähigkeiten, um herauszufinden, welche der Tätigkeiten passt.

Struktur von Erstgesprächen

1. **Vorstellen der Einsatzmöglichkeiten**
   Überblick über Tätigkeitsfelder geben
   Anforderungen und Rahmenbedingungen erläutern
2. **Abgleich von Erwartungen und Möglichkeiten**
   passende Einsatzbereiche identifizieren
   offene Fragen klären
3. **Mit Herausforderungen umgehen**
   unrealistische Erwartungen ansprechen
   Grenzen setzen
   Absagen formulieren
4. **Formelle oder rechtliche Aspekte nennen**
   Datenschutz und Einwilligungserklärungen
   Versicherungsschutz
   Führungs- oder Gesundheitszeugnis

5. **Nächste Schritte vereinbaren**
   Engagementvereinbarung
   Probezeit oder Schnupperphase besprechen
   Einarbeitungs- und Schulungsangebote vorstellen
6. **Erstgespräch nachbereiten**
   Gesprächsergebnisse dokumentieren
   Informationen intern weiterleiten
   Gesprächsprozess kontinuierlich reflektieren und bei Bedarf verbessern

4.4.3 Erfolgreiches Matching

Aus dem Erstgespräch sollte sich die gegenseitige Einschätzung ergeben, ob die Organisation sowie die angestrebte ehrenamtliche Tätigkeit und die interessierte Person zusammenpassen. Das Matching ist eine Entscheidung, die von beiden Seiten bewusst und ehrlich getroffen werden muss. Nicht jede Person passt zu einer bestimmten Aufgabe oder Organisation und umgekehrt. Nicht jede Person, die helfen möchte, ist auch in der Lage zu helfen. Verantwortliche für den Bereich freiwilliges Engagement müssen Entscheidungen zum Schutz aller Beteiligten sorgfältig und überlegt treffen. Sollte sich der/die Verantwortliche oder auch der/die Freiwillige nach dem Erstgespräch unsicher sein, dann empfiehlt es sich, einen zweiten Termin zu vereinbaren, bei dem dann noch eine weitere Person der Organisation dabei sein kann.

Wenn es nicht passt

Der eigene Eindruck sollte ernst genommen werden. Wenn im Gespräch der Eindruck entsteht, dass es nicht passt, dass etwas nicht „stimmt", dann ist dies ein wichtiger Impuls, der auch artikuliert werden sollte. Ebenfalls hellhörig sollte man im Erstgespräch werden, wenn der/die Ehrenamtliche Einstellungen vertritt, die nicht zu den Wertvorstellungen der Organisation passen. Beispiele sind rassistische Äußerungen oder ein dominantes und ungeduldiges Auftreten einer Person, die sich z. B. für eine Lernförderung in der Grundschule interessiert. Schwierig kann es auch sein, wenn bei interessierten Personen die eigene Bedürftigkeit im Vordergrund steht und ihnen nicht bewusst ist, dass für die Aufgabe Empathie und Einfühlungsvermögen notwendig sind. Es kann aber auch spürbar sein, dass der/die Freiwillige durch das Engagement möglicherweise in eine Überforderung gerät. Im Erstgespräch sollten Bedenken offen und wertschätzend in Ich-Botschaften artikuliert werden. Je klarer und transparenter die Anforderungen an eine Aufgabe sind, desto nachvollziehbarer ist die Entscheidung für die Freiwilligen.

Ideen für Interventionen:

- bei Freiwilligen, die schwer „greifbar" sind: „Ich kann mir noch kein Bild machen, daher bin ich noch nicht sicher, ob unsere Organisation die richtige ist." „Ich habe das Gefühl, da ist noch etwas. Wollen Sie darüber sprechen?"
- bei Freiwilligen, die z. B. ungeduldig oder schweigsam sind, den eigenen Eindruck schildern: „Ich habe den Eindruck, dass ... Wie sehen Sie das?"

- bei Freiwilligen, die sich schwer einschätzen können, Beispiele nennen: „In der Schule ist es oft laut und stressig, meinen Sie, Sie kommen damit zurecht?"
- bei Freiwilligen, die nicht zu einer Aufgabe passen: Fähigkeiten und Motivation woanders hinlenken/andere Angebote empfehlen. Wo ist der/die Freiwillige aus unserer Sicht besser aufgehoben?

Grenzen beachten und setzen

Nach der vereinbarten Zeit sollte das Gespräch beendet werden. Es ist wichtig, sich bewusst zu machen, dass es nicht für jeden Wunsch das richtige Angebot gibt und auch nicht jede Person für eine Aufgabe geeignet ist.

Auch kritische Punkte ansprechen

Wenn die interessierte Person abwesend, sehr ungeduldig, unkonzentriert oder sehr verschlossen wirkt, dann sollte diese Wahrnehmung offen angesprochen werden. Das gilt auch für Alkohol- oder starken Körpergeruch. Wenn schon im Erstgespräch Zweifel aufkommen, ob diese Eigenschaften zu einem Engagement in der Organisation passen, dann sollte dies auch im Erstgespräch thematisiert werden. Je mehr die Freiwilligen im Unklaren gelassen werden, desto schwerer fällt später eine Absage.

Zeit zum Überlegen lassen

Nach dem Erstgespräch sollten alle Beteiligten noch einmal Zeit zur Reflexion und Entscheidungsfindung haben. Im Nachgang können noch zu klärende Bedenken auftauchen. Es empfiehlt sich, einen Telefontermin zu vereinbaren, bis zu dem sich beide Seiten noch einmal Gedanken machen und Fragen überlegen können. Im Anschluss daran können die nächsten Schritte erfolgen.

4.4.4 Tätigkeitsvereinbarung

Zunehmend gehen Organisationen dazu über, mit Freiwilligen eine schriftliche Tätigkeitsvereinbarung zu treffen. Dies erhöht die gegenseitige Verbindlichkeit. In die Vereinbarung sollten die Aufgaben, Rahmenbedingungen, Erwartungen sowie Rechte und Pflichten mit aufgenommen werden. Dazu zählen von Seiten der Freiwilligen beispielsweise die Einhaltung der Verschwiegenheit, eine Verpflichtung zum Datenschutz oder beispielsweise die regelmäßige Teilnahme an internen Weiterbildungsveranstaltungen. Wird eine Aufwandsentschädigung gezahlt, dann gehört diese Information auch in die Vereinbarung, ebenso wie Hinweise zum Versicherungsschutz (Paritätischer Wohlfahrtsverband Niedersachsen e. V. (Hrsg.), 2018, S. 39 ff.).

Schriftliche Vereinbarungen empfehlen sich vor allem dann, wenn die Mitarbeit von Freiwilligen einen verbindlicheren Charakter haben soll, z. B. wenn Öffnungszeiten oder feste Betreuungszeiten gelten. Sie geben beiden Seiten mehr Sicherheit und Klarheit bzgl. der getroffenen Vereinbarungen. Freiwillige wie auch Organisationen können sich jederzeit darauf beziehen.

Nicht jede Aufgabe erfordert eine schriftliche Vereinbarung, es sollte immer auch Aufgaben geben, die Freiwillige unverbindlich und flexibel übernehmen können. Im Team sollte gemeinsam besprochen werden, für welche Aufgaben eine schriftliche Vereinbarung getroffen werden sollte.

Mögliche Inhalte einer Tätigkeitsvereinbarung sind:

Erwartungen an die Freiwilligen	Leistungen für die Freiwilligen
Beschreibung der Tätigkeit	Einarbeitung, Begleitung
Beschreibung des Verantwortungsbereichs	Ansprechperson
Ziele des Angebots	Umgang bei Konflikten, Kündigung oder Auszeiten
Dauer der Tätigkeit	Versicherungen/Haftung
Teilnahme an Weiterbildungen, Supervisionen etc.	Umgang mit entstandenen Aufwendungen
Regelungen über Probezeit, Anwesenheit, Krankheit, Kündigung etc.	Anerkennungsformen
Übereinkunft mit den Zielen und Werten der Organisation	Möglichkeiten der Partizipation
Datenschutz und Schweigepflicht	Aushändigung der organisationsinternen Standards zur Zusammenarbeit mit Freiwilligen

Tabelle 3: Inhalte einer Tätigkeitsvereinbarung (Paritätischer Wohlfahrtsverband Niedersachsen e. V. (Hrsg.), S. 40)

Ein Beispiel für eine Tätigkeitsvereinbarung ist im Anhang des Buchs zu finden.

Polizeiliches Führungszeugnis

Ein polizeiliches Führungszeugnis ist eine offizielle Bescheinigung über das Vorstrafenregister einer Person und wird für bestimmte ehrenamtliche Tätigkeiten benötigt, insbesondere wenn diese mit schutzbedürftigen Personen wie Kindern, Jugendlichen oder Menschen mit Behinderung in Kontakt stehen. Es gibt verschiedene Formen: das einfache Führungszeugnis, das erweiterte Führungszeugnis (erforderlich für Tätigkeiten mit Minderjährigen gemäß § 30a BZRG) und das behördliche Führungszeugnis. Die Vorlage eines solchen Nachweises dient dem Schutz von besonders gefährdeten Gruppen und stellt sicher, dass Ehrenamtliche keine relevanten Vorstrafen haben, die sie für ihre Tätigkeit ungeeignet machen. Beantragt wird das Führungszeugnis persönlich oder online über das Bundesamt für Justiz oder das örtliche Einwohnermeldeamt. Für ehrenamtlich Tätige ist es kostenfrei ausgestellt, wenn eine entsprechende Bescheinigung der Organisation vorliegt.

Ein Beispiel für einen Antrag auf Gebührenbefreiung vom erweiterten Führungszeugnis findet sich im Anhang.

4.5 Onboarding – Freiwillige ins Boot holen

Wolfgang Krell

Wenn neue Freiwillige in einer Organisation mit ihrem Einsatz starten, sollte gerade der Anfang des Engagements besonders organisiert sein, um neue Aktive gut in ihrer Einsatzstelle zu empfangen. Es geht um den ersten Eindruck, den Ehrenamtliche von der Organisation bekommen sollen und auch ein Willkommen in der Gemeinschaft aller Kolleg:innen, die hier arbeiten – sei es als Ehrenamtliche oder Hauptamtliche.

4.5.1 Zielsetzung des Onboardings

Ein guter Onboardingprozess sollte ...

Individuell onboarden

- Beziehungen aufbauen: Der/die Freiwillige sollte mit all den Menschen bekannt gemacht werden, mit denen er/sie in seinem/ihrem Engagement zu tun haben wird – vor allem natürlich mit den Verantwortlichen für das Freiwilligenmanagement, aber auch mit anderen Fachkräften, der Leitung der Organisation und anderen Freiwilligen. Es kann ebenso eine gute Gelegenheit sein, mit dem/der neuen Freiwilligen noch einmal ein persönliches Gespräch zu führen, in dem deutlich gemacht wird, dass er/sie sich mit allen Fragen, Wünschen und Sorgen an das Freiwilligenmanagement wenden kann.
- Erwartungen klären: Das Onboarding bietet außerdem die Gelegenheit, noch einmal zu erläutern, welche Aufgaben die Freiwilligen in der Organisation übernehmen und vor allem welches Verhalten sowohl innerhalb des Teams wie auch mit den Betroffenen, mit denen gearbeitet wird, gewünscht wird.
- dem Halten von Freiwilligen dienen: Ein wertschätzender Empfang in der Einsatzstelle kann auch ein erster Baustein dafür sein, dass sich Freiwillige gerne und lange in einer Organisation engagieren wollen. Für die Organisation reduziert sich dadurch folglich der Aufwand, neue Engagierte zu finden.

(vgl. Wild Apricot, 2025)

4.5.2 Vorbereitung für das Onboarding

Handbuch für die Einführung

In der Vorbereitung eines ersten Einsatzes von Freiwilligen geht es meist um ganz konkrete organisatorische Fragen. Diese Informationen können in einer Art „Handbuch" an die Freiwilligen ausgegeben werden. Der Inhalt eines solchen Handbuchs ist abhängig von der Größe der Einsatzstelle, es sollten daher die Punkte aufgenommen werden, die für den Einsatz von Freiwilligen als wichtig erachtet werden. Die folgende Liste ist sehr umfassend und kann für die eigene Organisation angepasst werden.

In einem solchen Handbuch sollten folgende Punkte schriftlich erläutert werden:

- Informationen zur Organisation: Leitbild, Ziele und Arbeitsbereiche, Jahresbericht – je nach Länge Organigramm
- Begrüßungsschreiben der Leitung (je nach Größe von Vorstand, Geschäftsführung, Abteilungs-leitung)
- Aufgabenbeschreibung für Freiwillige
- Ablauf eines üblichen Einsatzes von Freiwilligen
- Verhaltenskodex: Erwartungen bezüglich des Verhaltens und der Etikette innerhalb der Organisation

- Informationen zu konkreten Abläufen: Dienstplan, Eintragung für Schichten, Dokumentation des Einsatzes, Übergabe von Informationen, Aufzeichnen von speziellen Vorkommnissen, Datenschutz
- Wichtige Rufnummern innerhalb der Organisation
- Informationen über notwendige Anleitung bzw. Ausrüstung: Nutzung von Dienst- oder Schutzkleidung, Namensschild, Telefoneinführung, EDV-Nutzung, Nutzung von technischen Geräten wie Kopierer, Scanner, Werkzeugmaschinen
- Vorgehensweise bei Notfällen
- Informationen über die Räumlichkeiten der Organisation: Zutrittsregelungen, Anreise, Parkmöglichkeiten, Geländeplan (z. B. für ein großes Krankenhaus oder Heim)
- Hinweise zu Sicherheit: Verhaltensregeln, Notfallplan, Erste-Hilfe-Beauftragte
- Informationen über Beschwerdemanagement und Präventionskonzepte
- Ansprechpartner vor Ort: Namen und Kontaktdaten einer Person vor Ort, die während der Einsatzzeit der Freiwilligen erreichbar ist
- Information über Verhalten bei Absagen oder Verspätungen

(vgl. Haug, 2023, S. 52 ff.).

Checklisten helfen beim Start

Eine Checkliste zur Einführung von Freiwilligen kann dabei unterstützen, als Freiwilligenmanager:in Sicherheit zu gewinnen und sicherzustellen, dass alle relevanten Anforderungen und Informationen berücksichtigt wurden. Eine solche Checkliste ist im Anhang zu finden.

Im Falle eines Kurzzeiteinsatzes, also wenn sich schon Interessierte für bestimmte Aufgaben gemeldet haben und dafür eingeteilt sind, kann eine kurze Handlungsvorgabe helfen, die Aufgaben ohne große Rückfragen zu erledigen.

Checkliste „Kuchenverkauf auf dem Schulfest":

- Aufbau Pavillon ab 12 Uhr auf dem Schulhof direkt neben der Turnhalle
- zwei Tische aus dem Klassenzimmer der 1b holen und aufstellen
- Kuchengabeln und Teller aus der Schulkantine holen
- Kasse vom Hausmeister holen (Preisliste und Klebeband befinden sich in der Kasse, falls Hausmeisterbüro geschlossen, Handynummer steht an der Tür)
- Ab 13 Uhr werden die Kuchen von den Eltern angeliefert
- Kuchen schön drapieren
- 14 Uhr Verkaufsstart
- Vor dem Kuchenverkauf Hände waschen nicht vergessen!
- Verkaufsschluss 17 Uhr oder wenn die Kuchen ausverkauft sind, dann alles zurück an seinen Platz räumen (Eltern nehmen Kuchenformen nach dem Fest ungewaschen mit, bitte alles in die Kantine legen)

Checkliste 2: Beispiel Handlungsvorgabe (vgl. Haug, 2023, S. 56)

Öffentlichmachen des Starts von neuen Freiwilligen

Sich freiwillig zu engagieren, ist eine persönliche Entscheidung, das Engagement selbst ist aber keine Privatsache, sondern geschieht in einem öffentlichen Raum: in einer Organisation, einem Verein, einer Einrichtung, einer Religionsgemeinschaft usw. Deshalb ist es oft sinnvoll, neue Freiwillige auch öffentlich vorzustellen und sie in ihrem Einsatz zu begrüßen. Damit soll einerseits der/die Ehrenamtliche in der „öffentlichen" Rolle gestärkt werden, aber auch dem lokalen Umfeld deutlich gemacht werden, dass diese Person für die Organisation steht und sich dort engagiert. Es stärkt die Zugehörigkeit zum Team und bringt auch Wertschätzung zum Ausdruck – die konkreten Aufgaben sollten dabei ebenso vermittelt werden.

Die Möglichkeiten, ein neues Engagement öffentlich zu machen, sind vielfältig und abhängig von der jeweiligen Organisation: In einer Pfarrgemeinde kann es in einem Gottesdienst verkündet werden, in einem Verein evtl. in einer Mitgliederversammlung, wo alle „Neuen" eines Jahres begrüßt werden. Es kann auch bei einem regelmäßigen Austauschtreffen des Ehrenamtlichenteams sein, wo neue Freiwillige ganz „offiziell" aufgenommen werden.

Die öffentliche Bekanntmachung eines Engagements muss mit den neuen Aktiven abgesprochen sein und ihre Wünsche müssen dabei berücksichtigt werden. Für die Vorbereitung einer solchen Willkommensaktion können folgende Fragen helfen:

- Welche Form der Vorstellung bzw. Bekanntmachung ist angemessen und für den Anlass und die jeweilige Person passend?
- Bei welcher Gelegenheit sollte dies geschehen und wer sollte dabei sein?
- Wie wird dazu eingeladen?
- Wer kann die Einführung vorbereiten, wer kann oder sollte mitwirken?
- Möchte der/die Ehrenamtliche dabei selbst aktiv mitgestalten?

(vgl. Für Engagement begeistern, 2021, S. 31)

4.5.3 Der erste Tag im Engagement

Das freiwillige Engagement zu beginnen, ist vor allem für die Freiwilligen aufregend, denn sie kommen in eine ihnen noch unbekannte Organisation, kennen die dort tätigen Personen kaum und sind gespannt, wie der Einsatz verlaufen wird – insbesondere im Hinblick auf den Kontakt mit den Betroffenen, die sie unterstützen. Die Erfahrung des ersten Tages wird einen bleibenden Eindruck hinterlassen und wird besonders auch den Einsatzwillen und das zukünftige Verhalten dieser neuen Freiwilligen in der Organisation prägen.

Um für einen guten Ablauf des ersten Tages zu sorgen, sollte der/die Verantwortliche für das Freiwilligenmanagement diesen ersten richtigen Kontakt mit der Organisation gut vorbereiten.

Aus der Praxis: Der erste Tag im Engagement

Freiwillige haben viele Hoffnungen und Erwartungen, wenn sie sich für ein Ehrenamt entscheiden. Es ist wichtig, dass die Einsatzstelle ihre Bedarfe und Erwartungen berücksichtigt, sodass die neuen Aktiven das Gefühl haben, willkommen zu sein. Wenn der erste Tag gut vorbereitet ist, können sich die Freiwilligen von Anfang an als Teil des Teams sehen. Fragen Sie die neuen Freiwilligen auch proaktiv, was sie für einen guten Start benötigen, um sich sicher zu fühlen.

Begrüßung

Bereiten Sie dem Freiwilligen einen herzlichen Empfang. Am ersten Einsatztag sollte allen relevanten Personen, einschließlich dem Empfang oder der Pforte, bekannt sein, dass der/die Freiwillige an diesem Tag seinen/ihren Dienst beginnt. Idealerweise sollte auch eine Begrüßung durch die Leitung der Organisation ermöglicht werden, d. h. durch Vorstand, Geschäftsführung oder Abteilungsleitung. Es ist erstaunlich, wie motivierend es ist, wenn man das Gefühl hat, von allen erwartet und willkommen geheißen zu werden.

Rundgang in der Einrichtung bzw. den Räumlichkeiten

Neue Freiwillige müssen sich in einer fremden Umgebung zurechtfinden. Beginnen Sie den Rundgang mit dem Arbeitsbereich und zeigen Sie, wo ehrenamtlich und hauptamtlich Mitarbeitende arbeiten und was sie tun. Zeigen Sie dem/der Freiwilligen, wo er/sie seine Jacke und persönliche Gegenstände ablegen kann, wo die Toiletten sind, wo sich der Erste-Hilfe-Kasten befindet und wo es Getränke gibt. Je nach Art des Einsatzes kann es notwendig sein, den/die Freiwillige:n mit den grundlegenden Bürogeräten wie PC, Telefon und Kopierer vertraut zu machen und ihm/ihr den EDV-Zugang zu erklären.

Start des Engagements

Nichts sagt besser: „Wir brauchen Sie und wir wertschätzen Sie!", als wenn schon Arbeit für diesen Tag vorbereitet ist. Das erlaubt es den Freiwilligen, sich schnell damit zu identifizieren, wie sie zu den Zielen der Organisation beitragen können. Wenn Sie Freiwillige warten lassen, weil Sie noch etwas „vorbereiten müssen, um sie zu beschäftigen", sendet dies genau die gegenteilige Botschaft. Stellen Sie ausreichend Aufgaben bereit, die es den neuen Freiwilligen leicht machen, einen guten Einstieg in das Engagement zu finden.

Einweisung und Schulung

Alle Freiwilligen benötigen eine Einweisung, der Umfang ist jedoch abhängig von ihrer Aufgabe und ihrer Erfahrung. Bei der Planung des Einführungsprozesses sollten Sie sich auf die Rollenbeschreibung stützen, die Aufgaben wiederholen und Ihre Erwartungen darlegen. Viele Organisationen entscheiden sich für ein Einführungshandbuch, um die Freiwilligen mit allen Aspekten der Organisation vertraut zu machen (siehe oben).

Setzen Sie kein Wissen voraus

Schätzen Sie ab, wie viel Unterstützung oder Hilfe Ihr:e Freiwillige:r benötigt, um schnell mit der Arbeit beginnen zu können. Nehmen Sie sich am ersten Tag viel Zeit für ihn/sie (oder beauftragen Sie eine andere Person) und stellen Sie sich auf viele Fragen ein. Dies ist wichtig, um ein entspanntes Verhältnis und eine gute Arbeitsbeziehung aufzubauen.

Formale Einführung

Die Freiwilligen sind Ihre Botschafter und müssen verstehen und vermitteln können, worum es in Ihrer Organisation geht. Eine Einführungsschulung sollte idealerweise vor dem ersten Einsatz oder in den ersten Wochen stattfinden. Sie beinhaltet normalerweise eine ausführliche Führung durch die Organisation, einen Überblick über ihre Geschichte, die Bedeutung von Vertraulichkeit, eine Beschreibung aller Dienstleistungen und wie Freiwillige zu deren erfolgreicher Erbringung beitragen. Es ist sehr motivierend, das große Ganze zu verstehen und sich als Teil davon zu fühlen. Dies kann auf individueller Basis geschehen oder als Gruppe, wenn mehrere Freiwillige neu an Bord sind.

Das Ende des ersten Tages

Seien Sie am Ende dieses Tages anwesend, um ihn gemeinsam mit den Freiwilligen zu reflektieren. Bitten Sie auch um das Ausfüllen eines Fragebogens über den ersten Tag im Engagement.

Geben Sie ein positives Feedback. Wenn es ein oder zwei Probleme gab, erklären Sie, was falsch gemacht wurde und wie es korrigiert werden kann. Erinnern Sie den/die Freiwillige:n daran, dass er/sie noch in der Ausbildung ist und dass Übung den Meister macht.

Bestätigen Sie den nächsten Termin und drücken Sie Ihre Freude aus, ein neues Mitglied im Team zu haben. Solche Höflichkeiten sind nicht nur Show: Sie ermutigen Ihre Freiwilligen, immer wiederzukommen.

(vgl. Volunteer Irland, o. J.)

4.6 Freiwillige begleiten und binden

Renate Volk

Ist es gelungen, Freiwillige für die eigene Organisation zu gewinnen, schließt sich nun eine neue Phase des Freiwilligenmanagements an: Es gilt, die Freiwilligen bei ihrem Engagement zu begleiten und sie erfolgreich an die Organisation zu binden, sodass sie sich gerne weiterhin und mit Erfolg engagieren. Ob und wie intensiv Ehrenamtliche begleitet werden wollen und sollen, hängt u. a. von deren individuellen Bedürfnissen und Anforderungen an die Aufgabe ab. Auch das Alter und die Lebensphase der Freiwilligen beeinflussen die Wünsche und Erwartungen an eine Begleitung im Engagement. Doch was tun, wenn die Motivation bei den Freiwilligen nachlässt oder es zu Konflikten kommt? Das vorliegende Kapitel gibt praktische Tipps.

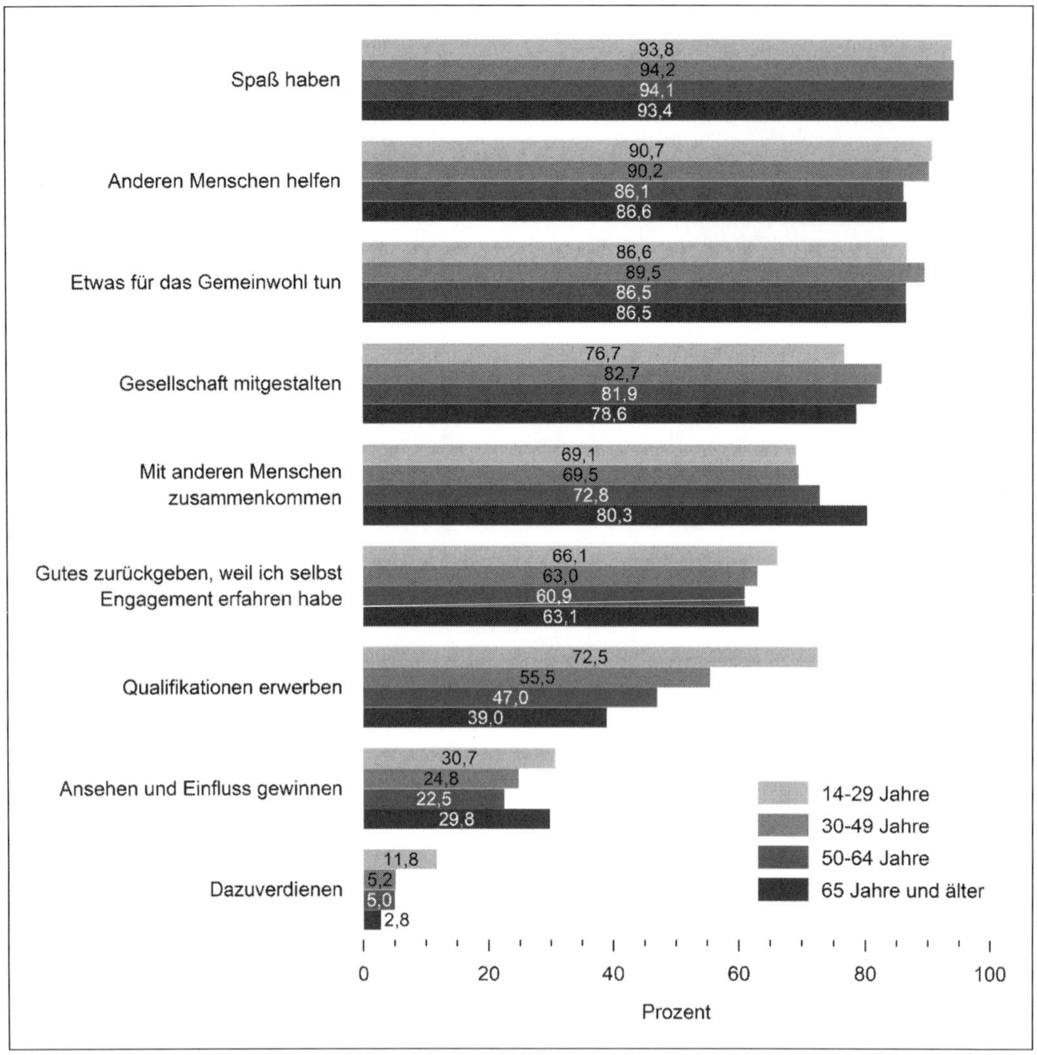

Abbildung 6: Motivation, sich zu engagieren (Simonson et al., 2021, S. 122)

Individuelle Motive beachten

Freiwillige bringen unterschiedliche Motive mit, warum sie sich engagieren möchten. Diese Motive sollten bereits im Erstgespräch in Erfahrung gebracht und bei der Begleitung des/der Freiwilligen individuell berücksichtigt werden. Als Motive für freiwilliges Engagement werden am häufigsten Spaß und Hilfe für andere Menschen genannt. Engagierte im Alter ab 65 Jahren üben ihr Engagement anteilig besonders häufig aus, um mit anderen Menschen zusammenzukommen. Die 14- bis 29-Jährigen dagegen nennen besonders häufig das Motiv, eine Qualifikation erwerben zu wollen (vgl. Simonson et al., 2021, S. 122 ff.). Weiterbildungen können in diesem Fall zur Motivation der Freiwilligen beitragen.

Aspekte, die Freiwillige motivieren

Die Motivationsforschung nennt u. a. drei Faktoren, die Menschen auf längere Sicht motivieren und „dranbleiben" lassen: Autonomie, Fortschritt/Entwicklung und Sinn (Möllersmann, 2021).

Autonomie ermöglichen

Autonomie meint die Möglichkeit, Aufgaben selbst gestalten zu können. Gerade im freiwilligen Engagement entscheiden sich Menschen in der Regel für Tätigkeiten, die mit ihren Interessen und Stärken übereinstimmen und bei denen sie die Möglichkeit haben, selbst zu entscheiden, wann, wo und wie sie aktiv werden. Die Möglichkeit mitzugestalten, wirkt motivierend und hilft über kurzfristige Motivationstiefs hinweg.

Auch Persönliche Weiterentwicklung erleben die meisten Menschen als motivierend. Die Aufgabe, die Organisation, das Umfeld der Einrichtung und die Menschen, die dort tätig sind, sind zunächst noch neu und alles ist ungewohnt. Doch im Laufe der Zeit werden die Freiwilligen routinierter, sicherer und entwickeln sich weiter. Manche blühen regelrecht auf. Die Verbesserung der eigenen Fähigkeiten oder Erfolge – eigene oder etwa die eines Lesekindes – wirken wie „Motivationskicks". Deshalb ist es wichtig, diese Lernprozesse und Erfolge wertschätzend zu reflektieren und den Freiwilligen regelmäßig zurückzumelden.

Die Frage nach dem Sinn beantworten

Die Frage nach dem Sinn, der Bedeutung des eigenen Handelns ist für viele Freiwillige wichtig. Dabei muss es nicht gleich um die Rettung des Planeten gehen. Sinn lässt sich beispielsweise erleben, wenn sich eine Person sehr über einen Besuch freut, wenn spürbar wird, dass das Engagement für diesen Menschen einen Unterschied macht. Wenn Freiwillige das Gefühl haben, dass ihr Engagement einen Beitrag zu einer größeren, wichtigen Sache leistet, fördert dies die Selbstmotivation. In der Begleitung der Freiwilligen ist es deshalb wichtig, die Wirkung ihres Engagements immer wieder aufzuzeigen.

4.6.1 Motivationsfördernde Rahmenbedingungen

Es kann unterschiedliche Gründe geben, warum aus der anfänglichen Begeisterung Frust entsteht oder Freiwillige sogar regelrecht „ausbrennen". Nicht erfüllte Erwartungen oder Bedürfnisse von Seiten der Freiwilligen, aber auch ungünstige Rahmenbedingungen in der Organisation können dazu führen, dass Freiwillige die Freude am Engagement verlieren. Um sie langfristig zu halten und an die Organisation zu binden, braucht es geeignete Rahmenbedingungen. Folgende Aspekte sind von besonderer Bedeutung:

- klare Aufgabenbeschreibungen
- gute Vorbereitung und Einführung in die Organisation und Aufgabe
- eine feste Ansprechperson, die für die Einarbeitung, Begleitung und Unterstützung der Freiwilligen verantwortlich ist
- regelmäßige Anerkennung der geleisteten Arbeit, beispielsweise durch Feedbackgespräche
- Möglichkeit zur persönlichen und fachlichen Weiterentwicklung, z. B durch Weiterbildungen oder regelmäßigen Erfahrungsaustausch
- Berücksichtigung individueller Bedürfnisse und persönlicher Lebensumstände, z. B. im Hinblick auf Einsatzzeiten oder Aufgaben

Kontinuierliche Begleitung sicherstellen

Gerade in Bereichen, in denen Freiwillige eine persönliche Betreuung übernehmen, ist es wichtig, sie kontinuierlich zu begleiten. Um individuelle Fragen und Wünsche zu erörtern, eignen sich Einzelgespräche. Einrichtungen sollten hierfür Möglichkeiten schaffen, z. B. durch regelmäßig stattfindende Sprechstunden.

Bei Austauschtreffen in der Gruppe können Freiwillige Fallbeispiele diskutieren und sich gegenseitig Tipps geben. Diese Gruppengespräche sind ebenfalls wichtig, da sie das Wir-Gefühl stärken, Eindrücke über aktuelle Themen und Bedürfnisse der Freiwilligen aufgreifen und die Möglichkeit bieten, Informationen an sie weiterzugeben. Eine feste Struktur und vorher abgesprochene Inhalte gewährleisten, dass alle Beteiligten von den Gruppentreffen profitieren.

Wenn die Motivation nachlässt

Auch im freiwilligen Engagement kann es zu Situationen kommen, die eine Zusammenarbeit schwierig machen. Die Gründe dafür sind vielfältig, lassen sich aber häufig auf nicht geklärte oder sich ändernde Erwartungen bei den Freiwilligen zurückführen. Hilfreich ist dann, sich über die eigenen Wünsche und Vorstellungen bewusst zu werden und das Gespräch darüber zu suchen. Vielfach lässt sich allein durch den Austausch selbst eine Lösung finden, z. B. ein anderer Einsatztag oder -rhythmus, vielleicht auch der Wechsel in eine andere Aufgabe.

Erwartungen und Wünsche ansprechen

Freiwillige sollten dazu ermuntert werden, ihre Wünsche zu äußern und nicht gleich aufzugeben. Gemeinsam lassen sich in der Regel Lösungen finden und die Freiwilligen fühlen sich danach unter Umständen noch verbundener mit der Organisation.

Tipp: Selbstmotivation fördern

Folgende Anregungen können Freiwillige selbst umsetzen:

- für sich selbst realistische Zielsetzungen formulieren
- Ziele visualisieren (Wie sieht es aus? Was ist dann anders?)
- Erfolge sichtbar machen, z. B. Erfolgstagebuch führen
- Austausch mit Gleichgesinnten suchen
- Ansprechperson der Einrichtung um Gespräch/Unterstützung bitten
- sich selbst belohnen, regelmäßig und immer wieder, z. B. Joggen, Spazierengehen oder ein Gespräch mit einer vertrauten Person führen
- persönliche Stärken reflektieren und sich bewusst machen

Freiwillige in der Organisation halten

Es ist wichtig, dass sich die Freiwilligen als dazugehörig und mit der Organisation und den Menschen dort verbunden empfinden. Das bedeutet, dass sie nicht anders betrachtet und behandelt werden sollten als hauptamtlich Mitarbeitende. Dazu benötigen sie:

- einen Zugang zu Arbeitsräumen, -ausstattung und -materialien
- eine geeignete Ausstattung für das Engagement, die sich Freiwillige teilen können (z. B. Schreibtisch, Schrank, Parkplatz, Computer oder einen E-Mail-Account)
- Aufbewahrungsmöglichkeiten für persönliche Gegenstände wie Taschen, Jacken und Arbeitsmaterialien
- regelmäßige Informationen über Entwicklungen und Neuigkeiten in der Organisation

- Partizipation an Mitarbeitervergünstigungen wie kostenfreie Getränke oder vergünstigtes Mittagessen
- Teilnahme an kostenfreien Weiterbildungen gemeinsam mit den Hauptamtlichen

Das Gefühl dazuzugehören, lässt sich nicht nur auf die oben genannten Aspekte zurückführen. Wichtig ist auch, auf klar definierte Zuständigkeiten und Verantwortlichkeiten zu achten und die Freiwilligen in Entscheidungsprozesse miteinzubinden. Für Haupt- und Ehrenamtliche sollten auch die gleichen Verhaltensregeln gelten, z. B. ob persönliche Telefonate während des Engagements möglich sind.

4.6.2 Gelingende Zusammenarbeit gestalten

Aufgaben klar definieren

Viele Organisationen entscheiden sich zwar dafür, mit Freiwilligen zu arbeiten, definieren aber nicht klar, wie hauptberuflich und freiwillig Tätige zusammenarbeiten sollen. Dies kann im Alltag zu Schwierigkeiten und Konflikten führen und die Zusammenarbeit erschweren. Ansprechpersonen für Freiwillige sind in der Regel die erste Anlaufstelle für Konflikte. Es wird erwartet, dass sie diese konstruktiv lösen.

Bei beiden Gruppen sind die Motivation sowie die Wünsche und Bedürfnisse unterschiedlich. Die Hauptamtlichen verdienen ihren Lebensunterhalt, müssen Ziele und Vorgaben erfüllen, während bei vielen Freiwilligen die Freude an der Tätigkeit, das Gemeinwohl und das Bedürfnis nach Gemeinschaft im Vordergrund stehen. Ehrenamtliche sehen häufig nur Teilaspekte einer Organisation, können beispielsweise betriebswirtschaftliche Aspekte nicht nachvollziehen. Bei einer sehr engen Zusammenarbeit zwischen Haupt- und Ehrenamtlichen kann es passieren, dass sich Kompetenzbereiche vermischen.

Wichtig für eine gelingende Zusammenarbeit zwischen hauptberuflich und freiwillig Tätigen ist:

- Ängste und Befürchtungen der Hauptamtlichen ernst nehmen, am besten proaktiv ansprechen
- aufzeigen, was die Hauptamtlichen und die Organisation durch den Beitrag von Ehrenamtlichen gewinnen
- gemeinsam Zielsetzungen definieren: Wohin will sich die Initiative auf Dauer entwickeln? Welchen Beitrag sollen Hauptamtliche und Ehrenamtliche dabei leisten?
- gemeinsam mit den Hauptamtlichen überlegen, welche Kompetenzen von Freiwilligen eingebracht und welche Aufgaben übernommen werden sollen
- allen Beteiligten – Haupt- und Ehrenamtlichen – die Rollen und Aufgaben sowie die Stellung innerhalb der Organisation deutlich machen
- Motive und Wünsche der Ehrenamtlichen detailliert erfragen und mit den Vorstellungen der Organisation abgleichen, im Gespräch mit den Ehrenamtlichen die Möglichkeiten und Grenzen eines Engagements thematisieren und dies am besten auch schriftlich festhalten

- Regelmäßige Entwicklungsgespräche mit den Freiwilligen fördern die Zusammenarbeit und ermöglichen es, Unzufriedenheit oder Konflikte bereits zu einem frühen Zeitpunkt zu erfassen (z. B. Fortbildungs- und Lernwünsche, Unterstützungsbedarf, Aufgabenveränderung).

Gemeinsame Weiterbildungen, Treffen oder Aktionen tragen dazu bei, das Wir-Gefühl und den Teamgeist zu stärken und die gemeinsame Zielsetzung wieder in den Fokus zu rücken.

4.6.3 Konflikte im freiwilligen Engagement

Überall dort, wo Menschen miteinander arbeiten, kann es zu Konflikten und Missverständnissen kommen. Sie lassen sich nicht vermeiden, aber es ist wichtig, sie möglichst frühzeitig zu erkennen und konstruktiv damit umzugehen. Zu Konflikten kann es in verschiedenen Konstellationen kommen: zwischen Haupt- und Ehrenamtlichen, zwischen Ehrenamtlichen untereinander und zwischen Ehrenamtlichen und den von ihnen begleiteten Bezugsgruppen.

Konfliktmanagement etablieren

Für alle Betroffenen ist es wichtig, dass klar ist, wohin und an wen sie sich im Falle von Konflikten wenden können und wie im Falle eines Konflikts vorgegangen wird. Empfehlenswert ist beispielsweise die Etablierung einer neutralen Beschwerdestelle, an die sich Haupt- wie Ehrenamtliche wenden können. In Gesprächen oder Feedbackrunden sollte proaktiv nach möglichen konflikthaften Themen oder Erlebnissen gefragt werden. Je eher schwierige Themen besprochen werden, desto besser lassen sich Konflikte vermeiden. Teambildende Maßnahmen können zudem das Wir-Gefühl stärken und Konflikten vorbeugen. Ansprechpersonen für Ehrenamtliche sollten über Moderations- und Gesprächstechniken verfügen, um konstruktiv zwischen Konfliktparteien vermitteln zu können. Dazu gehört, allen Beteiligten wertschätzend und neutral zuzuhören, sich auf keine Seite zu stellen und gemeinsam nach Lösungen zu suchen.

Konflikte zwischen Freiwilligen

Konflikte zwischen freiwillig Engagierten können aus verschiedenen Gründen entstehen. Häufige Ursachen sind unterschiedliche Erwartungen und Arbeitsstile, ungleiche Aufgabenverteilung, Kommunikationsprobleme sowie persönliche Differenzen. Auch fehlende Anerkennung oder das Gefühl, nicht ausreichend eingebunden zu sein, können Spannungen fördern. In interkulturellen Teams können kulturelle Missverständnisse hinzukommen. Zu Konflikten innerhalb einer Ehrenamtlichengruppe kann es auch kommen, wenn es unterschiedliche finanzielle Regelungen gibt.

Wege zur Konfliktlösung

Die Freiwilligenkoordination kann zur Konfliktlösung beitragen, indem sie klare Rollen und Verantwortlichkeiten definiert und offene Kommunikationskanäle schafft. Für alle Freiwilligen sollten die gleichen Standards und Regeln gelten. Eine Willkommenskultur für neue Freiwillige und gute Information des bestehenden Teams können dabei helfen, Konflikte zwischen „alten" und „neuen" Freiwilligen von Beginn an zu entschärfen. Regelmäßige Feedbackgespräche und Teambesprechungen fördern den Austausch und helfen, Missverständnisse frühzeitig zu erkennen.

Konflikte zwischen Hauptamtlichen und Freiwilligen

Siehe dazu auch Abschnitt „Zusammenarbeit von Haupt- und Ehrenamtlichen" in diesem Kapitel (S. 83). Organisatorische Probleme können dazu führen, dass sich Freiwillige gegenüber Hauptamtlichen benachteiligt oder gar ausgegrenzt fühlen. Herausfordernde Situationen können auch bei der Zusammenarbeit unterschiedlicher Generationen entstehen, z. B. wenn jüngere Hauptamtliche sich nicht trauen, älteren Ehrenamtlichen, die gerne ihre Erfahrung einbringen möchten, Vorgaben zu machen oder Grenzen zu setzen.

Auf Konfliktpunkte achten

Je vorausschauender auf mögliche Konfliktpunkte geachtet und reagiert wird, desto besser läuft die Zusammenarbeit. Dazu zählt, die Ängste und Befürchtungen der Hauptamtlichen ernst zu nehmen und ihnen aufzuzeigen, was sie und die Organisation durch den Beitrag von Freiwilligen gewinnen. Sie sollten mit einbezogen werden in die Überlegungen, welche Kompetenzen von Freiwilligen eingebracht und welche Aufgaben übernommen werden sollten. Haupt- und Ehrenamtlichen sollten die unterschiedlichen Rollen und Aufgaben sowie ihre Stellung innerhalb der Organisation offen kommuniziert werden. Dazu gehört auch, im Gespräch mit den Ehrenamtlichen die Möglichkeiten und Grenzen ihres Engagements zu thematisieren und dies am besten auch schriftlich festzuhalten.

Konflikte zwischen Freiwilligen und Bezugspersonen

Konflikte zwischen Freiwilligen und den von ihnen betreuten Personen entstehen häufig durch unterschiedliche Erwartungen, Kommunikationsprobleme oder kulturelle Missverständnisse. Auch Abgrenzungsschwierigkeiten oder unterschiedliche Auffassungen von Hilfe und Autonomie können Konflikte fördern. Problematisch kann beispielsweise sein, wenn Freiwillige mehr Hilfe oder Ratschläge anbieten als gewünscht, was beim Gegenüber zu einem Gefühl der Bevormundung führen kann. Auch unterschiedliche Wertevorstellungen können, z. B. in der Arbeit mit Geflüchteten oder mit Senior:innen, zu Spannungen führen.

Im Bereich der Flüchtlingshilfe gibt es immer Situationen, in denen Freiwillige mit ihren Erwartungen und ihrem (zu) hohen Engagement die Betroffenen und sich selbst überfordern, aber auch die Ansprechpersonen in den Organisationen und Ämtern sowie andere Freiwillige. Hier ist das Freiwilligenmanagement gefragt. Durch regelmäßige Gespräche und Austausch mit allen Beteiligten lassen sich kritische Situationen proaktiv erkennen. Bereits vorhandene Konflikte sollten offen angesprochen werden.

Rollen und Aufgaben klar definieren

Um Konflikten zwischen Freiwilligen und den von ihnen unterstützten Personen oder Gruppen vorzubeugen, ist es wichtig, ihre Rolle und Aufgaben vorab klar zu definieren. Schulungen zu Themen wie interkulturelle Kompetenz, Kommunikation und Grenzen wahren und setzen stärken die Ehrenamtlichen in ihrem Engagement. Ein offenes Ohr für beide Seiten sowie regelmäßige Feedbackgespräche mit den Ehrenamtlichen wie den von ihnen betreuten Personen sind ebenfalls eine gute Basis, um Konflikte erst gar nicht entstehen zu lassen.

Konflikte klären – ein Gesprächsleitfaden
Schritt 1: Konflikt wahrnehmen • Was ist passiert? Wie habe ich als Person die Situation erlebt? • Was genau ist zu schwierig? (Punkte schriftlich notieren) • Wie sind die eigenen Gefühle dazu? (ebenfalls notieren)
Schritt 2: Gespräch vorbereiten • Was ist wann passiert? • Welche Folgen hatte das für … (Team, Klient:in, …)? • Fehlen noch Informationen, die bei anderen eingeholt werden sollten? • Welche Erwartungen hat die Organisation? • Welche Erwartungen habe ich an das Gespräch?
Schritt 3: Gespräch führen • kurzer, wertschätzender Einstieg • Konflikt/Situation beschreiben (sachlich, ohne Wertung) • Gefühle dazu benennen • Bedürfnis der Organisation äußern (z. B. respektvoller Umgang, Zuverlässigkeit) • Wunsch/Bitte für künftiges Verhalten formulieren (z. B. Zuverlässigkeit bei besprochenen Aufgaben) • Sichtweise des Gegenübers aufmerksam anhören. Gesagtes in eigenen Worten zusammenfassen • offene Fragen stellen, um Gründe für das Verhalten herauszufinden • Ideen für Lösungsvorschläge erfragen • gemeinsam eine Lösung erarbeiten • Vereinbarung für die Zukunft treffen und ausformulieren • einen nächsten Termin vereinbaren, um zu besprechen, ob die Vereinbarungen für beide funktioniert haben
Schritt 4: Gespräch nachbereiten • das Ergebnis schriftlich festhalten und engagierter Person zukommen lassen • zweiten Termin wahrnehmen und besprechen, ob Lösungsvorschläge funktioniert haben

Tabelle 4: Gesprächsleitfaden für Konfliktgespräche (eigene Darstellung)

Externe Mediation

Eine externe Konfliktmediation wird dann notwendig, wenn Probleme intern nicht gelöst werden können. Die externe Mediation eröffnet die Möglichkeit, in einem geschützten Rahmen einen bestehenden Konflikt anzusprechen und mögliche Lösungen gemeinsam zu erarbeiten. Im Bedarfsfall können Leitungskräfte hinzugezogen werden, um zu einer einvernehmlichen Klärung und Beilegung des Konfliktes zu kommen oder auch einen versöhnlichen Abschied vorzubereiten. Für die Mediation werden ausgebildete außenstehende Konfliktmediatoren einbezogen, die Gesprächsinhalte bleiben vertraulich.

Nähe und Distanz ausbalancieren

Für Freiwillige wie auch für die von ihnen unterstützten Personen können unterschiedliche Vorstellungen von Nähe und Distanz zum Thema werden. Beide können verschiedene Bedürfnisse und Vorstellungen davon haben, was im Engagement passieren oder nicht passieren soll. Viele Freiwillige befürchten, sich nicht gut genug abgrenzen zu können, was tatsächlich manchmal schwierig sein kann, z. B. wenn der Besuch im Seniorenheim am besten täglich erfolgen sollte. Tatsächlich passiert es aber auch umgekehrt, dass Freiwillige Grenzen überschreiten und z. B. zu viel Hilfe anbieten, ihre privaten Kontaktdaten weitergeben oder sich in die privaten Angelegenheiten der Bezugsperson einmischen.

Wie kann es zu Distanzproblemen von Seiten der Freiwilligen kommen? Bindung und Zugehörig zählen zu den vier Grundbedürfnissen eines Menschen. Sie sind bei jedem anders ausgeprägt und hängen von verschiedenen Faktoren ab, z. B. von der aktuellen Lebenssituation. Gibt es im Leben von Freiwilligen oder den Personen, die sie begleiten, einen Mangel an Bindung und Zugehörigkeit, kann dies dazu führen, dass die andere Person zum Ersatz für Freunde, Partner oder Familie wird. Es besteht die Gefahr, dass die professionelle Distanz zugunsten eines zu engen persönlichen Kontakts verlassen wird. Wenn Freiwillige ihr Engagement „brauchen", um damit etwas anderes zu kompensieren, dann kann es passieren, dass der Kontakt für die andere Person zu eng wird.

Auch wenn Ehrenamtliche wenig andere schöne Erlebnisse und Momente in ihrem Leben haben, kann eine zu starke Fokussierung auf das Engagement erfolgen. Anfällig für zu viel Nähe macht Freiwillige ebenfalls, wenn sie sich primär durch ihr Engagement als wichtig, wertvoll und wirksam erleben und es eine der wenigen oder die einzige Quelle für ihr Selbstwertgefühl ist.

Engagement sollte kein Ausgleich für private Defizite sein

Ansprechpersonen für Freiwillige sollten deshalb folgende Fragen im Blick haben: Sorgen die Engagierten ausreichend für Ausgleich in ihrem Privatleben? Gibt es Veränderungen im Leben der Freiwilligen, die sich auf das Engagement auswirken können? Welche Bedürfnisse sollen mit dem Engagement erfüllt werden? Sind diese mit der Aufgabe vereinbar? Wie empfinden beide Seiten den Kontakt, besteht Klärungsbedarf? Klare Regeln und Absprachen, ein Abklären der gegenseitigen Wünsche und Erwartungen sowie eine für beide Seiten transparente Kommunikation der Rolle des/der Freiwilligen tragen dazu bei, Enttäuschungen und Konflikte auf beiden Seiten zu vermeiden.

Wenn freiwilliges Engagement nicht guttut

Die Zahl der Menschen, die sich erschöpft und ausgebrannt fühlen, hat in den vergangenen Jahren nochmals deutlich zugenommen. Burn-out trifft häufig besonders motivierte und engagierte Menschen. Deshalb können auch Freiwillige gefährdet sein, die sich mit ihren Aufgaben identifizieren und Vereine, Freiwillige Feuerwehren, Tafeln, Helferkreise für Geflüchtete, Kirchengemeinden u. v. m. am Laufen halten.

Es besteht die Gefahr, dass sie dabei über ihre eigenen seelischen und körperlichen Grenzen hinausgehen. Eine psychische Erkrankung hat häufig mehrere Ursachen, dazu zählen u. a. Stress in der Arbeit oder private Probleme. Aber wenn ein Ehrenamt zur Belastung wird, weil die Arbeit zu viel oder zu belastend wird, die Strukturen nicht stimmen oder die Ansprüche an einen selbst mit den Rahmenbedingungen und Möglichkeiten nicht zusammenpassen, dann ist es wichtig, etwas zu ändern.

Die Resilienz der Freiwilligen fördern:

- Rollenklarheit
- Unterstützung durch die Freiwilligenkoordination
- Aufgaben, die zu den Kompetenzen, Wünschen und persönlichen Rahmenbedingungen passen und nicht über- oder unterfordern
- Schulungen zu Beginn der Tätigkeit (z. B. bei der Flüchtlingshilfe)
- Supervision, Weiterbildungen
- Möglichkeiten der Mitgestaltung, z. B. bei den Aufgaben und Abläufen
- regelmäßiges Feedback und Austausch
- Wertschätzung und Anerkennung
- Entwicklungsmöglichkeiten

4.7 Schulung, Fortbildung und Qualifizierung

Wolfgang Krell

Je besser Freiwillige qualifiziert und über ihre Aufgaben informiert sind, desto motivierter sind sie und können dadurch gute Ergebnisse in ihrem Engagement erzielen. Grundsätzlich sollte für jedes freiwillige Engagement eine Schulung angeboten werden. Der zeitliche Aufwand und die Inhalte der Schulung orientieren sich an der zukünftigen Aufgabe der neuen Ehrenamtlichen. Je nach Aufgabe kann es sich um eine Einführung im Rahmen von 20 Minuten handeln oder um eine ausführliche Schulung mit mehreren Blöcken und Unterrichtseinheiten.

Bei einem spontanen Engagement bei Krisen kann eine Schulung auch damit abgedeckt sein zu sagen: „Zieh bitte Handschuhe und Schutzkleidung an, nimm hier die Schaufel und schaufle den Schlamm in die Schubkarre und bringe das in die da hinten abgestellten Container!" – d. h., sie kann allein in einer Belehrung („Tu das! Und tu das nicht!") bestehen. Wenn sich Freiwillige aber für bestimmte Betroffenengruppen einsetzen, dann sind mehr Inhalte zu vermitteln: In der Arbeit mit Geflüchteten macht es Sinn, grundlegend etwas zur aktuellen Gesetzeslage rund um Asyl, zu interkultureller Toleranz und zum lokalen Hilfesystem zu vermitteln.

Gut geschult, motiviert am Start

Ein hoher Anspruch an Schulung und Ausbildung ist für sich keine Abschreckung. Das Beispiel der Telefonseelsorge zeigt, dass eine einjährige Ausbildung am Telefon ein hoher Anspruch an die zukünftigen Freiwilligen in der Hilfe ist. Gleichzeitig sind die Inhalte aber auch so umfassend, dass die Teilnehmenden ihr Leben lang davon profitieren werden. Durch die lange Ausbildung ist in diesem Fall eine Verpflichtung für ein Engagement in der Telefonseelsorge verbunden, was keinen Abbruch an Interessierten zur Auswirkung hat.

Bei Rettungsdiensten, wie z. B. bei der Freiwilligen Feuerwehr, muss die Ausbildung sehr lange sein und viel praktisches Training beinhalten, da im Notfall Handgriffe automatisch und ohne lange Überlegungen sitzen müssen, da es um die Rettung von Menschenlegen und den Schutz von aktiven Ehrenamtlichen geht. Die Zusammenarbeit mit den anderen Aktiven muss ohne Diskussion gewährleistet sein und die Befehlskette muss eingehalten werden. Hier bestimmt die Aufgabe im Ehrenamt die Inhalte und den Umfang der Schulung und Ausbildung, da es um genau zu trainierende Prozesse geht.

EXKURS: Folgen einer mangelhaften Ausbildung von Freiwilligen

„Was sind die Folgen einer unzureichenden Ausbildung der Freiwilligen? Unzureichend geschulte Freiwillige werden ihr Engagement beenden, und der Freiwilligenmanager steht vor einer Drehtür der Gewinnung von neuen Freiwilligen. Unzureichend geschulte Freiwillige führen ihre Aufgaben schlecht aus und lassen bestimmte Arbeiten liegen oder erledigen sie falsch. Unzureichend geschulte Freiwillige werden anderen potenziellen Freiwilligen von ihren schlechten Erfahrungen in Ihrer Organisation erzählen. Unzureichend geschulte Freiwillige kennen die Vorgaben nicht, wissen nicht, was akzeptables Verhalten ist, und können die Beziehungen Ihrer Organisation zu Kunden, Spendern, Familienmitgliedern oder der lokalen Gemeinschaft schädigen. Unzureichend geschulte Freiwillige werden frustriert sein, weil sie keine neuen Kontakte knüpfen können, und sich nach anderen, mehr einbeziehenden Möglichkeiten des Engagements umsehen" (Swift, 2018).

Eine Schulung als Einführung soll und kann aus den interessierten Bürger:innen keine „Profis" machen: sie soll dazu dienen, einen Rahmen für das anstehende Engagement zu vermitteln, sowohl inhaltlich und mit Bezug auf die Engagementbedingungen, soll jedoch zur Fehlervermeidung auch mögliche Risiken aufzeigen – zum Schutz der Freiwilligen und der betreuten Personen.

Keine Verpflichtung zum Engagement

Es ist sinnvoll, Einführungsschulungen in der Regel nicht mit der Verpflichtung zu einem Engagement zu verknüpfen. Erst nach einer umfassenden Einführung kann von den interessierten Bürger:innen wirklich beurteilt werden, was das ins Auge gefasste Engagement alles beinhaltet. Deshalb sollte eine Entscheidung für ein solches Engagement erst nach der Schulung verlangt werden.

Natürlich kann es dabei auch zu Absagen kommen, aber die vermittelten Inhalte aus der Schulung können aus den Teilnehmenden – auch wenn sie nicht aktiv werden – Botschafter für die Einsatzstelle wie auch für diesen Engagementbereich machen. Allein das kann schon einen positiven Effekt auf das lokale Umfeld haben.

Tipp: Generell sollten Schulungen kurz und knackig sein. Ein zu langer zeitlicher Aufwand (zehn Abende im Rahmen von drei Monaten) schreckt Bürger:innen eher davon ab, ein angebotenes Engagement zu übernehmen. Sie sehen die neue Aufgabe dann für sich eher als zu kompliziert und überfordernd an. Eine Schulung in wenigen Vier-Stunden-Blöcken hat sich bisher als geeignet erwiesen.

4.7.1 Erwachsenenbildung

Schulung und Fortbildung im freiwilligen Engagement sind – in der Regel – Erwachsenenbildung, d. h., die Angebote müssen sich an die Bedürfnisse von erwachsenen Lernenden richten. Es geht demnach vor allem um eine Mischung aus formellem und informellem Lernen. Ein paar Punkte sollen hier Orientierung geben:

Formelle und informelle Vorbereitung

- Erwachsene sind selbstständig und selbstgesteuert, d. h., die Inhalte, die vermittelt werden, müssen sich auf deren Interessen beziehen und darauf aufbauen. Diese Bürger:innen sollen ihre eigenen persönlichen Ziele im Engagement erreichen können und auch bei der Gestaltung der Inhalte beteiligt werden.
- Erwachsene verbinden Lernen mit ihren eigenen Erfahrungen, die sie aus Schule und Ausbildung, Beruf, früherem Engagement und ihrem Privatleben gelernt haben. Die Verantwortlichen für Schulung und Fortbildung müssen diese Erfahrungen einbeziehen und gelegentlich auch bisherigen Vorurteilen der Bürger:innen entgegenwirken.
- Erwachsene wünschen sich zielorientierte Schulungen und die Inhalte müssen relevant und einfach anwendbar für ihr zukünftiges Engagement sein. Sie wollen als Teilnehmende mit ihren Erfahrungen anerkannt werden und ihre Meinungen dazu äußern können bzw. über Themen gemeinsam diskutieren.

(vgl. Volunteer Administration, 2016, S. 195–196)

Tipp: Angesichts von gewünschter zeitlicher Flexibilität der Bürger:innen sollte überlegt werden, welche Teile der Schulung bzw. Fortbildung auch online durchgeführt werden können. Gerade in einem größeren Einzugsbereich wie einem Flächenlandkreis wird es sehr geschätzt, wenn keine langen Fahrtwege anfallen, und v. a. junge Familien schätzen es, wenn sie Teile der Qualifizierungsangebote abends besuchen können, wenn die Kinder im Bett sind.

4.7.2 Planung und Zielsetzung

Bei der Vorbereitung von Schulungen und Fortbildungen ist es wichtig, sich die Zielsetzungen genau zu überlegen. Soll das Angebot Wissen vermitteln, bestimmte Kompetenzen vermitteln, persönliche Einstellungen ändern – oder alles zusammen?

Es ist wichtig, sich sowohl die Inhalte wie auch die Methoden für Schulung und Training vorab genau zu überlegen. Letztendlich muss die Planung von den zukünftigen Aufgaben der Teilnehmenden als Freiwillige ausgehen: was brauchen sie, um sich gut engagieren zu können? Wenn sie sich für andere Menschen einsetzen, was brauchen die zukünftigen Ehrenamtlichen, um diesen Menschen gut helfen zu können? Welche Rahmenbedingungen sind wichtig für das Engagement und was sollen die zukünftig Engagierten darüber wissen? Welche Sicherheitsvorkehrungen sind für den Einsatz wichtig?

Methodenmix

Grundsätzlich ist ein Methodenmix zu empfehlen, d. h., das Angebot sollte eine Mischung aus Vortrag, Diskussion, Experteninterview, Einzelarbeit, Gruppendiskussion,

Erklärvideo, Rollenspiel, Planspiel, Hospitation, Bearbeitung von Hausaufgaben usw. sein. Besonders auch die Vorstellung des Engagements durch erfahrene Freiwillige ist ein wichtiges Element in den Qualifizierungsangeboten, da sie den zukünftigen Freiwilligen den Einsatz erlebbar und persönlich greifbar machen, also ein Lernen am Vorbild ermöglichen.

Hauptamt frühzeitig einbeziehen

Als Unterrichtende sollten neben den Verantwortlichen für das Freiwilligenmanagement auch weitere beruflich Mitarbeitende und erfahrene Freiwillige einbezogen werden. Wichtig ist dabei, schon in diesen Schulungsangeboten das hauptamtliche Personal als die zukünftigen Partner der Zusammenarbeit mit einzubeziehen und vorzustellen. Auch können Expert:innen aus dem lokalen Umfeld angefragt werden, spezielle Inhalte der Schulung zu vermitteln, sie es aus Behörden, Fachberatungsstellen, Freiberuflichen oder anderen Verbänden bzw. Landesverbänden.

Menschen mit Beeinträchtigungen schulen

Um Menschen mit Beeinträchtigungen ein freiwilliges Engagement zu ermöglichen, ist es für diese Zielgruppe wichtig, den Zugang zu Schulungs- und Fortbildungsangeboten zu klären. Das beinhaltet sowohl die räumliche Erreichbarkeit (also behindertengerechte Zugänge zu den Schulungsräumen und die entsprechende Ausstattung) wie auch kognitive Zugänglichkeit (Mix an Methoden mit Vortragenden, Bildern, Videos mit Untertiteln und ausreichend Pausen). Für Interessierte mit Höreinschränkungen kann es sinnvoll sein, Manuskripte der Schulung bereits vorab zuzusenden, sodass sie die Inhalte bereits vorher lesen können. Auch die visuelle Zugänglichkeit muss in den Blick genommen werden, z. B. die Schriftgröße bei Präsentationen oder verteilten Texten, in Prozessablaufplänen oder Organigrammen (vgl. Knight, 2024).

Tipp: Planen Sie Schulungen und Fortbildungen zu den Zeiträumen, in denen die Freiwilligen auch zukünftig aktiv werden sollen. Wenn Sie Lesepat:innen schulen, die während des Schulunterrichts am Vormittag Kinder beim Lesenlernen unterstützen, dann kann auch die Schulung zu diesem Zeitpunkt stattfinden und muss nicht am Freitagabend sein. Die Schulungszeiten sollten sich vor allem an den Freiwilligen orientieren und sich nicht nach den Arbeitszeiten der Hauptamtlichen richten, die Inhalte in der Schulung vermitteln.

4.7.3 Lehrplan – Curriculum erstellen

Es wird empfohlen, für die Inhalte und Methoden ein Curriculum zu erstellen, also einen genauen Lehrplan, in dem der zeitliche Ablauf, die Inhalte, die Methoden, die Materialien und die Verantwortlichen für die einzelnen Unterrichtseinheiten genau benannt und geplant werden. Oft sind die Gespräche und der Austausch unter den Teilnehmenden in den Pausen genauso wichtig wie die Inhalte der Schulung. Die Freiwilligen und auch die Unterrichtenden (Freiwilligenmanager:innen, Hauptamtliche aus den Einsatzbereichen, erfahrene Freiwillige) können sich dann auch persönlich kennenlernen und in Kontakt kommen.

Ein Lehrplan könnte folgendermaßen gestaltet sein:

Zeitablauf	Inhalte	Methode	Materialien	Verantwortlich

Tabelle 5: Beispiel eines Lehrplans (eigene Darstellung)

Wichtig ist auch, den äußeren Rahmen für die Schulung und Fortbildung zu planen:

- ausreichend großer Raum für die erwarteten Teilnehmenden
- Materialien wie Pinnwände, Notizzettel, Filzstifte, Moderationskoffer bereithalten
- Programm und Zeitablauf der Schulung sowie Schulungsunterlagen für die Teilnehmenden parat haben
- Versorgung mit Getränken, Imbiss, Essen sicherstellen
- genügend Zeit für Pausen einplanen
- an den angekündigten Zeitrahmen halten

Tipp: Eine gute Versorgung mit Essen und Trinken ist für eine Schulung ein wichtiger Pluspunkt. Die teilnehmenden Freiwilligen fühlen sich wertgeschätzt mit einem hochwertigen Imbiss und einer umfassenden Getränkeversorgung. Als Freiwilligenmanager:in kann damit auch schon vermittelt werden, welche Wertschätzung Freiwillige in der Organisation erfahren.

4.7.4 Inhalte einer Einführungsschulung

Für eine Einführungsschulung sind drei inhaltliche Elemente wichtig: eine Information über die Grundlagen der Einsatzstelle bzw. Organisation, die Vermittlung der Rahmenbedingungen für das Engagement und die Schulung für die Inhalte des freiwilligen Engagements, das ausgeführt werden soll. Zum Start sollte auch immer ein gegenseitiges Kennenlernen aller Teilnehmenden ermöglicht werden (vgl. McCurley et al., 2012, S. 171 ff.).

Vorstellung der Teilnehmenden

Eine Schulung sollte nach der Begrüßung mit einer Vorstellung der Teilnehmenden und der Referierenden starten. Dafür sollten sogenannte Eisbrechermethoden genutzt werden, die verhindern, dass nur der Name der Teilnehmenden mitgeteilt wird. Je nach Zeit und Größe der Gruppe können es Vorstellungen sein, die mit persönlichen Zusatzfragen angeregt werden („Was machen Sie am Montagabend um 19 Uhr und was am Donnerstag vormittags um 10 Uhr? Was sind Ihre Lieblingsfarben und was Ihr Lieblingsurlaubsland?"). Bei größerer Zahl von Teilnehmenden kann auch ein Zweierinterview als Einstieg dienen, sodass sich wenigstens zwei Personen näher vorstellen und kennenlernen.

Wenn Zeit ist, können solche Vorstellungen dann auch noch gegenseitig in der gesamten Gruppe stattfinden.

Grundlagen der Organisation

Es sollte bei einer Einführung auch die Organisation als Einsatzstelle für Freiwillige vorgestellt werden. Die folgenden Fragen sollten dabei geklärt werden:

- Wo und für wen engagiere ich mich?
- Mit wem engagiere ich mich?
- Wie gehen wir miteinander in der Organisation um?

Checkliste „Information zur Organisation":

- Überblick über die Gründung und Entwicklung der Organisation
- Einblick in das Leitbild und die Vision für die Arbeit der Organisation, letztendlich die Antwort darauf, warum Bürger:innen in der Organisation aktiv werden sollen
- Vorstellung der Zielsetzung der Einsatzstelle und wie Freiwillige diese Ziele durch ihr Engagement unterstützen können
- Vorstellung der Leitung der Organisation, also der Geschäftsführung oder des Vorstands
- Präsentation – je nach Größe der Einsatzstelle – der Einrichtung, der Gebäude und der verschiedenen Abteilungen der Arbeit – im Idealfall auch die Hauptamtlichen vorstellen
- Information über die Rahmenbedingungen für das Engagement, die in einem Freiwilligenkonzept schon zugrunde gelegt sein sollten (Versicherung, Kostenerstattung, Anerkennung, Verabschiedung, Sicherheitskonzepte, Schutzkonzepte, Aufgabe des Onboardings und der Begleitung und Fortbildung von Freiwilligen in der Einsatzstelle). Hier kann auch eine Engagementvereinbarung vorgestellt werden, die wesentliche Teile dieser Rahmenbedingungen für beide Seiten bestätigt. Im Rahmen eines Schutzkonzepts für Missbrauchsprävention gibt es auch oft einen „Verhaltenskodex" in Organisationen, der den persönlichen Umgang miteinander festlegt.

Auch wenn sich Freiwillige nur für einen Tag in einer neuen Einsatzstelle engagieren, macht es Sinn, eine solche Einführung und Übersicht über die Organisation zu vermitteln. Diese Information sollte dann nur in deutlich gekürzter Form stattfinden.

Aufgaben im Engagement

In diesem Teil der Schulung geht es um die Inhalte des Engagements:

- Was sollen Freiwillige genau machen und was nicht?
- Wie ist der Umgang mit herausfordernden Situationen?
- Welches Wissen brauchen Freiwillige für das Engagement?
- Welche Prozesse sind für das Engagement wichtig, d. h., wer ist für was zuständig in der Organisation?
- Welche Anforderungen werden an eine Dokumentation des Engagements gestellt?

Wenn möglich, sollte die inhaltliche Einführung schon mit einer Hospitation verbunden werden, d. h., die neuen Interessenten können Freiwilligen im Einsatz über die Schultern schauen und diese begleiten, sodass sie einen direkten Eindruck von dem Engagement in der Organisation erhalten.

Alle Schulungsunterlagen und Schulungsinformationen sollten auch schriftlich (in Papierform oder online) zur Verfügung gestellt werden, sodass die Teilnehmenden auch im Selbststudium Informationen nachlesen können.

Kompetenzen im Engagement

Ein weiterer wichtiger Inhalt ist die Frage, welche Kompetenzen Freiwillige für ihren Einsatz in dem speziellen Bereich brauchen, für den sie geschult werden. Dies wird von der jeweiligen Aufgabe bestimmt.

Inhalte von Schulungen sollten sein:

- Kommunikation und Gesprächsführung (nicht nur, aber vor allem im sozialen Bereich)
- interkulturelle Kompetenz
- Nähe und Distanz
- Grenzen setzen im Engagement
- Konfliktmanagement und Deeskalation
- Arbeiten im Team: Zusammenarbeit mit Betroffenen, mit anderen Ehrenamtlichen und mit Hauptamtlichen
- Stressbewältigung

4.7.5 Reflexion und Evaluation der Schulungsangebote

Reflexion und Evaluation

Am Ende von Schulungen oder Fortbildungsangeboten sollte immer auch eine Evaluation und eine Reflexion stattfinden. Dies kann mit einfachen Fragebögen oder mit Blitzlicht erfolgen, oder auch in einem Interview mit zeitlichem Abstand zur Veranstaltung. Diese Informationen sind sehr wichtig, um die verschiedenen Fortbildungsangebote zu verbessern, sowohl methodisch wie auch inhaltlich. Entscheidend sind auch der Blick zurück nach einer längeren Einsatzzeit und die Klärung der Frage, welche Inhalte der Schulung für das tatsächliche Engagement wichtig und sinnvoll waren.

Folgende Fragen können dabei als Grundlage für eine Evaluation des Schulungsangebots dienen:

- Haben die Interessenten die Schulung erfolgreich abgeschlossen?
- Hat die Schulung die wesentlichen Inhalte für den späteren Einsatz vermittelt?
- Waren die Methoden in der Schulung passend?
- Braucht es eine Folgeschulung oder eine Auffrischung der Inhalte?
- Gibt es einen weiteren Schulungs- oder Fortbildungsbedarf?

(vgl. Volunteering Australia: Planning to Train Volunteers)

4.7.6 Abschluss und Zertifikat

Nach einer Schulung oder eine Fortbildung sollte immer eine schriftliche Bestätigung bzw. ein Zertifikat überreicht werden. Dabei sollten die wesentlichen Inhalte und die Anzahl der Unterrichtseinheiten (45 Minuten) mit aufgeführt werden. Freiwillige haben hier – je nach Alter – sehr unterschiedliche Wünsche für ein solches Zertifikat, grundsätzlich sollte aber eine Anerkennung für das Interesse der Ehrenamtlichen sein, sich fortzubilden und die persönliche Entwicklung im Engagement weiter zu fördern.

Je nach Situation kann ein solches Zertifikat auch in einem festlichen Rahmen von der Leitung der Organisation oder zuständigen Kommunalpolitiker:innen überreicht werden.

On-the-Job-Training

Die Weiterführung von Schulungen während des Einsatzes, also „On-the-Job" stellt ebenfalls einen wesentlichen Teil der Aus- und Fortbildung für Freiwillige dar. Dazu können neue Freiwillige mit erfahrenen Freiwilligen im Rahmen eines „Tandems" zusammengeführt werden, sodass die Neuen direkt von den bereits langjährig Engagierten lernen und von deren vielfältigen Erfahrungen profitieren können. Gerade bei einem Engagement im sozialen Bereich lässt sich feststellen, dass jeder „Fall" anders ist und die Freiwilligen gerade im praktischen Tun bei jeder Person, der sie helfen, wieder Neues lernen und erfahren. Das Miteinander der Freiwilligen und der Praxisaustausch fördert dabei auch das Gemeinschaftsgefühl untereinander.

4.7.7 Weitere Angebote der Fort- und Weiterbildung

Entsprechende Evaluation und Reflexion von Schulungsangeboten sind die Grundlage für die kontinuierliche Verbesserung dieser Angebote für Freiwillige. Auch die laufenden Austauschgespräche mit den Ehrenamtlichen können wichtige Anregungen für die weitere Planung von Schulungen und Fortbildungen geben.

Bei der Planung sollte von den folgenden Fragen ausgegangen werden:

- Gibt es bei den Freiwilligen in meiner Einsatzstelle Schwierigkeiten bei der Erfüllung ihrer Aufgaben?
- Ist es notwendig, hier zu handeln?
- Wissen die Freiwilligen, welches Wissen und welche Kompetenzen sie schon haben?
- Können die Freiwilligen durch zusätzliche Schulungen und Fortbildung bei der Erfüllung ihrer Aufgaben unterstützt werden?
- Reicht es aus, die schon vermittelten Inhalte nur noch einmal aufzufrischen?
- Wenn eine zusätzliche Fortbildung notwendig und auch gewünscht ist, was sind die Lernziele und wie können den Freiwilligen Inhalte und Kompetenzen am besten vermittelt werden?

(vgl. Volunteer Ireland, Do My Volunteers Need Training?)

Austausch fördern

Auch laufende Austauschtreffen von Ehrenamtlichen können mit Fortbildungsinhalten verbunden werden, sodass neben dem Erfahrungsaustausch auch neues Wissen oder neue Kompetenzen vermittelt werden.

Fortbildungen von Freiwilligen können verschiedene Funktionen haben und sind idealerweise so vielfältig wie möglich zu gestalten, um möglichst viele dieser Aspekte zu vermitteln. Fortbildung dient

- **dem Vertiefen von Fachwissen:** Fachwissen unterstützt die Ehrenamtlichen dabei, die Menschen, denen sie helfen, oder auch die Sache, für die sie sich einsetzen, besser zu verstehen. So können sie ihr Engagement den unterschiedlichen Gegebenheiten anpassen und noch besser agieren. Sie erreichen außerdem ein höheres Maß an Selbstvertrauen und Sicherheit in ihrem Engagement.

- **der Erweiterung von Kompetenzen:** Wichtige Kompetenzen für das Engagement können z. B. der Umgang mit Konflikten, Kommunikation und Gesprächsführung oder interkulturelle Kompetenz sein. Durch das weiterführende Training und die Neuvermittlung von Kompetenzen können Ehrenamtliche ihre Arbeit noch effektiver gestalten und qualitativ bessere Ergebnisse erzielen.
- **der Stärkung der Selbstreflexion:** Freiwillige, die sich selbst und ihr Handeln kritisch hinterfragen, sind in der Lage, ihre eigene Rolle und ihre Wirkung im Rahmen des Engagements besser zu verstehen. Gerade bei der interkulturellen Kompetenz geht es darum, eigene Vorurteile, Stereotype und Denkmuster zu erkennen und sich damit auseinanderzusetzen. Ehrenamtliche entwickeln dann auch eine sensiblere Herangehensweise und können ihre Unterstützung auf eine Weise anbieten, die die Würde der Betroffenen, der anderen Ehrenamtlichen wie auch der Hauptamtlichen in der Zusammenarbeit respektiert.
- **der Vernetzung mit anderen:** Auf Fortbildungen trifft man andere mit einem ähnlichen Engagement, lernt neue Leute kennen und kann sich über die Erfahrungen austauschen, voneinander lernen und sich gegenseitig unterstützen. Es entstehen Verbindungen, die emotional eine wichtige Stütze sein können, gleichzeitig aber auch der Vermittlung von Wissen, Ideen, bewährter Praxis und Entwicklung neuer Ideen dienen.
- **der Anerkennung:** Freiwillige verbessern mit weiteren Schulungen ihren Einsatz und die Wirkung, die sie erzielen wollen – und erhalten Bestätigung für ihre Selbstwirksamkeit.

  Es sollte selbstverständliche Praxis sein, dass den aktiven Freiwilligen laufend Fortbildungsangebote gemacht werden, sodass sie sinnvoll dabei gefördert werden, ihren Aufgaben gerecht zu werden. Inhaltlich können diese Angebote auch über den eigenen Einsatzbereich hinausgehen. Eine Teilnahme sollte immer mit einem Zertifikat als Teilnahmebestätigung belegt werden. Fortbildung ist eine wesentliche Form von Anerkennung für die Freiwilligen.

(vgl. MEET Campus, 2023)

4.8 Anerkennung von freiwilligem Engagement

Renate Volk

Ein Dankeschön zu Weihnachten, ein kleines Überraschungsgeschenk auf dem Schreibtisch oder eine Weiterbildung im Team: Es gibt viele Formen der Anerkennung. Welche davon für eine Organisation sinnvoll und möglich sind, hängt von den Rahmenbedingungen und den individuellen Bedürfnissen der Freiwilligen ab. Wichtig ist, dass eine wertschätzende Haltung gegenüber den Freiwilligen in allen Bereichen spürbar ist – von der Kommunikation über Maßnahmen der Anerkennung bis hin zur Verabschiedung.

Anerkennungskultur in der Organisation

Anerkennungskultur beschreibt die Wertschätzung und Förderung von Engagement, Leistungen und Beiträgen von Ehrenamtlichen in der Organisation. Sie trägt dazu bei, die Motivation, die Identifikation und die Zufriedenheit der Freiwilligen zu stärken. Zur Anerkennungskultur gehören verschiedene Formen der Wertschätzung, wie verbale

Anerkennung, Auszeichnungen, Urkunden oder materielle Anreize. Auch Weiterbildungsmöglichkeiten, öffentliche Würdigung oder symbolische Gesten wie Dankesveranstaltungen und persönliche Wertschätzung sind Teil davon. Eine gelebte Anerkennungskultur schafft ein positives Umfeld, in dem sich Menschen wertgeschätzt fühlen und sich gerne engagieren. Sie sollte authentisch, regelmäßig und individuell sein, um langfristige Wirkung zu entfalten.

Anerkennung und Wertschätzung

Anerkennung für freiwilliges Engagement ist vielfältig und sollte auf die Bedürfnisse der Ehrenamtlichen abgestimmt sein. Dabei spielt nicht nur die Art der Anerkennung eine Rolle, sondern auch die Haltung und Kultur der Organisation. Wertschätzung sollte regelmäßig, aufrichtig und individuell erfolgen, um langfristige Motivation und Bindung zu fördern.

Elemente einer Anerkennungskultur sind:

- wertschätzende Haltung und Organisationskultur
- Kommunikation und Feedback
- Information und Austausch
- zielgruppenspezifische Anerkennung
- Anerkennung durch Öffentlichkeitsarbeit
- nationale Anerkennungstage und Aktionen
- materielle Anerkennung
- Ehrenamtsbescheinigung
- Ehrenamtskarte
- steuerrechtliche Aspekte

4.8.1 Wertschätzende Haltung und Organisationskultur

Entscheidend für das Gefühl, als engagierte Person gern gesehen und geschätzt zu sein, ist vor allem die Haltung, mit der in einer Organisation Anerkennung übermittelt und gelebt wird: Anerkennung wird spürbar über wertschätzende Gesten und Dank, aber auch über eingebunden werden in Strukturen, Prozesse und Entscheidungsfindungen sowie über die Bereitstellung notwendiger zeitlicher und materieller Ressourcen. Dazu zählen feste Ansprechpersonen sowie der Ersatz von Auslagen.

Auch beim Abschied ist Wertschätzung wichtig

Dabei ist das Gefühl oft wichtiger als der materielle Wert des Dankes. Unerwarteter Dank fühlt sich anders an als der voraussehbare Dankesbrief zu Weihnachten oder zu anderen Anlässen, die immer wiederkehren. Das Dankeschön sollte nicht Mittel zum Zweck sein, sondern dem anderen guttun. Ganz wichtig ist auch die Wertschätzung zum Abschluss eines Engagements. Auf der einen Seite darf deutlich werden, dass man das Ende einer Mitarbeit bedauert, auf der anderen Seite darf aber nicht der Eindruck entstehen, dass man diese Beendigung in irgendeiner Form übelnimmt. Im Mittelpunkt steht der Dank für die gemeinsame Zeit und für die geleistete Arbeit. Und noch etwas darf thematisiert werden: Ein Wiederbeginn, ein Wiedereinsteigen auch in einem anderen Gebiet, ist jederzeit möglich.

Kommunikation und Feedback

Wie Hauptamtliche auch, möchten Ehrenamtliche spüren, dass ihr Engagement sinnvoll und wirksam ist. Ihnen hierzu regelmäßig Rückmeldung zu geben, ist deshalb wichtig. Zu einer guten Kommunikationskultur gehört auch, Freiwillige proaktiv über Entscheidungen und Entwicklungen zu informieren, die ihren Aufgabenbereich betreffen. Idealerweise werden sie in Entscheidungen auch eingebunden. Die Freiwilligen sollten zu regelmäßigem Feedback angeregt werden: Was brauchen sie? Welche Formen der Anerkennung wünschen sie sich? Dazu eignen sich z. B. auch eine öffentlich zugängliche Box, in die Vorschläge eingeworfen werden, oder Pinnwände, auf der Wünsche, Ideen und Feedback hinterlassen werden können.

Regelmäßige persönliche Gespräche

Von vielen Freiwilligen wird eine – sogar kostenfreie – Maßnahme besonders geschätzt: das persönliche Gespräch. Dazu zählen regelmäßige persönliche Feedbackgespräche, in denen sie die Möglichkeit erhalten, von ihrem Engagement und ihren Anliegen zu berichten, ebenso wie sogenannte „Tür-und-Angel-Gespräche", bei denen sich Ansprechpersonen für Ehrenamtliche nach ihrem aktuellen Befinden erkundigen. Grundsätzlich sollte immer eine Ansprechperson erreichbar und ansprechbar sein für Fragen oder Probleme – und die Freiwilligen regelmäßig dazu angeregt werden, diese Möglichkeit zu nutzen.

Information und Austausch

Auch wenn Ehrenamtliche in der Regel „nur" einen kleineren Aufgabenbereich haben, so interessiert sie doch das Große und Ganze der Organisation. Wie hauptamtliche Mitarbeiter:innen fungieren sie in der Öffentlichkeit als Botschafter:innen der Zielsetzungen der Organisation und sollten über aktuelle Entwicklungen informiert werden, z. B. durch regelmäßige Infoschreiben oder im Rahmen persönlicher Gespräche oder Gruppentreffen. Kontakte und Gespräche zwischen haupt- und ehrenamtlichen Mitarbeiter:innen sowie gemeinsame Aktivitäten stärken ebenfalls das Team- und Selbstwertgefühl. Von der Organisation oder den Freiwilligen selbst organisierte Austauschtreffen fördern das Gefühl der Wertschätzung. Auch die Teilnahme an Schulungen, Supervisionen und Weiterbildungen gemeinsam mit den Hauptamtlichen wird von Freiwilligen als eine Form der Anerkennung ihres Engagements empfunden.

Räume für Mitgestaltung und Kreativität bieten

Bei vielen Engagierten steht zunehmend auch der persönliche Bezug im Mittelpunkt: Sie wollen sich im Rahmen des Ehrenamts weiterentwickeln, Sinnhaftigkeit spüren und neue Erfahrungen sammeln. Immer mehr Organisationen ermöglichen es ihren Freiwilligen deshalb, eigene Ideen und Projekte umzusetzen, sich gemeinsam mit Gleichgesinnten zu treffen und Neues zu entwickeln oder die Räume und Ressourcen der Organisation für eigene Themen zu nutzen (z. B. Workshops, Feiern, Training).

Ausstattung und Materialien

Auch Freiwillige benötigen einen Ort, an dem sie ihre Unterlagen, persönlichen Gegenstände etc. aufbewahren können. Falls für das Engagement ein eigener Arbeitsplatz notwendig ist, sollte dieser gut ausgestattet sein. Benötigte Materialien sollten in ausreichender Menge vorhanden sein. Auch ein gutes Raummanagement (z. B. für ein Engagement im Bereich Lernförderung) zeigt, dass der Einsatz der Freiwilligen gewürdigt wird. Wenn Ehrenamtliche einen eigenen Schlüssel für die Einrichtung bekommen, stellt dies eine besondere Form der Wertschätzung und des Vertrauens dar.

Best Practice: Preisgeld für Anerkennung – Wettbewerb „Nürnberger Herz"

Der Wettbewerb „Nürnberger Herz" ist eine gemeinsame Initiative der Stadt Nürnberg und der Tucher Privatbrauerei, die kreative und originelle Ideen zur Anerkennung ehrenamtlichen Engagements auszeichnet. Bewerben können sich gemeinnützige Vereine, Initiativen und Einrichtungen, die das Engagement ihrer ehrenamtlichen Helfer:innen auf besondere Art wertschätzen. Zweimal jährlich werden drei bzw. vier Projekte prämiert. Jede ausgezeichnete Organisation erhält ein Preisgeld von 1.050 Euro, das für die Umsetzung der Dankesprojekte verwendet wird. Mithilfe des Wettbewerbs konnten schon viele Nürnberger Vereine und Initiativen besondere Formen der Anerkennung umsetzen.

Prämiert wurden beispielsweise folgende Ideen:

- Line-Dance-Kurs für Engagierte
- Alpakawanderung mit Einkehr
- Übernachtung in einer Jugendherberge
- Krimidinner mit Käseworkshop
- interkulturelles Picknick mit Filmvorführung
- Open-Air-Grillfest mit Musik
- Führung durch Gemüseanbaubetrieb
- Ausflug in den botanischen Garten

4.8.2 Unterschiedliche Formen der Anerkennung

So unterschiedlich wie die Motivation zum Engagement ist, so verschieden sollten die Formen der Anerkennungskultur gestaltet sein. Während für die eine Person eine schriftliche Bestätigung des Engagements oder eine Urkunde wichtig sind, freut sich eine andere über eine Geburtstagskarte oder die öffentliche Erwähnung im Jahresbericht. Anerkennung sollte Freude bereiten, ehrlich gemeint und auf die Freiwilligen abgestimmt sein. Wertschätzung für ehrenamtliches Engagement sollte auch kein einmaliger Akt sein, sondern regelmäßig und auf vielschichtige Weise erfolgen. Am besten ist, bereits im Erstgespräch herauszufinden, welche Formen der Anerkennung sich die jeweilige Person wünschen würde.

Nach Wünschen der Anerkennung fragen

Anerkennung sollte:

- einen Bezug zur geleisteten Arbeit, zum Projekt haben
- auf die Person zugeschnitten sein
- vielfältig sein
- ehrlich gemeint sein
- im Verhältnis zur geleisteten Arbeit stehen (Verhältnismäßigkeit)
- Geschenk- und nicht Verpflichtungscharakter haben
- Freude bereiten
- auf die Befindlichkeit der Person Rücksicht nehmen

- von der „richtigen" Person ausgesprochen werden
- konsequent und rechtzeitig erfolgen

(vgl. Vern Lake, o. J.; McCurley et al., 2021, S. 344)

EXKURS: Zielgruppenspezifische Anerkennung

Renate Volk

Ob und wie sich jemand geschätzt fühlt, hängt häufig auch von der aktuellen Lebensphase und dem Alter der Ehrenamtlichen ab. Denn je nach Lebenssituation oder Alter können sich die Bedürfnisse und Wünsche unterscheiden. Im Folgenden finden sich Vorschläge für Anerkennungsmaßnahmen, die sich an verschiedene Altersgruppen richten.

Freiwillige unter 30 Jahren

Junge Menschen engagieren sich häufig neben Schule, Berufsausbildung oder Studium. Für sie sind flexible Ehrenamtsstrukturen, Gemeinschaftsgefühl, soziale Anerkennung und Möglichkeiten zur persönlichen oder fachlichen Weiterentwicklung besonders wichtig.

Social-Media-Anerkennung: Vorstellung von Ehrenamtlichen und ihres Engagements in Social-Media-Kanälen

Team-Events: gemeinsame Aktivitäten, die Spaß machen, z. B. Sportaktivitäten, Film- oder Spieleabende

Karriereförderung: Ausstellung von Zertifikaten oder Empfehlungsschreiben, die in Bewerbungen verwendet werden können

Mentoring: bereits erfahrende Ehrenamtliche unterstützen und begleiten beim Engagement

Freiwillige zwischen 30 und 60 Jahren

Diese Altersgruppe ist oft beruflich und familiär stark eingebunden. Sie ist achtsam mit ihrer Zeit, schätzt klare Strukturen und nutzt gerne vorhandene Kompetenzen oder lernt Neues dazu.

Flexibilität: Flexible Engagementmöglichkeiten mit klarem Zeitrahmen, die auf die Bedürfnisse der Ehrenamtlichen eingehen

Familienfreundlichkeit: Familien/Partner:innen zu Events mit einladen und Kinderbetreuung anbieten

Weiterbildung: Workshops, die auch zur persönlichen und beruflichen Weiterentwicklung beitragen (z. B. Kommunikation, interkulturelle Fragen)

Öffentlichkeitsarbeit: Wertschätzung in Beiträgen oder Porträts auf der Webseite, in Jahresberichten oder bei Veranstaltungen zeigen

Freiwillige ab 60 Jahren

Ältere Freiwillige nennen als Wunsch für ihr Engagement häufig, dass sie mit anderen Menschen zusammenkommen möchten. Befinden sie sich bereits im Ruhestand, dann haben sie in der Regel mehr Zeit und Interesse an persönlichem Austausch.

Gemeinschaft: Austausch und Gemeinschaft fördern durch regelmäßige Treffen, gemeinsame Frühstücke oder Ausflüge

Persönliche Anerkennung: Persönliche Worte und handgeschriebene Karten bringen oft mehr Freude als digitale Dankesworte

Ehrungen: Auszeichnungen für langjähriges Engagement wie die Ehrenamtskarte oder Urkunden, die bei einer Veranstaltung verliehen werden

Erzählen lassen: Erfahrungen und Erinnerungen in Broschüren oder auf der Webseite teilen

Anerkennung durch Öffentlichkeitsarbeit

Nicht alle Freiwillige suchen den Schritt in die Öffentlichkeit, aber für viele bedeutet es ein besonderes Maß der Anerkennung und Wertschätzung, wenn sie mit bzw. bei ihrem Engagement gezeigt werden. Dadurch wird auch nach Außen der besondere Stellenwert des ehrenamtlichen Engagements in der Organisation deutlich und die Aktivitäten für andere „greifbar".

Beispiele für eine gelungene Öffentlichkeitsarbeit sind:

- Porträts von Freiwilligen in Ihren internen und öffentlichen Publikationen oder auf der Webseite
- Fotos von Ehrenamtlichen in der Einrichtung aushängen
- (Foto-)Ausstellung zur Arbeit der Freiwilligen
- öffentliche Veranstaltungen, bei denen auch den Freiwilligen gedankt wird
- Freiwillige zu Empfängen und Veranstaltungen mitnehmen
- Freiwillige bei Freiwilligenmessen und Infoveranstaltungen zu Wort kommen lassen
- Freiwillige in Presseartikeln oder Filmbeiträgen erwähnen

Persönliche Anerkennung von Freiwilligen

Hier haben gemeinnützige Organisationen vielfältige Möglichkeiten. Welche gewählt werden, hängt vom Zeit- und auch Geldbudget ab. Bei Gesprächen mit Ehrenamtlichen wird immer wieder deutlich, dass nicht der Wert eines Geschenks zählt, sondern der persönliche Gedanke und Einsatz, der dahintersteckt. Es sollte sich nicht um einmalige, sondern regelmäßige und persönliche Gesten handeln. Wichtig ist, die Freiwilligen mit Namen zu kennen und sie damit auch anzusprechen. Auch persönliche Nachfragen, wie es dem oder der Freiwilligen aktuell geht, wie das Ehrenamt läuft, wie es im Urlaub oder am Wochenende war, geben den freiwillig Engagierten in der Organisation das Gefühl, willkommen zu sein und als individuelle Persönlichkeiten gesehen zu werden. Es gibt eine Vielzahl von Möglichkeiten, um Danke zu sagen. Nachfolgend einige Anregungen:

- zu einem Kaffee einladen
- sich Zeit nehmen für Erklärungen
- zum Austausch mit den Hauptamtlichen einladen
- gemeinsame Kaffee- oder Mittagspausen
- persönliche Geburtstags- und Weihnachtskarte
- persönliches Dankeschönschreiben

- Weihnachtsgeschenk
- Geburtstagsgeschenk
- kleine Dankeschöngeschenke zu Ostern, Nikolaus ...
- Teilnahme an Festen oder Ausflügen der Organisation
- eigene Feste oder Ausflüge für Ehrenamtliche organisieren
- Austausch- und Weiterbildungsmöglichkeiten anbieten
- kostenfreie Verpflegung bei Veranstaltungen
- Vergünstigungen (z. B. beim Mittagstisch, Kaffee und Kuchen in der Senioreneinrichtung)
- Räume auch für private Zwecke zur Verfügung stellen (z. B. Geburtstagsfeier)

Wichtig: Bei Geschenken, Festen und Veranstaltungen sowie beim Essen und den Getränken sollte stets der interkulturelle Hintergrund der Ehrenamtlichen berücksichtigt werden.

4.8.3 Tätigkeitsnachweise und Zeugnisse

Nicht nur für Schüler:innen und Studierende sind Tätigkeitsnachweise und Zeugnisse interessant. Auch andere Ehrenamtliche freuen sich über einen Nachweis. Er kann beispielsweise für Bewerbungen genutzt werden. Er sollte möglichst präzise und formal korrekt sein, um die Tätigkeit und deren Umfang klar darzustellen. Wichtig sind dabei folgende Inhalte:

- Name und Kontaktdaten der Organisation
- Name der ehrenamtlich tätigen Person
- Zeitraum des Engagements (Beginn und ggf. Ende)
- Beschreibung der ausgeübten Tätigkeit und Verantwortungsbereiche
- Umfang des Engagements (z. B. wöchentliche Stundenanzahl)
- erworbene Kompetenzen oder besondere Leistungen
- Bestätigung durch eine verantwortliche Person (Unterschrift, ggf. Stempel)
- Datum der Ausstellung

Eine Vorlage für einen Tätigkeitsnachweis findet sich im Anhang.

Weitere Nachweise sind Übungsleiterlizenzen, die Jugendleiter:in-Card (Juleica) sowie der Vermerk von ehrenamtlichem Engagement in den Zeugnissen von Schüler:innen.

Bundesweite Aktionen nutzen

Seit 1985 gibt es den von den Vereinten Nationen beschlossenen **Internationalen Tag des Ehrenamts**. Dieser findet jährlich statt am 5. Dezember und wird den Medien öffentlichkeitswirksam kommuniziert. Organisationen können diesen Tag zum Anlass nehmen, um ihren Ehrenamtlichen zu danken. In Deutschland organisiert das Bundesnetzwerk Bürgerschaftliches Engagement (BBE) jedes Jahr im September eine bundesweite „Woche des Bürgerschaftlichen Engagements“. In diesem Zeitraum finden zahlreiche medienwirksame Veranstaltungen zum Thema Ehrenamt statt und Organisationen können ihre Veranstaltungen über eine zentrale Internetseite kommunizieren.

Orden, Ehrungen und Auszeichnungen

In vielen Vereinen und Organisationen gibt es für freiwilliges Engagement **Ehrennadeln, Urkunden oder Verdienstmedaille**n. Auch dies ist für viele Freiwillige – vor allem ältere – wichtig. Daneben gibt es auch eine ganze Reihe von staatlichen Auszeichnungen und Ehrungen

Ehrenamtsbescheinigung

Eine **Ehrenamtsbescheinigung** ist ein offizielles Dokument, das von einer gemeinnützigen Organisation, einem Verein oder einer öffentlichen Institution ausgestellt wird. Sie dient dazu, die freiwillige Tätigkeit einer Person zu bestätigen, und umfasst Angaben wie den Zeitraum des Engagements, die ausgeübten Tätigkeiten und gegebenenfalls besondere Leistungen. Eine Ehrenamtsbescheinigung kann bei Bewerbungen oder als Nachweis gesellschaftlichen Engagements genutzt werden. Sie hilft, die Kompetenz und den Einsatz des Ehrenamtlichen sichtbar zu machen und dessen Beitrag zu würdigen. In Deutschland gibt es keine einheitliche Regelung, aber verschiedene Verbände und Kommunen bieten Mustervorlagen an.

Ehrenamtskarte

Die **Ehrenamtskarte** ist ein Anerkennungsinstrument für Menschen, die sich regelmäßig ehrenamtlich engagieren. Sie wird in vielen Bundesländern Deutschlands eingeführt und bietet den Inhabern Vergünstigungen in Kultur-, Sport- und Freizeiteinrichtungen sowie bei teilnehmenden Unternehmen. Voraussetzung ist meist eine Mindestanzahl an Stunden ehrenamtlicher Tätigkeit pro Woche oder Monat, die je nach Bundesland variieren kann. Die Karte beantragt man bei der zuständigen Kommune oder einem Ehrenamtsbüro. Die Teilnahme ist freiwillig und sowohl für die Ehrenamtlichen als auch für die Partnerorganisationen kostenfrei (weitere Informationen: https://ehrenamtskarte.de/).

Best Practice: Auszeichnungen über die Kommune – „München dankt!"

Die Landeshauptstadt München bedankt sich bei engagierten Bürger:innen mit der Auszeichnung „München dankt!" Diese können Freiwillige einmal je Engagement erhalten, wenn die Voraussetzungen erfüllt sind. Die ehrenamtliche Person muss sich mindestens 80 Stunden innerhalb eines Jahres oder über einen Zeitraum von zwei Jahren mindestens 200 Stunden in einem Projekt engagiert haben. Das Engagement muss im Stadtgebiet München stattgefunden haben. Beantragt wird „München dankt!" von den Organisationen, in denen die Freiwilligen aktiv sind. Die Organisationen erhalten auch die Unterlagen (Urkunde und Gutscheinheft) und können diese ihren Freiwilligen übergeben – beispielsweise im Rahmen einer Veranstaltung oder Feier. Die vom Münchner Bürgermeister unterschriebene Urkunde enthält neben dem Dank für das Engagement auch Informationen zur konkreten Tätigkeit, damit verbundene Anforderungen, Kompetenzen und erworbene Qualifikationen.

Gutscheinheft mit attraktiven Angeboten

Die Freiwilligen erhalten ein Gutscheinheft, dass jeweils einer Person den einmaligen kostenlosen Eintritt in verschiedene Münchner Freizeiteinrichtungen ermöglicht, z. B. Jüdisches Museum, Deutsches Museum, Tierpark Hellabrunn sowie Theater und die Münchner Volkshochschule. Außerdem enthält das Heft Gutscheine über eine Jahresgebühr der Münchner Stadtbibliothek sowie zwei Streifenkarten für den ÖPNV.

Materielle Anerkennung

Je nach Budget und Möglichkeiten der Organisation bieten sich verschiedene Möglichkeiten an. Hier muss jede Organisation selbst prüfen, was (auch steuerrechtlich) möglich ist. Bei einer Aufwandsentschädigung sollte darauf geachtet werden, dass damit transparent für alle umgegangen wird. Es kann zu Konflikten kommen, wenn ein Teil der Ehrenamtlichen eine Aufwandsentschädigung erhält und der andere nicht. Selbstverständlich sollte mittlerweile die Erstattung entstandener Kosten sein. Dazu zählen Fahrtkosten, aber auch eingesetzte Materialien. Nachfolgend eine Übersicht über mögliche materielle Formen der Anerkennung

Finanzielle Leistungen für Ehrenamtliche können sein:

- Aufwandsentschädigungen
- Erstattung von Auslagen (Fahrtkosten, Materialien, Porto u. Ä.)
- geldwerte Vorteile (kostenfreie oder ermäßigte Eintritte in städtische oder verbandliche Einrichtungen, freie Verpflegung bei Veranstaltungen, kostenfreier oder vergünstigter Besuch des Mittagstischs oder der Cafeteria etc.) oder eine Übungsleiterpauschale (steuerfreier Betrag für entstandenen Aufwand)
- Sachleistungen
- Geschenke zu Geburtstagen und Feiertagen
- Freikarten für Veranstaltungen

Maßnahmenplan und Verantwortlichkeiten

Alle Maßnahmen zur Wertschätzung und Anerkennung der Freiwilligen sollten in einem Dokument zusammengefasst und Verantwortlichkeiten definiert werden. Es empfiehlt sich, Absprachen zu treffen, wie die Anerkennungskultur organisiert wird. Wo werden z. B. die Geburtstage der Freiwilligen festgehalten? Es empfiehlt sich, eine Liste der aktiven Ehrenamtlichen zu führen, in denen notiert werden kann, welche Geschenke sie bereits erhalten haben oder was sie besonders interessiert.

4.9 Beendigung und Abschied vom Engagement

Wolfgang Krell

Bei der Gewinnung von Freiwilligen und beim Erstgespräch sollte immer auch schon das Ende angesprochen werden. Sich freiwillig zu engagieren, ist eine persönliche Wahl und Entscheidung, und Bürger:innen können sich aufgrund sich ändernder Lebensumstände dazu entscheiden, ein Engagement zu beenden. Von daher gehört zu einem guten Engagementkonzept, dass gegenüber den neu startenden Freiwilligen immer betont wird, dass ein Ausstieg möglich ist – auch wenn die Einsatzstelle natürlich an einem längerfristigen Engagement interessiert ist. Eine solche positive Einstellung kann Freiwillige erst recht motivieren und auch dazu beitragen, dass sie im Engagement bleiben (vgl. Grotz-Leonard, 2022, S. 129).

Es herrscht oft das Vorurteil, dass „wenn man den kleinen Finger reicht, gleich die ganze Hand genommen wird". Von interessierten Bürger:innen wird als Argument, sich gegen ein Engagement zu entscheiden, oft vorgebracht, dass zu schnell zu viel verlangt wird von den Organisationen. Deshalb ist es sinnvoll, eine Befristung des Engagements schon zum Start vorzuschlagen und immer wieder anzubringen, dass das Engagement beendet werden kann.

Tipp: Eine Befristung des neuen Engagements auf ein Jahr gibt die Möglichkeit, nach dieser Zeit ein Jahresgespräch mit dem neuen Freiwilligen zu führen. In einem solchen Gespräch können die gegenseitigen Erfahrungen mit dem Engagement ausgetauscht werden, notwendige Unterstützung angeboten werden und wieder für ein Jahr eine neue Grundlage für das weitere Engagement geschaffen werden. Für die Einsatzstelle bietet es auch die Möglichkeit, Schwierigkeiten mit dem Freiwilligen anzusprechen.

4.9.1 Anlass für die Beendigung des Engagements

Anlässe für Beendigung des Engagements

Für die Beendigung eines Engagements kann es verschiedene Anlässe geben:

- Der/die Freiwillige beendet das Engagement.
- Die gemeinsam vereinbarte Befristung des Engagements läuft aus.
- Einsatzstelle und Freiwillige:r sind sich einig, das Engagement auslaufen zu lassen.
- Die Einsatzstelle beendet von sich aus das Engagement des/der Freiwilligen.

(vgl. Reifenhäuser, Reifenhäuser, 2013, S. 177)

Gründe, warum Freiwillige von sich aus das Engagement beenden, können sehr unterschiedlich sein. Auf Seiten des/der Freiwilligen sind es in der Regel sich ändernde Lebensumstände, die ein weiteres Engagement nicht mehr möglich machen. Gründe, die sich auf die Einsatzstellen beziehen, können sein:

- Sie fühlen sich unterfordert.
- Sie wurden nicht freundlich aufgenommen.
- Sie erhielten keinen Dank für ihren Einsatz.
- Vorschläge für Neuerungen wurden nicht akzeptiert.
- Freiwillige werden von den Beruflichen eher als Hindernis und nicht als Unterstützung gesehen.
- Das Engagement entsprach nicht den Erwartungen vom Start.
- Sie haben es nicht geschafft, in die Insidergruppe vorzustoßen.

(vgl. Madding, King, 2018, S. 107)

Diese Gründe für die Beendigung eines Engagements sind alles wichtige Hinweise, dass manches im Rahmen der Freiwilligenkoordination noch nicht gut klappt. Solche Aussagen sollten zum Anlass genommen werden, das eigene Freiwilligenkonzept mit allen Beteiligten noch einmal neu zu diskutieren und zu bewerten, sodass Verbesserungen vorgenommen werden können.

4.9.2 Abschlussgespräch

Es sollte auf jeden Fall versucht werden, ein Abschlussgespräch mit ausscheidenden Freiwilligen zu führen. Es dient beiden Seiten zur Reflexion über das Engagement, die Rahmenbedingungen zum Engagement in der Organisation und der Rückmeldung zu Problemen im Engagement sowohl von der engagierten Person wie auch von der Freiwilligenkoordination.

Es können in einem solchen Abschlussgespräch Themen wie Missverständnisse in der Kommunikation, ein falsches Verständnis von Verantwortlichkeiten, verwirrende Aufgabenbeschreibungen für Freiwillige oder auch unklare Regeln und Vorgaben besprochen werden (vgl. Yeager, o. J., S. 79).

Für Freiwillige	Für die Freiwilligenkoordination
Was ist mir in meinem Engagement wichtig und wertvoll gewesen?	Wie hat sich die Zusammenarbeit mit der freiwillig engagierten Person gestaltet?
Was hat dazu beigetragen, dass ich mich wohlgefühlt habe bei meinem Engagement, es gerne gemacht habe und auch gut habe machen können?	Was hat sie durch ihren Einsatz beigetragen bzw. bewirkt?
Was empfand ich als schwierig, was hätte mir mein Engagement noch erleichtert?	Was habe ich, was unsere Organisation besonders an ihr geschätzt?
Was habe ich allein und gemeinsam mit anderen erreicht?	Braucht die Gruppe oder das Arbeitsfeld Unterstützung bei der Neuorganisation und Verarbeitung des Abschieds?
Welche Menschen sind mir wichtig im Blick auf den Abschied?	Wir wird die Arbeit weitergeführt?
Was will ich noch klären und tun?	Gib es Anregungen der engagierten Person, die dafür hilfreich sein können?
Was möchte ich noch sagen oder mitteilen? Mit wem möchte ich auf jeden Fall noch sprechen?	Über welches explizite (geschriebenes) Wissen verfügt sie? Und welches implizite (unausgesprochene, ungeschriebene) Wissen hat sie? An wen soll es weitergegeben werden, wie kann der Wissenstransfer sichergestellt werden? Kann die scheidende Person dazu beitragen?
Wie und an wen kann ich mein Wissen weitergeben?	Wer kümmert sich um die Erstellung des Ehrenamtsnachweises? Welche Wünsche gibt es von der engagierten Person bezüglich der Inhalte?
Ist es notwendig oder erwünscht, dass ich meine Nachfolge in die Tätigkeit einführe? Möchte ich das selbst auch?	Wie wünscht sich die scheidende freiwillig engagierte Person ihren Abschied in der Einsatzstelle bzw. mit den anderen Freiwilligen?
Wünsche ich einen Nachweis über mein Engagement? Was sollte er beinhalten?	Gibt es andere Möglichkeiten für Engagement bei unserem Träger/Verband, für die die ausscheidende Person geeignet wäre?
Was nehme ich mit für meinen weiteren Lebensweg? Wie will ich zukünftig die gewonnen Zeit gestalten?	Hat die Person Interesse an der Vermittlung zur Engagementberatung einer Freiwilligenagentur?

Tabelle 6: Fragen für das Abschlussgespräch (nach Fachstelle Engagementförderung, 2021, S. 68)

Auch wenn Freiwillige nicht mehr zum Einsatz kommen, sich nicht mehr in ein Engagement einteilen lassen und keinen Kontakt mehr halten, sollte versucht werden, sich mit diesen „ausschleichenden Freiwilligen" in Verbindung zu setzen und Gründe für ihre Beendigung des Engagements zu erörtern (vgl. Reifenhäuser, 2013, S. 178).

4.9.3 Angebote für die aus dem Engagement ausscheidende Person

Wenn Freiwillige aus dem Engagement ausscheiden, kann ihnen als eine Form der Anerkennung von der Einsatzstelle ein Nachweis über das Engagement bzw. ein Zeugnis ausgestellt werden. Im Falle von Spitzenverbänden kann es beim zuständigen Ministerium beantragt werden. In einem solchen Nachweis können neben den allgemeinen Tätigkeiten auch Fortbildungen und praktische Erfahrungen aufgelistet werden. Neben einem Zeugnis kann auch ein Kompetenznachweis ausgestellt werden, der sich inhaltlich besonders am Erwerb von Kompetenzen durch informelles Lernen aus der praktischen Tätigkeit orientiert. Dieser Nachweis ist im freiwilligen Engagement noch selten. Weitere Formen der Anerkennung sind in Kapitel 4.8 aufgelistet.

Formen der Verabschiedung

Für die Verabschiedung können – je nach Organisation und Einsatzstelle und je nach Umständen der Beendigung des Engagements – verschiedene Formen üblich sein. In einer Kirchengemeinde kann eine Verabschiedung öffentlich im Gottesdienst erfolgen, bei Vereinen im Rahmen einer Mitgliederversammlung und bei Initiativen evtl. beim regelmäßigen Austauschtreffen der Freiwilligen.

Auf jeden Fall sollte vorab mit der aus dem Engagement ausscheidenden Person besprochen werden, wie sie sich eine Verabschiedung aus dem Engagement und evtl. auch aus der Einsatzstelle wünscht. Jede:r Freiwillige hat hier andere Vorstellungen zum Rahmen der Verabschiedung, deshalb sollte dieser vorher gemeinsam geklärt werden und nicht einfach nach der üblichen Tradition in einer Organisation stattfinden.

Freiwillige, die nicht mehr auftauchen

Es gibt auch Freiwillige, die von sich aus nicht mehr zum Einsatz oder zur Organisation kommen, sich also selbst vom Engagement verabschiedet haben. Hier ist es sinnvoll, trotzdem Kontakt aufzunehmen und konkret nachzufragen – verbunden auch mit dem Dank für die bisher geleistete Arbeit und auch mit dem Hinweis, „dass die Tür offenbleibt" für eine Rückkehr zur Einsatzstelle. Ein solches Gespräch kann auch Rückmeldungen ergeben, warum Freiwillige sich nicht mehr in der Organisation engagieren wollen, sodass Verbesserungen im Freiwilligenmanagement angeregt werden.

4.9.4 Alternativen zu einer Beendigung des Engagements

Bevor Freiwillige die Organisation verlassen – sei es aus Unzufriedenheit mit ihrem Einsatz oder auf Wunsch der Organisation –, sollte versucht werden, den Freiwilligen zu halten. Als Alternativen zu einer schnellen Beendigung des Engagements können verschiedene Wege gegangen werden, um den Freiwilligen zu halten.

Neueinweisung: Es gibt Freiwillige, die Regeln nicht verstehen und sie deshalb auch nicht einhalten. Dem/der betroffenen Freiwilligen sollten die festgelegten Regeln für das Engagement in der Einsatzstelle noch einmal erläutert werden und auch erklärt werden, warum die Regeln wichtig sind.

Neueinteilung: Dem/der betroffenen Freiwilligen könnten neue Aufgaben zugewiesen werden. Vielleicht wurden seine/ihre Fähigkeiten und Neigungen falsch eingeschätzt und der/die Freiwillige kann sich bei neuen Aufgaben und einer neuen Rolle wieder gut einfinden in das Engagement in der Einsatzstelle.

Neuschulung: Die Wiederholung einer Schulung kann für den/die Freiwillige:n die Möglichkeit bieten, sich noch einmal neu mit den Grundlagen des Engagements in der Organisation auseinanderzusetzen. Manche brauchen evtl. auch andere Methoden der Schulung, sodass ein Eins-zu-eins-Mentoring durch einen erfahrenen Freiwilligen erfolgversprechender sein könnte als eine Gruppenschulung oder ein Vortrag.

Neubelebung: Langjährig aktive Freiwillige, die in ihrem Engagement von den Ergebnissen schlechter werden, brauchen vielleicht einfach eine Pause. Besonders Freiwillige, die sich in intensivem persönlichem Austausch mit schwierigen Klient:innen/Nutzer:innen der Organisation engagieren, merken selbst nicht, dass sie erschöpft und ausgebrannt sind. Hier kann ein bewusstes Pausieren im Engagement helfen, dass sie ihre Energien wieder neu aufladen. Auch der Wechsel in ein emotional weniger belastendes Engagement kann helfen.

Mentor:in als neues Engagement

Wenn es sich um Freiwillige handelt, die große Schwierigkeiten haben, sich von ihrem langjährigen Engagement zu verabschieden, kann auch die besondere Rolle als „Mentor:in" für neue Engagierte in der Organisation einen stufenweisen Ausstieg ermöglichen. Z. B. kann ein langjähriger Vorstand eines Vereins so in eine neue Rolle rutschen, die einen Abschied aus der Vorstandstätigkeit erleichtert.

Neuvermittlung: Sollte ein:e Freiwillige:r aufgrund seines/ihres Verhaltens nicht mehr in der eigenen Einsatzstelle akzeptiert werden können, kann auch die Empfehlung der Freiwilligenkoordination für eine Engagementberatung und eine Neuvermittlung durch eine Freiwilligenagentur ausgesprochen werden. In anderen Organisationen kann sich der/die Freiwillige mit seiner/ihrer Persönlichkeit evtl. besser einbringen (vgl. McCurley u. a., 2012, S. 303 f.).

4.9.5 Verabschieden von Freiwilligen, die ihre Aufgaben „nicht mehr gut" machen

Abschied mit Fingerspitzengefühl

Bei der Koordination von Freiwilligen gibt es auch Engagierte, deren Leistungsfähigkeit abnimmt, aufgrund von zunehmendem Alter oder anderen Beeinträchtigungen. Sie sind dann oft nicht mehr in der Lage, ihre Aufgaben als Freiwillige sicher und zuverlässig zu erfüllen. Gleichzeitig wollen sie aber selbst nicht sehen, dass sie von ihren Aufgaben mehr und mehr überfordert sind, und wollen ihr Engagement nicht von sich aus beenden (vgl. McCurley u. a., 2012, S. 437).

Zuerst sollte analysiert werden, ob es steigende Fehlzeiten im Engagement, gesundheitliche Probleme oder Bemerkungen von anderen Freiwilligen über Schwierigkeiten mit diesen Freiwilligen gibt. Anzeichen können auch das Vergessen von Treffen sein, größer werdende Abneigung, an Fortbildungen und Schulungen teilzunehmen, die Änderung bei den Aufgaben als Freiwillige, sodass sie besser zu den eigenen nachlassenden Fähigkeiten passen, die Abneigung, Hilfe von anderen zu akzeptieren, Widerstände gegen jede Änderung, wie etwas getan wird.

Bei diesen Anzeichen, die oft nicht sofort klar wahrgenommen werden, sondern sich erst in einem längeren Zeitraum ergeben, sollte zuallererst ein klärendes persönliches Gespräch mit dem/der Freiwilligen geführt werden. Dabei können die Probleme angesprochen werden und evtl. die Einschränkungen auch gemeinsam festgestellt werden.

Tipp: Wichtig zu wissen bei Konflikten

Wenn ein Konflikt zwischen Freiwilligen aufmerksam und respektvoll behandelt wird, kann das zu einem positiven Wachstum innerhalb der Organisation beitragen:

- Sprechen Sie direkt mit dem/der Freiwilligen und nehmen Sie dabei das Verhalten in den Fokus und nicht die Person.
- Unterstützten Sie Freiwillige und helfen Sie ihnen dabei, ihre eigene Entscheidung darüber zu treffen, ob ein bestimmtes Engagement wirklich zu ihnen passt.
- Einen Freiwilligen zu entlassen, sollte die allerletzte Option sein. Dokumentieren Sie das Verhalten wie auch alle Ihre Versuche, das Verhalten des/der Freiwilligen zu beeinflussen und zu verbessern.
- Seien Sie in Ihrer Kommunikation mit dem schwierigen Freiwilligen klar und eindeutig.

(nach Lipp, 2009, S. 186 f.)

Eine mögliche Reaktion ist die Anpassung der Aufgaben, sodass der/die Freiwillige trotz der Einschränkungen weiter aktiv sein kann. Dieser engagierten Person kann außerdem ein:e andere:r Freiwillige:r zur Seite gestellt werden. Wenn die Beendigung des Engagements zur Diskussion steht, hilft es langjährigen Freiwilligen auch, dass eine passende Nachfolge zugesagt wird. Das Wissen, dass das Engagement in guten Händen weitergeführt wird, kann den Ausstieg des/der Freiwilligen erleichtern.

Andererseits muss geprüft werden, ob der/die Freiwillige evtl. sich selbst oder andere durch seine Einschränkungen im Engagement gefährdet.

Würdig beenden

Oft sind es die psychischen Probleme und nicht die körperlichen Einschränkungen, die besonders schwer zu beurteilen sind. Deshalb sollten dabei Außenstehende, wie Familienmitglieder, Ärzt:innen oder Psycholog:innen, hinzugezogen werden. Als Freiwilligenmanager:in kann man zur Entscheidung kommen, dass ein weiteres Engagement nicht mehr verantwortet werden kann. Ein evtl. langjähriges Engagement eines/einer solchen Freiwilligen sollte dann in einer würdigen Weise beendet werden, z. B. mit einer Ehrung für viele Jahre des Einsatzes, verbunden mit einer offiziellen Abschiedszeremonie (nach McCurley u. a., 2012, S. 440–442).

4.9.6 Entlassung

Grundsätzlich ist es für jede Einsatzstelle normal, Freiwillige zu entlassen. Freiwillige und berufliche Mitarbeitende haben sich im Rahmen einer Organisation zusammengefunden, um bestimmte Ziele gemeinsam zu erreichen. Jede Organisation hat sich (bewusst oder unbewusst) Ziele gesetzt, einen entsprechenden Rahmen für die internen Prozesse erarbeitet und auch eine Kultur des Miteinanders entwickelt. In vielen

Organisationen wird dies nicht expliziert formuliert – aber wenn es sich um eine lebendige Organisation handelt, dann ziehen alle an einem Strang, um ein bestimmtes Ziel zu erreichen.

Wenn aktive Freiwillige sich nicht für dieses gemeinsame Ziel einsetzen, gegen festgelegte Prozesse und Regeln handeln und auch gegen die Kultur des Miteinanders in einer Organisation verstoßen, dann muss überlegt werden, ob man mit diesen Freiwilligen weiter zusammenarbeiten will und kann.

Interessen abwägen

Wichtig ist auch, immer die Interessen der Organisation, der Klient:innen/Nutzer:innen einer Organisation, der anderen Freiwilligen und die der einzelnen Freiwilligen im Blick zu haben. Als Freiwilligenkoordination gilt es, diese verschiedenen Interessen abzuwägen und im Gleichgewicht zu halten (vgl. McCurley u. a., 2012, S. 302).

Wenn eng mit Freiwilligen zusammengearbeitet wird und sie gut begleitet werden, dann spüren Freiwillige oft auch von sich aus, dass es Zeit ist, das Engagement zu beenden. Gleichzeitig kann sich eine Freiwilligenkoordination nicht darauf verlassen, da schwierige Freiwillige oft die Spannungen und Konflikte in Bezug auf ihr persönliches Verhalten im Engagement nicht erkennen. Eine solche Selbsterkenntnis und eine eigene Entscheidung des/der Freiwilligen zum Aufhören dürfen aber nicht die Begründung sein, Konflikten mit Freiwilligen aus dem Weg zu gehen.

Fehlverhalten ansprechen

Generell soll eine solche „Entlassung" aus dem Engagement so behandelt werden, wie eine Entlassung im beruflichen Bereich geregelt wird. Als Erstes sollte die verantwortliche Person für das Freiwilligenmanagement ein Gespräch mit dem/der betroffenen Freiwilligen führen, das Fehlverhalten ansprechen und Raum geben für Erläuterungen des/der Freiwilligen. Bleibt es für die Verantwortlichen dabei, dass es sich um ein Fehlverhalten gehandelt hat, sollte zum Abschluss die klare Aufforderung gegeben werden, das angesprochene Fehlverhalten zu ändern, da ansonsten die Beendigung des Engagements durch die Organisation erfolgen könnte – also ein Abmahngespräch.

Fehlverhalten dokumentieren

Die Freiwilligenkoordination sollte Hinweise zu einem Fehlverhalten des/der betroffenen Freiwilligen dokumentieren, seien es eigene Beobachtungen oder Aussagen von anderen Freiwilligen oder Klientinnen/Nutzer:innen der Organisation.

Verändert sich das Verhalten des Freiwilligen dann tatsächlich nicht, sollte zu einem Kündigungsgespräch eingeladen werden – wichtig ist, dass es nicht allein vom/von der Freiwilligenmanager:in geführt wird, sondern Kolleg:innen oder Vorgesetzte/Vorstand anwesend sind. Sie können zusätzlich die Konsequenz aus dem bisherigen Fehlverhalten deutlich machen und gleichzeitig auch als Zeug:innen dienen.

Auch wenn es in einer solchen Situation schwierig ist, können einzelne Punkte eines Abschiedsgesprächs noch diskutiert werden, wie z. B., welche Vorgehensweisen geholfen hätten, dass es nicht zu dieser Entlassung gekommen wäre.

Formales formal klären

Am Ende des Entlassungsgesprächs sollten auch die formalen Dinge geklärt werden, also die Ausstellung eines Zeugnisses/Engagementsnachweises, die Rückgabe von Schlüsseln, Unterlagen usw. Gleichzeitig kann noch mal auf die Schweigepflicht auch nach Beendigung des Engagements hingewiesen werden. Trotz aller schwierigen Umstände bei einer solchen Beendigung sollte zum Schluss die Anerkennung und der Dank für den erbrachten Einsatz ausgesprochen werden.

Wenn massiv gegen grundlegende Regeln der Organisation, die Hausordnung oder Vorgaben des Verhaltenskodex im Rahmen des Präventionskonzepts verstoßen wird bzw. Straftaten und körperliche Angriffe gegen Klient:innen/Nutzer:innen oder andere Mitarbeiter:innen begangen werden, kann natürlich auch eine fristlose Entlassung eines/einer Freiwilligen notwendig werden.

4.9.7 Freiwillige als Botschafter:innen für die Einsatzstelle

Sei es die Beendigung eines Engagements durch den/die Freiwillige:n oder durch die Organisation, der/die Verantwortliche für Freiwilligenmanagement sollte sich immer bewusst machen, dass Freiwillige wichtige Botschafter:innen der Organisation in die Gesellschaft hinein sind. Deshalb ist es wichtig, die Verabschiedung oder Beendigung in einer guten Weise durchzuführen, denn die ausscheidenden Freiwilligen sollen weiterhin positiv über die Einsatzstelle berichten und damit auch bei neuen Freiwilligen das Interesse wecken. Der/die betroffene Freiwillige soll erkennen, dass die Einsatzstelle dankbar ist für das erwiesene Engagement, das dazu beigetragen hat, die Ziele der Organisation besser zu erreichen. Auch die Einschätzung des/der Freiwilligen sollte der Organisation wichtig sein, sodass sie daraus Schlüsse für Veränderungen im eigenen Konzept des Freiwilligenmanagements ziehen kann.

Ein regelmäßiges „Ehemaligentreffen" kann ein interessantes Event sein, um diese Freiwilligen weiterhin an die Organisation zu binden.

Über Entwicklungen informieren

Um ausscheidende Freiwillige in ihrer Rolle als Botschafter weiter halten zu können, sollen sie auch über aktuelle Entwicklungen in der Organisation informiert werden. Wenn die Freiwilligen einverstanden sind, bleiben sie im Verteiler von Newslettern oder Jahresberichten. Wenn diese Bürger:innen über aktuelle Entwicklungen ihrer ehemaligen Einsatzstelle informiert werden, bleiben sie weiterhin der Organisation verbunden und können die Botschafterrolle auch nach dem Ende des Engagements ausfüllen (vgl. Volunteering New Zealand, 2023, S. 19; Reifenhäuser, Reifenhäuser, 2013, S. 182).

4.10 Evaluation des Engagements mit Freiwilligen

Wolfgang Krell

Evaluation kann allgemein als Bewertung und Beurteilung von Aktionen, Prozessen, Projekten oder Programmen verstanden werden (vgl. Görtler, 2012, S. 116). Im Rahmen des Kreislaufs des Freiwilligenmanagements sollte es vor allem ein Thema der Bewertung durch die Freiwilligen selbst sein bzw. die Beurteilung des Engagements der Freiwilligen durch den/die Freiwilligenmanager:in. Eine regelmäßige Evaluation kann mit ihren Ergebnissen zur Verbesserung des Freiwilligenmanagements beitragen.

Die Evaluation und die Wirkungsorientierung von Projekten und Programmen von freiwilligem Engagement wird näher beleuchtet im Kapitel 5.3 im Rahmen der Darstellung von Managementthemen.

Warum Evaluation von Freiwilligen?

Es gibt mehrere Gründe, warum eine Evaluation der Freiwilligen wichtig ist:

- Sie hilft den Freiwilligen, ihr individuelles Potenzial noch besser auszuschöpfen.
- Die meisten Freiwilligen wollen ihr Engagement so gut wie möglich ausführen. Sie möchten Wirkung erzielen und nicht ihre Zeit verschwenden. Sie erwarten Feedback und Evaluation, um diese Ziele zu erreichen. Viele der Freiwilligen werden im Rahmen von Evaluation, Assessment, Bewertung und Feedback die Chance sehen, sich weiterzuentwickeln. Wenn es keine Rückmeldung und keinerlei Bewertung gibt, dann wächst der Eindruck, dass es nicht um die Qualität des Engagements geht und dass die Freiwilligen der Organisation sowie dem Freiwilligenmanagement gleichgültig sind (vgl. McCurley et al., 2012, S. 279 f.).
- Evaluatione hilft der Organisation, Freiwillige noch besser einzusetzen und einzubinden. Für eine Organisation, die mit Freiwilligen arbeitet, ist es wichtig, die Kommunikation zwischen der Organisation, den Verantwortlichen und den aktiven Ehrenamtlichen kontinuierlich aufrechtzuerhalten. Freiwillige setzen ihre Zeit und ihre Kraft ein, weil sie von den Zielen der Organisation überzeugt sind. Sie lassen sich auch dadurch binden, dass ihre Ideen gehört werden und sie der Einsatzstelle ein offenes Feedback geben können (vgl. Lotich, 2023, S. 74).

Der positive Effekt der Evaluation

Es geht bei einer solchen Evaluation nicht nur darum, Probleme anzusprechen. Es kann auch eine Form von Anerkennung und Belohnung für die Ehrenamtlichen sein, wenn sie über ihren Einsatz mit den Verantwortlichen der Organisation sprechen und diskutieren können. Der größte Teil der Freiwilligen setzt sich enorm ein und nur bei wenigen gibt es Probleme. Ein Evaluationsgespräch ist also oft eine Bestärkung der Ehrenamtlichen für ihren Einsatz und ein lobendes Wahrnehmen ihres Engagements.

Die Freiwilligen können sich in einem solchen Gespräch dazu äußern, wie sie sich fühlen. Es können Anzeichen von Überlastung angesprochen werden – oft führen Ehrenamtliche ihren Einsatz fort, weil sie sich der Sache verpflichtet fühlen, achten dabei aber nicht auf sich und brennen aus. In diesem Austausch kann auch erkannt werden, ob jemand noch mehr Verantwortung übernehmen will und evtl. Interesse an einem anderen Engagement hat, mit dem mehr Führungsaufgaben verbunden sind (vgl. McCurley et al., 2012, S. 282).

4.10.1 Durchführung einer Evaluation mit Freiwilligen

Bei der Evaluation geht es um drei verschiedene Schritte:

- die Vergangenheit zu reflektieren,
- die Gegenwart zu analysieren und
- die Zukunft zu planen.

(McCurley et al., 2012, S. 281)

Eine solche Bewertung des Engagements kann mit verschiedenen Methoden umgesetzt werden. Es kann z. B. ein Jahresgespräch sein, bei dem verschiedene Fragen des persönlichen Engagements besprochen werden, z. B., wie zufrieden sie mit dem aktuellen Einsatzfeld, mit der Zusammenarbeit mit anderen Ehrenamtlichen, mit Hauptamtlichen und mit dem Freiwilligenmanagement der Organisation sind. Auf der anderen Seite soll es auch darum gehen, wie der/die Freiwillige seine/ihre Aufgaben erfüllt, wie der Umgang mit den anderen Freiwilligen ist und ob die Einsatzstelle etwas Kritisches im Verhalten des/der Freiwilligen erkennen kann.

Bewertung per Fragebogen

Eine Bewertung kann auch mit einem Fragebogen erfolgen, der von den Freiwilligen in regelmäßigen Abständen ausgefüllt wird – wenn z. B. die Anzahl der Freiwilligen in der Organisation sehr hoch ist, sodass individuelle persönliche Gespräche zu viel Zeit beanspruchen würden. Das wichtigste Ziel ist aber, einen persönlichen Kontakt zum/zur Ehrenamtlichen zu haben, um den Einsatz zu verbessern und die notwendige Unterstützung dafür zu geben.

Fragen zur Orientierung können sein:

- Ist der/die Freiwillige in dem Einsatzfeld tätig, das er/sie sich wünscht?
- Ist der Stellenbeschreibung noch richtig und ist sie motivierend für den/die Freiwillige:n?
- Ist der/die Freiwillige zufrieden mit dem Engagement? Möchte er/sie etwas daran verändern?
- Fühlen sich die Engagierten in ihren Einsatz überfordert? Wird es ihnen zu viel?
- Gibt es neue Lebensumstände, die ein Engagement schwieriger machen, sodass weniger Zeit dafür zur Verfügung steht? Gibt es Änderungen im Leben des/der Ehrenamtlichen, die das Engagement erleichtern werden?
- Gibt es Wünsche für neue Inhalte bei den Fortbildungen?
- Gibt es Probleme im Kontakt mit anderen Freiwilligen, mit Hauptamtlichen oder Betroffenen, denen geholfen wird?
- Sieht der/die Freiwillige immer noch den Zusammenhang zwischen seinem/ihrem Einsatz und den Zielen und der Vision der Organisation?
- Hat der/die Freiwillige eine passende Anerkennung für das Engagement, das ausgeführt wurde, erhalten?
- Kann der/die Freiwillige von sich aus über bestimmte Dinge entscheiden? Und will er/sie das auch?
- Welche Veränderungen oder Verbesserungen wünschen sich die Freiwilligen, damit ihr Einsatz noch besser werden kann?
- Welche Ideen hat der/die Freiwillige für die Arbeit der Einsatzstelle insgesamt? Was sollte geändert werden? Welche Inhalte, Prozesse oder Methoden könnten neu eingeführt werden?

(vgl. McCurley et al., 2012, S. 283 f.)

Wesentliche Inhalte der Evaluation sollten schriftlich festgehalten werden, um dem/der Freiwilligen zu zeigen, dass ihre/seine Ideen und Vorstellungen berücksichtigt, wahrgenommen und evtl. auch umgesetzt werden. Nach Abschluss des Gesprächs sollten die Anregungen gemeinsam im Team oder in Gremien der Organisation diskutiert werden und entsprechende nächste Schritte für die Verbesserung des Einsatzes gemeinsam festgelegt werden.

Aus der Praxis: Fragebogen für die Evaluation und Bewertung des Engagements

Wenn es noch keinen festen Turnus für Evaluationsgespräche gibt, bietet ein kurzer Fragebogen der Einsatzstellen einen Überblick, wie das Engagement in der Organisation von den aktiven Freiwilligen bewertet wird.

Befragung zur Zufriedenheit der Freiwilligen

Bitte machen Sie einen Kreis um die Zahl, die mit ihrer Bewertung der Zufriedenheit übereinstimmt.

1 – bedeutet „stimme gar nicht zu" – 5 bedeutet „geht so" – 10 bedeutet „stimme vollkommen zu"

1. Insgesamt bin ich zufrieden als Freiwillige:r in der Organisation.

   1 2 3 4 5 6 7 8 9 10

2. Die Einsatzstelle kümmert sich um uns Freiwillige.

   1 2 3 4 5 6 7 8 9 10

3. Ich erhalte die Informationen, die ich für meine Aufgabe brauche.

   1 2 3 4 5 6 7 8 9 10

4. Der Verantwortliche für unser Einsatzfeld zeigt Anerkennung für das, was ich tue.

   1 2 3 4 5 6 7 8 9 10

5. Meine Stellenbeschreibung gibt wieder, was ich als Freiwillige:r tatsächlich tue.

   1 2 3 4 5 6 7 8 9 10

6. Ich habe die Schulung und Ausbildung erhalten, die ich für mein Engagement brauche.

   1 2 3 4 5 6 7 8 9 10

7. Ich fühle mich als Teil des Teams, um die Ziele der Organisation erreichen zu können.

   1 2 3 4 5 6 7 8 9 10

8. Freiwilligenmanager:innen kritisieren, wenn sich Freiwillige nicht entsprechend für die Betroffenen/die Sache einsetzen.

   1 2 3 4 5 6 7 8 9 10

9. Ich glaube, dass die Ziele und die Vision der Organisation auch Grundlage für die laufenden Entscheidungen der Verantwortlichen sind.

   1 2 3 4 5 6 7 8 9 10

10. Ich erhalte passende Angebote an Unterstützung und Fortbildung, sodass ich mich in meinem Engagement noch weiterentwickeln kann.

    1 2 3 4 5 6 7 8 9 10

11. Mein:e Freiwilligenmanager:in unterstützt mich dabei, die Ziele und die Vision der Organisation zu erkennen und zu verstehen.

    1 2 3 4 5 6 7 8 9 10

12. Ich habe vor, mich weiter in dieser Organisation zu engagieren.

    1 2 3 4 5 6 7 8 9 10

Sonstige Bemerkungen

(vgl. Lotich, S. 77)

5. Managementthemen in der Arbeit mit Freiwilligen

Beatrix Hertle

Freiwillige spenden eine sehr wertvolle Ressource – ihre Zeit. Wer mit ihnen zusammenarbeitet, trägt Verantwortung für eine gelingende, faire und wirkungsvolle Kooperation. In den vorgehenden Kapiteln wurden die zentralen Schritte erläutert, die Organisationen gehen müssen, um Freiwillige angemessen, dauerhaft und erfolgreich einzubinden.

Wenn sich eine Organisation für strategisches Freiwilligenmanagement entscheidet, dann entscheidet sie sich für eine grundlegende Ausrichtung aller Bereiche in der Zusammenarbeit mit den Freiwilligen (siehe hierzu auch Kapitel 4.2 „Die Organisation vorbereiten").

Leitbildung und Mission als Basis

Das wird vor allem dadurch gewährleistet, wenn sich die Zusammenarbeit mit Engagierten auch im Leitbild bzw. der Mission einer Organisation wiederfindet: Der Einsatz von Freiwilligen wird so immer mitgedacht und mitgeplant. In der Regel geht es dann im Leitbild vor allem um die gleichwertige Zusammenarbeit zwischen hauptamtlichen und ehrenamtlichen Mitarbeitenden, dem gemeinschaftlichen Ansatz und der Zusammenarbeit der verschiedenen Akteure, den Formen der Qualifizierung und Anerkennung und auch der Verankerung das freiwilligen Engagements, das auf seinen grundlegenden Werten wie Menschlichkeit, Solidarität und Nächstenliebe beruht. Beispiele für die Verankerung im Leitbild finden sich bei der Bundesarbeitsgemeinschaft der Freiwilligenagenturen e. V. (bagfa), der Landesarbeitsgemeinschaft der Freiwilligenagenturen e. V. Bayern (lagfa bayern) und anderen Infrastruktureinrichtungen des Bürgerschaftlichen Engagements z. B. dem Landesnetzwerk für Bürgerschaftliches Engagement (LBE), aber auch bei den großen Wohlfahrtsverbänden wie der Caritas, der Diakonie, dem Roten Kreuz und dem Paritätischen Wohlfahrtsverband.

Damit die im Leitbild formulierten Ansprüche in der Zusammenarbeit mit Freiwilligen nicht nur Absichtserklärungen bleiben, müssen sie sich in konkreten Managementaufgaben niederschlagen. Die zentralen Managementthemen in Freiwilligenorganisationen umfassen ein breites Spektrum von strategischen bis hin zu operativen Aufgaben.

Die strategischen Aspekte der Freiwilligenarbeit legen das Fundament für eine erfolgreiche und nachhaltige Einbindung von Freiwilligen. Sie stellen sicher, dass das freiwillige Engagement mit den übergeordneten Zielen der Organisation im Einklang steht und einen echten Mehrwert schafft.

Die operativen Aspekte der Freiwilligenarbeit konzentrieren sich auf die praktische Umsetzung und das tägliche Management der Freiwilligen. Sie stellen sicher, dass die Freiwilligen effizient eingesetzt werden und sich in ihrer Rolle wohlfühlen. Diese Aspekte bilden sich im Engagementzyklus ab (siehe Kapitel 4.1).

Professionell arbeiten

Der Erfolg einer Freiwilligenorganisation hängt also maßgeblich davon ab, wie professionell diese verschiedenen Managementbereiche gestaltet und umgesetzt werden. Dabei ist es wichtig, dass alle Prozesse aufeinander abgestimmt sind und eine kohärente Strategie verfolgen, die sowohl die Bedürfnisse der Freiwilligen als auch die Ziele der Organisation berücksichtigt.

Im Folgenden werden die strategischen Managementfelder beschrieben, die für das erfolgreiche Führen und Steuern von Organisationen im gemeinnützigen, ehrenamtlichen oder zivilgesellschaftlichen Sektor notwendig sind. Sie beinhalten klassische Managementfunktionen wie Finanz- und Projektmanagement als auch spezifische Themen wie Qualitätssicherung, Öffentlichkeitsarbeit und die Gestaltung von Netzwerken.

5.1 Projektmanagement im Bürgerschaftlichen Engagement

Beatrix Hertle

Projektarbeit gilt als eine Kernaufgabe von Freiwilligenmanager:innen. Freiwillige kommen mit eigenen Projektideen, die sie gerne umsetzen würden, Förderinstitutionen wie z. B. Stiftungen vergeben vornehmlich Mittel für Projekte und bei Wettbewerben werden erfolgreich durchgeführte Projekte prämiert. Somit gehört das Wissen darüber, wie man Projekte plant, umsetzt und nach deren Erfolg bemisst, zentral zur Qualifikation von Freiwilligenmanager:innen.

Projektbezogenes Engagement als Zukunftsmodell

Für klar beschriebene Projekte lassen sich leichter engagierte Freiwillige finden. Auch im Freiwilligensurvey 2019 wird mehrfach darauf eingegangen, warum Menschen sich vor allem „projektbezogen" oder in eher „zeitlich begrenzten" Formen freiwillig engagieren. Die zentrale Begründung laut Freiwilligensurvey liegt hier im gesellschaftlichen Wandel und den veränderten Lebensrealitäten vieler Menschen, insbesondere:

- zeitliche Flexibilität, die von vielen Bürger:innen gewünscht wird
- veränderte Lebensstile und Engagementformen, was eher zu einem spontanen Engagement außerhalb etablierter Strukturen führt
- Wandel zivilgesellschaftlicher Organisationen, sodass projektbezogene Mitarbeit mit weniger festen Strukturen begünstigt wird

Im Folgenden wird erläutert, wie man ein Projekt zu anderen Tätigkeiten im Engagement abgrenzt und in die Organisation einbettet, wie man (idealerweise gemeinsam mit Freiwilligen) eine Projektidee entwickelt, wie man einen klaren Projektplan erarbeitet, welche Schritte es in der Umsetzung braucht, wie man Zielgruppen definiert und was man über die Relevanz von Stakeholdern wissen sollte. Außerdem wird darauf eingegangen, wie man mit Schwierigkeiten und Hürden während des Projekts umgeht, wie man Wirkung misst und auch, wie man ein Projekt abschließt.

5.1.1 Welche Freiwilligen sind an Projektarbeit besonders interessiert?

In der Aufbauphase von Projekten sind besonders die Freiwilligen zu finden, die gerne aufbauen und ein hohes Maß an Gestaltungwillen mitbringen. Längerfristig braucht es aber auch Engagierte, die einen langen Atem haben, um die Kontinuität in Projekten zu sichern (vgl. Reifenhäuser, 2013, S. 73).

Durch die meist klare zeitliche Begrenzung ist ein Projekt für Engagementinteressierte überschaubar und nimmt in der Regel auch die Sorge, sich zeitlich und auch emotional zu übernehmen. Befristete Projekte erleichtern den Einstieg und senken die Schwelle sich zu engagieren deutlich.

Projektarbeit passt oft zu bestimmten Lebensphasen – sei es nach dem Schulabschluss, während einer Ausbildung oder im Studium. Auch der Ruhestand kann eine Möglichkeit sein, sich in Projekten zu engagieren, für die man vorher keine Zeit gefunden hat, aber bei denen man noch nicht weiß, ob man sich auch dauerhaft binden will (vgl. BMEL, 2025).

Eine klare Projektbeschreibung erleichtert Interessierten oft auch den Zugang in ein Engagement, da man Neues ausprobieren kann. Durch die klar definierten Ziele und den festen Zeitrahmen sind Sinn und Wirkung des Engagements schnell zu erkennen.

Definition von Projektarbeit

Im Kontext des freiwilligen Engagements lässt sich ein Projekt als eine zielgerichtete, zeitlich begrenzte Initiative verstehen, die gemeinschaftlich und strukturiert umgesetzt wird, um gesellschaftliche Herausforderungen zu bewältigen und positive Veränderungen zu bewirken. Diese Definition berücksichtigt die besonderen Merkmale und Anforderungen von Projekten im Engagementbereich, die durch partizipative Elemente, Inklusivität und nachhaltige Wirkung gekennzeichnet sind (vgl. Freiwilligensurvey 2019).

Besondere Merkmale von Projekten:

- Zielorientierung und zeitliche Begrenzung
- partizipative Gestaltung und Mitbestimmung
- inklusiv und vielfältig

Aber auch wenn die zeitliche Befristung in der Projektarbeit eine zentrale und durchaus für viele attraktive Rolle spielt – ein Projekt im freiwilligen Engagement ist mehr als nur eine temporäre Initiative. Es ist ein strukturiertes, partizipatives Vorhaben, das darauf abzielt, gesellschaftliche Teilhabe zu fördern und positive Veränderungen zu bewirken. Die zeitliche Begrenzung, die klare Zielorientierung und flexible Strukturen machen Projekte besonders geeignet für zeitgemäßes freiwilliges Engagement, das zunehmend durch Kurzfristigkeit, Flexibilität und dem Wunsch nach unmittelbarer Wirksamkeit gekennzeichnet ist.

Neue Herausforderungen, neue Zielgruppen

Der projektbasierte Ansatz ermöglicht es zudem, auf aktuelle gesellschaftliche Herausforderungen schnell und zielgerichtet zu reagieren und neue Zielgruppen für das Engagement zu gewinnen. Indem Projekte verschiedene Akteur:innen zusammenbringen, Vielfalt fördern und auf Teilhabe ausgerichtet sind, können sie als Katalysatoren für gesellschaftlichen Wandel und als Experimentierfelder für neue Formen des Engagements dienen.

Checkliste „Projektplanung“:

- Passt Projektarbeit in meine Organisation?
- Gibt es jemanden, der sich hauptverantwortlich für die Projektplanung und -umsetzung zeigt?
- Wie ist das Projekt in eine größere Organisation (Träger) eingebunden?
- Schaffen wir es, das Projekt ggf. zu verlängern, sollte es sehr erfolgreich sein?

Bei Letzterem ist oft der finanzielle Aspekt und die Weiterförderung entscheidend.

Checkliste 4: Projektplanung (eigene Darstellung)

Fallstricke in der Projektarbeit

Aber Projektarbeit birgt auch gewissen Tücken und Hindernisse. Die Organsationsentwickler:innen von phineo haben diese in knapper Form zusammengefasst:

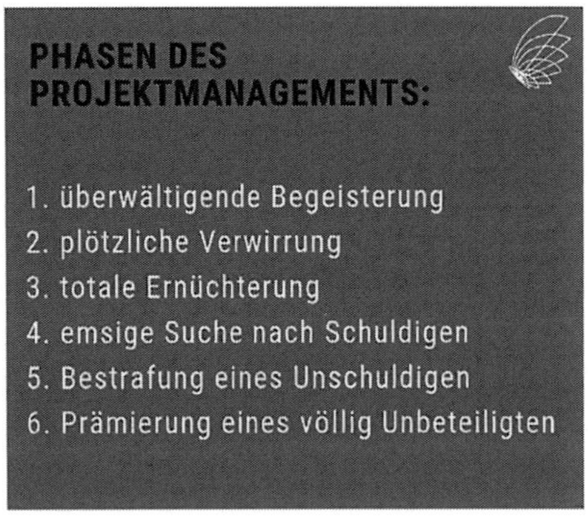

Abbildung 7: Phasen des Projektmanagements (Darstellung Phineo)

Um die dargestellten Fallstricke zu vermeiden, braucht es jemanden, der den Projektablauf stets im Blick hat. Entweder ist dies der/die Freiwilligenmanager:in selbst oder es gibt Verantwortliche hierfür im Projektteam.

5.1.2 Schritte zum erfolgreichen Projekt

Von der Idee zum Projektplan – welche kreativen Wege machen Spaß und eignen sich für freiwillig Engagierte besonders?

Im Engagement steht der Spaß für viele ganz oben. Da die Motivation in Projekten eine zentrale Rolle spielt, sollte bereits die Projektentwicklung in einem angenehmen, motivierenden Rahmen stattfinden. Wenn Engagierte von Beginn an in die Ideen, Projektentwicklung und Zieldefinition mit einbezogen sind, fällt es deutlich einfacher, sich damit zu identifizieren, und die persönliche Motivation, zum Erfolg des Projekts beizutragen, ist deutlich höher.

Methoden zur Ideenfindung

Bei der Ideenfindung, in der alle Beteiligten möglichst gut einbezogen werden, sollte man auf kreative, ggf. spielerische Methoden zurückgreifen. Beispiele dafür sind:

1. **Brainstormingsessions:** Unzensiertes Sammeln von Ideen in der Gruppe – gesammelt auf einer Pinnwand oder online auf einem Whiteboard – anschließend werden die Ergebnisse geclustert, priorisiert. Daraus kann sich dann die Projektidee konkretisieren.
2. **World Café:** Wechselnde Kleingruppen diskutieren verschiedene Aspekte einer Fragestellung.
3. **Design Thinking:** nutzerorientierter Ansatz zur Entwicklung innovativer Lösungen
4. **Zukunftswerkstatt:** dreiphasiges Vorgehen (Kritik – Utopie – Realisierung)

Bei all diesen Methoden ist eine wertschätzende Atmosphäre wichtig, in der auch unkonventionelle oder abwegige Ideen geäußert werden können. Es sollten alle Ideen wertfrei gesammelt werden, die aus diesen Prozessen entstehen, und man kann diese ruhig etwas ruhen lassen. Nach einigen Tagen prüft man noch mal die Notizen und ergänzt sie eventuell durch neue Aspekte.

Zentrale Fragestellungen bei der Entwicklung von Projektideen

Bei der Entwicklung von Projektideen sollten die spezifischen Stärken, Interessen und Kompetenzen der Freiwilligen aktiv berücksichtiget werden:

- Welche Zielgruppe liegt den Beteiligten besonders am Herzen? Wo sehen Sie gesellschaftliche Bedarfe?
- Welche Kenntnisse und welches Netzwerk haben Sie vielleicht bereits, um Ihr Engagement erfolgreicher zu gestalten?
- Bei welchen Themen haben Sie es vielleicht leichter, weitere Mitstreiter zu finden, die sich ebenfalls engagieren wollen?

Plausibilitäts- und Bedarfsprüfung von Projektideen

Nicht jede Projektidee ist auch umsetzbar bzw. nicht für jede der Bedarf vorhanden. Daher muss jede Idee auch einer Plausibilitätsprüfung standhalten. Folgende einfachen Fragen können eine erste Orientierung für die **Prüfung einer Projektidee** darstellen:

- Welches Problem soll gelöst werden?
- Was ist der zeitliche Aufwand, um dieses Projekt umzusetzen?
- Was ist der personelle Aufwand?
- Wie attraktiv ist das Projekt für Engagierte?
- Was ist der geschätzte Nutzen für die Zielgruppe? Für die Gesellschaft?
- Was ist der strategische Nutzen für die Organisation?
- Welchen Innovationsgrad hat das Projekt?
- Was wird der finanzielle Aufwand sein?
- Wie schätzt man die Realisierungschancen ein?
- Wie messen wir die Wirkung des Projekts?
- Gibt es hier evtl. schon ein ähnliches Projekt? Wenn ja, wo?

Darstellung in einer SWOT-Analyse

Als Methode eignet sich hier z. B. die SWOT-Analyse. In einer SWOT-Analyse werden Stärken (Strengths), Schwächen (Weaknesses), Chancen (Opportunities) und Risiken (Threats) in Bezug auf die spezifischen Herausforderungen und Potenziale eines Engagementprojekts herausgearbeitet. So werden die internen Faktoren (Stärken und Schwächen) mit externen Faktoren (Chancen und Risiken) in Verbindung gesetzt (vgl. Seyhan, 2021, S. 5).

Diese systematische Herangehensweise hilft:

- **Stärken zu identifizieren:** z. B. engagierte Teams, vorhandene Netzwerkpartnerschaften und spezifisches Fachwissen
- **Schwächen zu erkennen:** z. B. begrenzte Ressourcen, kleine Teams oder unklare Aufgabenverteilungen
- **Chancen zu nutzen:** neue Einsatzgebiete für Freiwillige oder neue Bedarfslage
- **Risiken zu minimieren:** z. B. zu hohe Erwartung aus dem Umfeld, mangelnde Unterstützung von Entscheidungsträgern, z. B. in der Kommune/Verwaltung

Man sollte hier stets im Hinterkopf behalten: Stärken und Schwachen kann man selbst beeinflussen, Chancen und Risiken sind von außen meist vorgegeben.

5.1.3 Definition von Projektzielen

Der nächste Schritt nach der Projektidee ist die Formulierung des Projektziels. Was soll mit dem Projekt erreicht werden? Welcher Zustand, welche Situation sollte sich verändern?

Oft orientieren sich Projektziele an Defiziten (dieses oder jenes sollte nicht mehr passieren) – viel hilfreicher ist es jedoch, konkrete Zielzustände zu formulieren, das gibt allen Beteiligten gleichermaßen Orientierung und macht die Ziele auch überprüfbar.

Ziele mit der SMART-Methode definieren

Als hilfreich hat es sich herausgestellt, die Ziele nach der SMART-Methode zu definieren.

Ein Projektziel nach den SMART-Kriterien zu formulieren, bedeutet, es so zu gestalten, dass es folgende fünf Eigenschaften erfüllt (vgl. dazu Phineo, 2021): **S** (spezifisch) – **M** (messbar) – **A** (akzeptiert) – **R** (realistisch) – **T** (terminiert)

- **spezifisch** – Das Ziel muss eindeutig und präzise formuliert sein. Es sollte klar benennen, was erreicht werden soll, bei wem die Wirkung eintreten soll und wie sich diese Wirkung zeigt.
- **messbar** – Es muss möglich sein, den Fortschritt und die Zielerreichung mit geeigneten Indikatoren zu überprüfen. Das können quantitative Daten (z. B. Anzahl Teilnehmer) oder qualitative Informationen (z. B. Veränderungen in Verhalten oder Einstellungen) sein.
- **akzeptiert** – Das Ziel sollte von allen relevanten Beteiligten (z. B. Projektteam, Zielgruppe, Förderpartner:innen) mitgetragen werden. Partizipation bei der Zielfindung fördert die Identifikation und Motivation.
- **realistisch** – Das Ziel muss erreichbar sein – also ambitioniert, aber machbar, unter Berücksichtigung der vorhandenen Ressourcen und Rahmenbedingungen.
- **terminiert** – Es sollte ein Zeitrahmen definiert sein, bis wann das Ziel erreicht sein soll. Das schafft Verbindlichkeit und Orientierung – auch wenn nicht immer ein genaues Datum sinnvoll ist.

Gute Zielformulierungen

Ein gutes Ziel nennt die Zielgruppe am Anfang, beschreibt einen positiven Zustand, ist aktiv formuliert und lässt sich überprüfen. Für den Aufbau einer Nachbarschaftshilfe könnte ein konkretes Ziel, das vor allem jüngere Engagierte ansprechen soll folgendermaßen lauten:

„Bis zum 31.12.20XX engagieren sich mindestens 15 junge Menschen unter 35 Jahren regelmäßig als Freiwillige, um mindestens 30 Senior:innen in der Nachbarschaft regelmäßig zu besuchen und bei täglichen Herausforderungen wie Einkäufen, Behördengängen oder technischen Fragen zu unterstützen. Jede:r Freiwillige übernimmt dabei mindestens zwei konkrete Hilfseinsätze pro Monat, die durch das Projektteam dokumentiert und evaluiert werden."

5.1.4 Zielgruppe festlegen/Stakeholder definieren

Wen wollen wir mit dem Projekt erreichen? Wer soll davon profitieren? Wen wollen wir unterstützen? Wenn man sich diese Fragen stellt, kommt man auf die konkrete Zielgruppe. Alle in der Freiwilligenkoordination Tätigen müssen sich darauf achten, wen sie nun als Kern-Zielgruppe definieren. Man muss sich darüber klar sein, dass Freiwillige selbst nicht die Zielgruppe hier sind, sondern sie tragen maßgeblich zur Umsetzung des Projekts bei.

Je besser man die Zielgruppe definiert und eingrenzt, umso einfacher wird es auch, die passenden Maßnahmen mit den Freiwilligen zu planen.

- Welche **soziodemographischen Faktoren** wie Geschlecht, Alter, Einkommen, Familienstand und Schulbildung spielen eine Rolle?
- Ist die **geografische Einordnung** wichtig, wie z. B. Stadtteil, Landkreis, Region?
- Sollten sie bestimmte **Fähigkeiten, Kompetenzen und Interessen** mitbringen?
- Welche **Wünsche, Hoffnungen, Entwicklungsmöglichkeiten** haben sie?

Hilfreich kann hier sein, Personas zu definieren. So wird die Zielgruppe greifbarer für alle. Eine Persona ist in der Regel eine fiktive, aber realistisch dargestellte Person, die stellvertretend für eine Zielgruppe steht. Die Methode wird in Kapitel 4.3 „Freiwillige gewinnen" näher beschrieben.

Stakeholder ermitteln

Ebenso ist es notwendig die konkreten Stakeholder zu benennen: Wen brauchen wir für eine erfolgreiche Umsetzung? Wer hat Interesse an der Umsetzung der Projektidee bzw. am Ergebnis?

Die Stakeholder findet man am einfachsten dadurch heraus, indem man sich fragt: „Wer ist von dem Projekt betroffen?" Im Brainstorming kann man die Stakeholder identifizieren. Stakeholder sind in der Regel:

- potenziell engagierte/interessierte Freiwillige
- organisations-/vereinsinterne Ansprechpartner (Vereinsvorstand, Trägerorganisation)
- Förderer/Geldgeber
- Kooperationspartner/andere Organisationen
- Anwohner:innen
- Medien
- politische Entscheidungsträger/Behörden

Je nachdem, welchen Einfluss die Stakeholder auf den Erfolg oder das Gelingen eines Projekts haben, sollte man sich eine eigene Strategie überlegen, wie diese in ein Projekt miteingebunden werden können, ggf. kann die Verantwortung hierfür auf mehrere Personen aufgeteilt werden.

5.1.5 Umsetzungsschritte planen: Meilensteine festlegen/Zeitplan/Zwischenschritte

Nach der Phase der Definition des Projektziels, der Zielgruppen und der Stakeholder geht es nun im nächsten Schritt darum, die Umsetzung des Projekts konkret zu planen, sodass am Ende der gewünschte Output, das gewünschte Ergebnis erreicht wird.

Hier hilft es, sich Zwischenziele (sogenannten Meilensteine) vorzunehmen, dies vereinfacht die Planung, gibt Struktur, hilft bei der Erfolgskontrolle und bei der Überprüfung, ob man noch auf dem richtigen Weg ist, oder ob man etwas anpassen muss. Ein guter Maßnahmenplan ist klar strukturiert, transparent und motivierend gestaltet. Er listet die notwendigen Aufgaben und Arbeitsschritte, die Meilensteine selbst, die Verantwortlichkeiten, den Zeitplan mit Deadlines und ggf. die notwendigen Tools zur Zusammenarbeit und Dokumentation auf.

Tipp: Ein Maßnahmenplan kann als Tabelle (siehe unten) oder in einem digitalen Tool gepflegt werden, das allen Beteiligten zugänglich ist. Regelmäßige kurze Abstimmungen (z. B. wöchentliche Onlinemeetings) helfen, den Plan aktuell zu halten und auf Probleme schnell zu reagieren.

Digitale Tools können die Planung in Projekten erheblich vereinfachen. Voraussetzung ist hier allerdings immer, dass die Engagierten die Tools nutzen können und wollen. Sie sollten stets kostenfrei und DGSVO-konform sein. Beispiele hierfür sind:

Kommunikation: E-Mails, Signal, Threema

Projektmanagement: Slack, Trello, Conceptboard, Excel-Liste

Abstimmung: Nuudel

Kreativarbeit: Canva (für Grafiken), Miro (für Brainstorming), Mural

Feedback: Lamapoll, SurveyMonkey

Einen umfassenden Überblick über mögliche Tools und deren Anwendung speziell für den Engagementbereich gibt die Webseite des Projekts www.digital-vereint.de

Ein Beispiel für einen konkreten **Maßnahmenplan** kann wie folgt aussehen:

Meilenstein	Aufgabe	Verantwortlich	Deadline	Tool/Material
Projektstart	Kick-off-Meeting organisieren	Projektleitung	01.05.20XX	Zoom, Protokollvorlage
Teamzusammenstellung	Freiwillige rekrutieren und einteilen	Projektleitung	15.06.20XX	Nuudel, Excel
Planung	Workshop zur Aufgabenverteilung	alle	01.08.20XX	Miro, Whiteboard
Öffentlichkeitsarbeit	Flyer und Social-Media-Beiträge erstellen	PR-Team	01.09.20XX	Canva, Social-Media-Kanäle
Durchführung	Aktionen durchführen	alle	01.06.20XX	Chatgruppen, Checklisten
Abschluss	Feedback einholen und auswerten	Projektleitung	01.07.20XX	Google Forms, Auswertung
Dokumentation	Ergebnisse und Fotos sammeln	Doku-Team	30.09.20XX	Google Drive, Fotogalerie

Tabelle 7: Beispiel für einen konkreten Maßnahmenplan (eigene Darstellung)

5.1.6 Wirkungsmessung

Wirkungsmessung hilft zu überprüfen, ob das gesetzte Ziel erreicht wird, worin die Stärken und die Schwächen des Projekts liegen, wie man das Projekt intern weiterentwickeln kann. So können Projekte laufend verbessert und sinnvoll gesteuert werden. Wirkungsmessung spielt zunehmend für die Rechenschaft gegenüber Förderern eine Rolle, die ein verstärktes Interesse daran haben, zu erfahren, ob man eine Veränderung bei der Zielgruppe/einen gesellschaftlichen Impact erreicht. Im Kapitel 5.3.4 wird anhand eines Praxistipps noch einmal genauer auf die Wirkungsmessung eingegangen.

Eine mittlerweile recht etablierte Form der Wirkungsmessung wurde von der gemeinnützigen Plattform Phineo (www.phineo.org) entwickelt. Hier wird dargestellt, wie man im Projekt vom Engagement selbst – also der reinen Aktivität selbst hin zur gewünschten gesellschaftlichen Veränderung kommt.

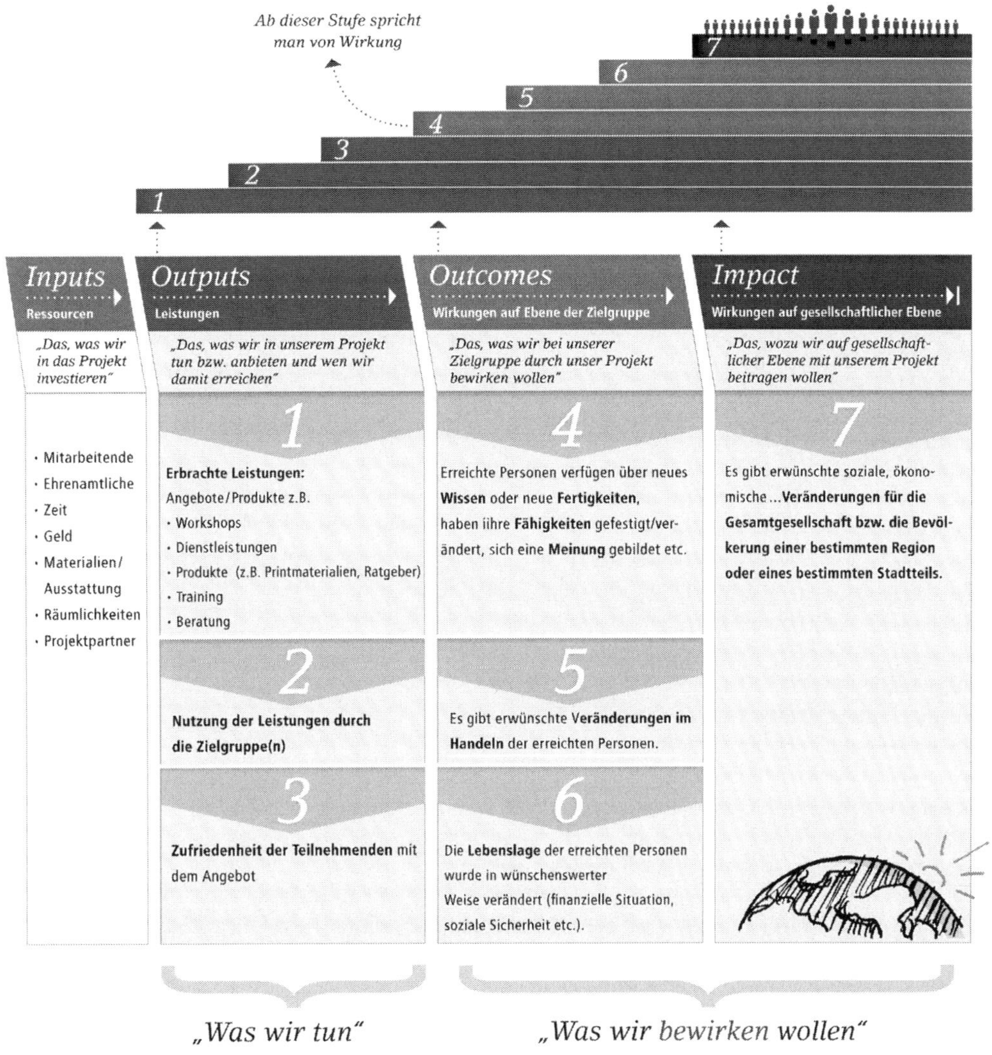

Abbildung 8: Wirkungstreppe (Phineo, 2021, Kursbuch Wirkung, S. 5)

5.2 Finanzierung im Freiwilligenmanagement

Beatrix Hertle

Für erfolgreiche Programme und Projekte im Engagementsektor ist das Wissen über Finanzplanung, -sicherung, -steuerung und Mittelakquise von Beginn an von zentraler Bedeutung. Viele Engagementprojekte verbindet die oft sehr prekäre Finanzierunglage. Die finanzielle Grundlage vieler dieser Projekte sind meist einmalige Förderungen, Spenden oder andere nicht langfristige Zuwendungen. In den seltensten Fällen liegen dauerhaft angelegte und auf Dauer gesicherte Geldströme dahinter, z. B. durch die öffentliche Hand oder aus einer dauerhaften Unterstützung von Stiftungen oder Dauerspendern.

Einsatzplanung

So gehört nicht nur die Planung des Einsatzes und die Akquise von Ressourcen zum möglichen Aufgabenportfolio der Freiwilligenkoordination, auch die laufende Überprüfung der entstehenden Kosten und der Geldfluss von Einnahmen sind zentral, um Engagementprojekte und Freiwilligenprogramme erfolgreich zu führen. Vor allem bei kleinen Initiativen oder Trägern liegt diese Aufgabe häufig in den Händen der hauptamtlichen Freiwilligenkoordination.

Im folgenden Kapitel wird neben dem Aufbau eines vollständigen Kosten- und Budgetplans für Engagementprojekte auch darauf eingegangen, auf welche Finanzquellen Freiwilligenmanger:innen zurückgreifen können und wie sie auch das Thema Fundraising gemeinsam mit Freiwilligen angehen können.

5.2.1 Finanz- und Budgetplanung

Der Finanz- und Budgetplan wird idealerweise meist parallel zur konkreten Programm- bzw. Projektplanung erstellt. Er gibt nicht nur Orientierung bei der Projektkonzeption und hilft, fundierte Entscheidungen zu treffen, er informiert auch laufend über den aktuellen Stand, ermöglicht souverän mit notwendigen Änderungen umzugehen und ggf. neue Schwerpunkte in der Projektarbeit zu setzen oder die Prioritäten zu verschieben. Die Beschäftigung mit dem Finanzplan kann aber auch motivierend sein, wenn es darum geht, neue Mittel zu akquirieren, oder man erkennt, dass man in einem gut laufenden Projekt bei manchen Positionen Geld gespart hat, das sinnvoll an anderer Stelle eingesetzt werden kann und den Projekterfolg noch ausweitet.

Durch die häufig befristeten Projekte spricht man meist von einer kurzfristigen Finanzplanung. So geht es hier für die Freiwilligenkoordination primär darum, die Liquidität innerhalb des Projekts zu sichern und weniger darum, das Kapital einer Organisation langfristig aufzubauen. Auf Letzteres wird daher im Folgenden auch nicht eingegangen (vgl. Schnurbein, 2023, S. 100).

Kostenplanung/ Ausgaben

Bei der **Kostenplanung** stellt man sich zu Beginn die sehr simplen Fragen: Wie viel Geld brauchen wir wofür? Welche Zahlen haben wir bereits? Wo benötigen wir Annahmen? Wichtig ist hier, realistisch zu bleiben, schätzen zu lernen und seine Erkenntnisse von Jahr zu Jahr zu erweitern.

Folgende Positionen tauchen in der Regel in Kostenplänen im Bereich der Freiwilligenkoordination auf:

Personalkosten

Die Kalkulation der einzusetzenden **Personalstunden** hängt von mehreren Faktoren ab:

- notwendige Qualifikation für die verantwortliche hauptamtliche Projektleitung und eventuelle Eingruppierung in einem Tarif

- Verhältnis der zu begleitenden Freiwilligen und des hauptamtlichen Personals
- der angesetzte Stundenanteil für die Freiwilligenkoordination
- voraussichtliche Lohnerhöhungen, z. B. Tarifsteigerungen
- weiteres Personal entsprechend, z. B. anteilig für die Verwaltungsaufgaben

EXKURS: Personalstunden für die Koordinierung von Ehrenamtlichen

Beatrix Hertle

Eine zentrale Frage, die im Freiwilligenmanagement immer wieder auftaucht: Wie viele Personalstunden brauchen hauptamtliche Freiwilligenmanager:innen, um adäquat eine bestimmte Anzahl an freiwilligen Engagierten zu begleiten?

Für Organisationen, die eine angemessene Ressourcenzuteilung für die Ehrenamtskoordination planen, empfiehlt sich ein individueller Ansatz, der die spezifischen Bedingungen des jeweiligen Engagements berücksichtigt. Dabei sollten Faktoren wie die Anzahl der Engagierten, die Komplexität ihrer Aufgaben, der Betreuungs- und Qualifizierungsbedarf sowie die organisationsspezifischen Strukturen einbezogen werden. So wird z. B. bei Patenschaftsprojekten oder in der Hospizarbeit eine deutliche intensivere Begleitung nötig sein als bei anderen Engagementprojekten, bei denen z. B. weniger Schulung, keine Supervision oder kaum Gesprächsbedarf notwendig ist. Es gibt auch Freiwilligenprojekte, bei denen die Engagierten einen sehr großen Grad an Selbstorganisation besitzen und vieles selbstverantwortlich planen und durchführen können und wollen.

Statt nach einer pauschalen Formel zu suchen, ist also ein prozessorientierter Ansatz sinnvoll, bei dem zunächst die konkreten Aufgaben der Freiwilligenkoordination definiert werden und dann der dafür erforderliche Zeitaufwand geschätzt wird. Diese Schätzung könnte dann in Relation zur Anzahl der Ehrenamtlichen gesetzt werden, um ein für die jeweilige Organisation passendes Verhältnis zu ermitteln.

Die Realität in Engagementprojekten zeigt, dass das Verhältnis hauptamtlicher Personalstunden in Bezug auf zu koordinierende Freiwillige noch wenig erforscht ist. Eine im Jahr 2023 durchgeführte Pilotstudie von Prof. Dr. Rosenkranz zum Freiwilligenmanagement zeigt, dass „diejenigen, die Engagierte vor Ort durch die Koordination direkt unterstützen, [...] im Durchschnitt für fast 200 Engagierte zuständig sind, wobei sich diese Anzahl auf alle Engagierten bezieht, die generelles Engagement zeigen, die Anzahl der Aktiven zu einem bestimmten Stichtag kann deutlich niedriger ausfallen" (vgl. Rosenkranz u. a., 2023, S. 20).

Miete/Betriebskosten für Räumlichkeiten

Hier könnte man sich folgende Fragen stellen: Müssen **Miete/Betriebskosten** (anteilig) einberechnet werden? Ist eine Mietsteigerung innerhalb des Kalkulationszeitraums zu erwarten? Kann man sich die Miete eventuell mit jemandem teilen? Gibt es Räume, die kostenfrei genutzt werden können?

Kosten für Kommunikation/Öffentlichkeitsarbeit

Zielgruppengerechte Kommunikationsmaßnahmen sind oft ein wesentlicher Faktor in der Koordination von Freiwilligen. Diese können beinhalten: Druckmaterialien gestalten und verteilen, Anzeigen schalten, Newsletter erstellen, eine digitale Plattform für den Austausch innerhalb der Gruppe oder eine Social-Media-Kampagne planen und platzieren, die eigene Webseite informativ gestalten etc.

Reisekosten für Hauptamtliche und Freiwillige

Fahrtkosten sollten nicht nur hauptamtlichem Personal, sondern auch den freiwillig Engagierten stets erstattet werden. In der Regel hängt hier die Kalkulation auch von der notwendigen Fahrstrecke ab. Eine Orientierung gibt in der Regel das Reisekostengesetz der jeweiligen Bundesländer.

Qualifizierung

Zentral für den Einsatz von Engagierten ist, diese auf ihre Aufgaben gut vorzubereiten. Auch der Freiwilligensurvey zeigt, **Fortbildungen** sind für Engagierte nicht nur zentral, um die Aufgabe gut zu bewältigen, sondern viele empfinden dies auch als Anerkennung (vgl. Simonson et al., 2023).

Für allgemeinere Themen, wie z. B. Projektplanung oder versicherungsrechtliche Fragen, gibt viele Möglichkeiten für Engagierte, sich kostenlos weiterzubilden.

Tipp: Kostenfreie bzw. günstige Qualifizierungsmöglichkeiten finden Ehrenamtliche auch bei der lokalen Freiwilligenagentur, beim Landesnetzwerk für Bürgerschaftliches Engagement (LBE) www.ehrenamt.bayern.de, bei der Deutschen Stiftung für Engagement und Ehrenamt (www.d-s-e-e.de) und der lagfa bayern (www.lagfa-bayern.de). Für Digitalisierungsfragen gibt es in Bayern die Angebote von digital-vereint.de.

Kosten für Anerkennung

Dank und Wertschätzung auszudrücken, zählt zu den Herzstücken jeder erfolgreichen Begleitung von Freiwilligen und sollte immer im Budget miterfasst werden. Welche Formen der Anerkennung für Engagierte möglich und passend sind, wird in Kapitel 4.8 beschrieben.

Hierzu zählen neben Verbrauchsmaterialien wie Druckerpatronen und Papier ggf. auch die Ausstattung mit Hard- und Software, Lizenzen bzw. IT-Support generell.

Notwendige Versicherungen

Um Engagierte in ihrem Einsatz passend abzusichern, ist es notwendig, dass der Träger, bei dem das Engagement stattfindet, folgende Versicherungen abschließt: gesetzliche Unfallversicherung, Vereinshaftpflichtversicherung (manche Police von Privatpersonen schließt ehrenamtliches Engagement mit ein – dies muss individuell geklärt werden). Weitere Informationen geben hierzu auch die Verbraucherzentralen und Informationsportale wie das Ehrenamtsportal Bayern des Landesnetzwerks für Bürgerschaftliches Engagement.

Auslagenersatz

Alle Kosten, die freiwillige Engagierten in ihrem Engagement entstehen, seien es Fahrtkosten, Bürokosten, Fortbildungskosten etc., sollten von der Trägerorganisation übernommen werden. Man kann dies nach den tatsächlich anfallenden Kosten (jeder Beleg wird einzeln abgerechnet) budgetieren oder man bedient sich Pauschalen, die durch den Gesetzgeber ermöglicht werden: die Ehrenamts- bzw. Übungsleiterpauschale.

Ehrenamtspauschale

Die Ehrenamtspauschale ermöglicht eine pauschale Aufwandsentschädigung für ehrenamtlich tätige Personen in Höhe von 840 Euro (Stand 2025). Dieser Betrag ist steuerfrei (§ 3 Nr. 26 a EStG). So kann man relativ unbürokratisch entstandene Kosten pauschale erstatten.

Übungsleiterpauschale

Im gemeinnützigen Bereich sind Vergütungen für bestimmte nebenberufliche Tätigkeiten bis maximal 3000 Euro (Stand 2025) steuerfrei, dies ist auch unter dem Namen *steu-*

erfreie pauschale Aufwandsentschädigung/Übungsleiterfreibetrag bekannt. Hier darf es sich allerdings nur um Tätigkeiten mit pädagogischer Ausrichtung handeln: „Zu den begünstigten Tätigkeiten zählen z. B. Altenbetreuung, Behindertenpflege, Leitung einer Arbeitsgemeinschaft, Chorleitung, Dirigieren, Jugendgruppenleitung, Jugendwart, Kinder- und Krankenbetreuung, Lehrtätigkeit, Mannschaftsbetreuung, Mentortätigkeit, Mütterberatung, Pferdetraining, Prüfungsausschusstätigkeit, Übungsleiter, Ausbildung, Schwimmlehrer, Trainer, Vortragstätigkeiten" (Vereinswiki).

5.2.2 Finanzierung – Einnahmen planen

Die Finanzen im Blick

Die Einnahmenseite zu planen, erfordert mindestens ebenso viel Sorgfalt, wie sich über die entstehenden Kosten Gedanken zu machen. Vor allem gilt es bei der Einnahmenplanung zu bedenken, welche Kosten man durch bereits zugesagte Einnahmen/Drittmittel/Zuschüsse decken kann und wo noch eine Finanzierungslücke besteht, die durch weitere Mittelakquise gedeckt werden muss. Eventuell besteht bei manchen Posten im Ausgabeplan auch die Möglichkeit diese anders zu decken z. B. durch eine Sachspende oder durch eine kostenfreie Nutzungsmöglichkeit von benötigten Veranstaltungsräumen.

Wie man die Einnahmen diversifizieren muss, hängt u. a. auch davon ab, ob man z. B. ein Freiwilligenprojekt plant, da gerade ein Förderprogramm aufgelegt wird und man sich hierfür bewerben kann. In der Regel wird bei solchen Projekten oft ein Eigenanteil meist von zehn Prozent erwartet, der auch mit erwirtschaftet werden muss.

Oder man plant ein Projekt nicht auf eine konkrete Ausschreibung, sondern man plant nun die gesamte Gegenfinanzierung durch verschiedene noch zu definierende Zuschüsse, Einnahmen etc.

In beiden Fällen ist es notwendig, eine seriöse, realistische Einschätzung der zu erwartenden Einnahmen vorzunehmen. Es gibt eine Grundregel: Je breiter eine Einnahmeseite aufgestellt ist, umso besser – somit wächst die Wahrscheinlichkeit, dass bei Wegbruch einer Einnahmequelle die Lücke durch andere Finanzierungsmöglichkeiten gedeckt werden kann.

Als mögliche Finanzierungsquellen kommen infrage:

Finanzierungsquellen

- Förderprogramme auf kommunaler, Landes-, Bundes- und EU-Ebene
- spezielle Programme für ehrenamtliches Engagement
- Stiftungsgelder für zeitlich begrenzte Projekte

> **Tipp:** Es lohnt sich, die Förderdatenbank der Deutschen Stiftung für Engagement und Ehrenamt zu durchsuchen. Unter https://foerderdatenbank.d-s-e-e.de/ gibt es verschiedene Förderprogramme, unterteilt nach Engagementbereich, Bundesland und nach der Gliederung nach förderfähigen Kosten

- Einzelspenden: direkte finanzielle Unterstützung durch Privatpersonen oder Unternehmen
- Crowdfundingkampagnen: Sammeln kleinerer Beträge von vielen Unterstützern über spezielle Plattformen

- Sachspenden: Reduzierung des Finanzbedarfs durch Sachleistungen (z. B. kostenfreie Nutzung von Räumen)
- Für Projekte, die in einem Vereinskontext stattfinden, können Mitgliedsbeiträge eine verlässliche Einnahmequelle darstellen. Diese sind regelmäßige Zahlungen der Mitglieder eines eingetragenen Vereins und können zur Finanzierung des Projekts beitragen.
- Auch Eigenleistungen von Ehrenamtlichen könnten ggf. mitkalkuliert werden (z. B. bei Bauvorhaben).
- Lokale Unternehmen können als Sponsoren gewonnen werden, besonders wenn das Projekt thematisch zu deren Geschäftsfeld passt oder in der Region Sichtbarkeit erzeugt.

Tipp: Bei zeitlich befristeten Projekten ist es wichtig, den Zeitpunkt der Einnahmen und Ausgaben zu berücksichtigen:

- Viele Fördermittel werden erst nach Projektabschluss oder in festgelegten Intervallen ausgezahlt.
- Zu Projektbeginn entstehen oft höhere Kosten (Anschaffungen, Einrichtung).
- Die Personalkosten für die Koordinierungsstelle fallen kontinuierlich an.
- Eine Liquiditätsplanung mit monatlichen Ein- und Ausgaben hilft, finanzielle Engpässe zu vermeiden. Eine simple Excelliste reicht meist vollkommen aus!

Risikomanagement und nachhaltige Finanzplanung

„Es ist besser, für etwas vorbereitet zu sein und es nicht zu brauchen, als es zu brauchen und nicht vorbereitet zu sein", sagte Benjamin Franklin. Neben der Planung von Kosten und Einnahmen ist ein fundiertes Risikomanagement deshalb wesentlich für den finanziellen Erfolg des Projekts – man muss die finanziellen Risiken identifizieren und minimieren.

Dies kann erfolgen durch:

- verschiedene Finanzierungsszenarien (Best Case, Worst Case) – Kann z. B. der Wegfall eines Geldgebers ggf. ausgeglichen werden? Oder besteht Gefahr, dass die Kosten in einer bestimmten Position höher ausfallen?
- finanzielle Puffer für unvorhergesehene Ausgaben (ggf. in den Budgetplan mit aufnehmen)
- Alternativpläne für den Fall, dass bestimmte Einnahmen nicht wie erwartet fließen

Nachhaltige Finanzierungsplanung ermöglicht auch, über Projektende hinaus die Projektidee weiter zu gestalten.

- Können erfolgreiche Projektteile nach der offiziellen Laufzeit weitergeführt werden?
- Gibt es Möglichkeiten für Anschlussfinanzierungen?
- Welche Strukturen können auch nach Projektende bestehen bleiben?

5.2.3 Freiwillige als Fundraiser – Ist es möglich und wenn ja, wie?

Viele kennen sie noch: Engagierte die im Frühjahr von Haustür zu Haustür gehen und um eine Spende für die örtliche Caritasgruppe bitten. Doch diese Form des Spendensammelns wird immer seltener, denn Freiwillige dafür zu finden ist schwierig. Aber dennoch – Freiwillige im Fundraising und in die Mittelakquise mit einzubinden, kann für jede Organisation ein großer Gewinn sein. Selbstverständlich muss man, wie überall in der Freiwilligenkoordination, darauf achten, ob es zu den Freiwilligen selbst passt, was ihre persönlichen Präferenzen sind, ob sie für diesen Bereich Kompetenzen mitbringen und welche zeitlichen Ressourcen ihnen zur Verfügung stehen. Grundsätzlich ist es von Vorteil, wenn die Engagierten selbst über ein Netzwerk verfügen, gewisse kaufmännische Kenntnisse mitbringen und sich auch längerfristig binden wollen. Aber auch hier gilt: Vieles kann, nichts muss!

Rahmen für Fundraisingaktivitäten schaffen

Beim Fundraising mit und von Freiwilligen braucht es neben Fingerspitzengefühl auch eine Organisationskultur und hauptamtliche Unterstützung, um hier einen passenden Rahmen für diese Tätigkeiten zu schaffen. Es muss geklärt sein, wie eigenständig sie um Spenden bitten dürfen, mit wem sie welche Aktion absprechen sollten und wie z. B. auch die Schnittstelle zum Ansprechpartner für das Thema Finanzierungsplanung und auch der Buchhaltung gestaltet ist.

Tipp: Tätigkeiten im Bereich des Fundraisings für Engagierte

Ein besonders erfolgsversprechendes Modell für den Einstieg in Fundraisingaktivitäten mit Freiwilligen sind einmalige Aktionen. Solche Events sind zeitlich klar befristet, schaffen eine große Öffentlichkeit, sind aber auch sehr zeitintensiv. Dazu zählt z. B. die Planung und Organisation einer Charityveranstaltung, ggf. mit Tombola, Auktionen, Flohmarkt oder Spendenlauf. Aber auch andere Aufgaben wie z. B.

- das Recherchieren von passenden Stiftungen und Fördermöglichkeiten
- eigene Kontakte für Spendenanfragen zur Verfügung stellen bzw. den Kontakt anbahnen
- Aufbau und Begleitung von Onlinespendenkampagnen, z. B. Crowdfunding

können von Engagierten übernommen werden.

5.3 Qualität sichern in der Arbeit mit Freiwilligen

Laura Eder

In Organisationen, die mit Freiwilligen arbeiten, gewinnt das Qualitätsmanagement (QM) zunehmend an Bedeutung, um ein professionelles Angebot für Engagementinteressierte zu schaffen und Engagementförderung nachhaltig zu betreiben.

Definition von Qualität

Qualität definiert sich aus dem Verhältnis zwischen einer gelieferten Leistung (z. B. der Vermittlung in ein Engagement oder eine Beratung diesbezüglich) und den Erwartungen an diese. Was dabei genau als Qualität wahrgenommen wird, variiert je nach Anspruchsgruppe. Dies kann z. B. das Erscheinungsbild der Organisation, deren Zuverlässigkeit, eine schnelle Reaktionszeit oder die Fähigkeit sein, flexibel auf individuelle Anfragen zu reagieren. Selbstverständlich ist auch die fachliche Kompetenz ein ausschlaggebendes Kriterium (vgl. Bruhn, 2013, S. 28 f.).

Ebenen von Qualität

Aus Sicht der Organisation gibt es verschiedene Ebenen von Qualität, die im Zusammenspiel die Gesamtqualität bilden. Zwei wichtige Dimensionen, die es zu unterschieden gilt, sind die Produkt- und die Prozessqualität. Die Produktqualität bezeichnet die Qualität der Dienstleistung – also die Beratung, Qualifizierung und Begleitung der Freiwilligen. Die Prozessqualität hingegen bezieht sich auf reibungslose interne Abläufe, ermöglicht durch eine sinnvolle Verkettung von Aktivitäten – dass z. B. klar ist, wie auf eine Beratungsanfrage reagiert wird, wer dies tut, wie schnell und wie das Follow-up nach dem Beratungsgespräch gestaltet wird.

QM in der Sozialwirtschaft

In der Sozialwirtschaft hat Qualitätsmanagement seit den 1990er-Jahren mit der zunehmenden Ökonomisierung der Branche an Bedeutung gewonnen. Die zunehmende Konkurrenz auch von privaten Anbietern und der gleichzeitige Rückgang von Ressourcen durch veränderte Sozialhaushalte machte eine Fokussierung auf eine positive Außendarstellung und eine hohe Kundenzufriedenheit notwendig (Grillitsch, 2024, S. 29 f.).

QM im Freiwilligenmanagement

In der Arbeit mit Freiwilligen erhöht Qualitätsmanagement die Attraktivität von Engagementangeboten. Es schafft Transparenz und Vertrauen nicht nur gegenüber den Freiwilligen, sondern auch gegenüber möglichen Förderern und Kooperationspartnern. Abgesehen davon, sollte die Arbeit von Freiwilligen genauso wie von Hauptamtlichen effektiv und effizient sein, also einen nachhaltigen Effekt auf die Zivilgesellschaft erzielen. Dies fördert die gesellschaftliche Resilienz, da man schneller auf eventuelle Veränderungen reagieren kann.

Im Freiwilligenmanagement kommen zwei Besonderheiten hinzu: Die Freiwilligen sollten wie die Mitarbeitenden einer Organisation behandelt und in den Prozess des Qualitätsmanagements einbezogen werden. Außerdem sind Institutionen der Engagementförderung relativ komplexe Organisationen mit einer Vielzahl an Stakeholdern, deren Anforderungen bei der Erarbeitung eines QM-Systems berücksichtigt werden sollten.

5.3.1 Grundlagen und Modelle des Qualitätsmanagements

Bekannte QM-Systeme

Es gibt eine Vielzahl etablierter QM-Systeme, oft auch branchenspezifisch. Zu den bekanntesten Modellen zählen die international angewandten ISO-Normen oder das EFQM-Modell der European Foundation of Quality Management sowie die Philosophie des Total Quality Managements (TQM) oder Kaizen. Im Sozialbereich hat sich zudem das GAB-Verfahren (nach der namensgebenden Gesellschaft für Ausbildungsforschung und Berufsentwicklung) etabliert, das die Einbindung aller Akteure und Akteurinnen betont.

Diese Systeme sind sehr komplex, ihre Einführung erfordert oft mehrjährige Prozesse und sie müssen von der Gesamtgeschäftsleitung gewollt und getragen werden. In großen Organisationen wie Wohlfahrtsverbänden macht dies sicherlich Sinn, hier ist das Freiwilligenmanagement aber oft nur ein kleiner Teil im Gesamtgefüge. Für kleinere Vereine und Initiativen sind solche Modelle viel zu aufwendig:

„Es gilt, eine Vielzahl komplexer Zusammenhänge und Prozesse zu analysieren und zu planen, hinzukommen oft gerade für kleinere Organisationen limitierende Faktoren wie Ressourcen, Erfahrung und ggf. auch ein finanzieller Aufwand in Form von externen Berater:innen oder Auditor:innen für das gewünschte Gütesiegel oder die Zertifizierung durch eine dafür vorgesehene Organisation" (Grillitsch, 2024, S. 123).

Es gibt jedoch einige Grundsätze und Ideen, welche sich in nahezu allen etablierten Systemen wiederfinden. Sie helfen, die „innere Logik" des QM zu verstehen und sollten in die eigenen Überlegungen einfließen.

Allgemeine Grundsätze für QM

- **Anspruchsgruppenorientierung:** Die Erwartungen und Anforderungen aller Mitglieder, (haupt- und ehrenamtlichen) Mitarbeitenden und Stakeholder sollten berücksichtigt werden.
- **kontinuierliche Verbesserung:** Das Qualitätsmanagement ist nicht statisch, sondern ein dynamischer Kreislauf, der auf eine fortlaufende Optimierung abzielt.
- **Prozessorientierung:** Der Fokus liegt auf dem Verbesserungsprozess, nicht auf dem Aufbau der Organisation oder der Erstellung von Dokumenten. Starke Hierarchien in der Organisation stehen dem Fokus auf Prozesse entgegen.
- **Qualitätsmessung:** Der Status quo sollte regelmäßig erfasst werden, indem Qualitätskriterien definiert, Indikatoren festgelegt, Daten erhoben, ausgewertet und bewertet werden.
- **Beteiligung der Mitarbeitenden:** In die Erstellung des QM-Systems der Organisation sowie deren Umsetzung sollten alle haupt- und ehrenamtlichen Mitarbeitenden einbezogen werden, denn nur so kann auch ein Kulturwandel herbeigeführt werden.
- **QM als Führungsaufgabe:** Die Entscheidung zur Einführung von Qualitätsmanagement muss von der Leitungsebene getroffen werden, da dies sowohl den Einsatz von Ressourcen als auch den Willen zur Veränderung und eine konsequente Prozessorientierung voraussetzt.

(vgl. Ribbeck, 2022, S. 36 ff.)

Das QM muss zu Ihrer Organisation passen

Grundsätzlich gilt: Das Qualitätsmanagement muss nicht kompliziert sein, es sollte zur individuellen Situation passen. Es sollte die Erfordernisse der Organisation erfüllen, aber auch für alle Beteiligten umsetzbar bleiben, also so umfangreich als nötig, so einfach wie möglich sein.

5.3.2 Umsetzung von Qualitätsmanagement in der Praxis

Vorüberlegungen und Planung

Bevor man sich in die Arbeit stürzt, ist es hilfreich, sich über einige grundsätzliche Dinge Gedanken zu machen: Was wollen wir mit dem QM überhaupt erreichen? Welche langfristigen Ziele verfolgen wir damit? Welche bestimmten Handlungsfelder sollen verbessert werden? Dabei ist es wichtig, einen ganzheitlichen Blick einzunehmen und zu überlegen, welche Wertschöpfung die Einführung des QM für die ganze Organisation leisten soll. Außerdem sollte man sich bewusst machen, dass die Implementierung des QM einen Change Prozess in Gang setzt, der womöglich viele Veränderungen auf unterschiedlichen Ebenen mit sich bringt, welche vom gesamten Team mitgetragen werden müssen.

Zusammensetzung des Teams

Daher gilt es, schon frühzeitig die Mitarbeitenden und ggf. weitere Anspruchsgruppen wie Ehrenamtliche und Begünstigte in die Planungen miteinzubeziehen. Mindestens sollten alle Betroffenen regelmäßig über die Vorhaben informiert werden. Für die konkrete Arbeit an Umsetzungsschritten bietet sich möglicherweise die Bildung eines sogenannten Qualitätszirkels an, ein Kreis von Personen, der für die Implementierung des QM und später dessen Einhaltung zuständig ist. Dieser sollte möglichst interdisziplinär besetzt sein. Gibt es Personen, die ggf. schon Erfahrung mit QM-Systemen haben?

Kombination aus Top-down- und Bottom-up-Ansätzen

Zudem bietet sich eine Kombination aus Top-down- und Bottom-up-Ansätzen im Planungsprozess an:

„Bei diesem Vorgehen stellt die Unternehmensführung zunächst Top-down einen ersten vorläufigen Rahmen für alle Akteure auf. Im folgenden Schritt werden Bottom-up die Planvorgaben auf ihre Realisierbarkeit überprüft und Teilpläne abgeleitet sowie koordiniert und an die oberste Leitungsebene zur unterstützenden Verabschiedung der Gesamtplanung zurückgemeldet" (Grillitsch, 2024, S. 74).

Die Einführung des QM-Systems erfolgt wie das QM selbst nach demselben Regelkreis: Plan – Do – Check – Act, also erst Maßnahmen planen, dann umsetzen, anschließend überprüfen, ob die geplanten Ziele erreicht wurden, und die Maßnahmen ggf. noch mal daran anpassen.

Qualitätskultur in der Organisation verankern

„Damit Qualität, Qualitätsmanagement und Qualitätsentwicklung integrativer Teil einer Organisation wird, braucht es eine Kultur der Qualität, die Mitarbeiter:innen und Führungskräfte täglich leben" (Grillitsch, 2024, S. 205).

Eine Unternehmenskultur entsteht im Zusammenspiel von Individuum und Organisation. Jedes Mitglied bringt seine individuellen Werte und Erfahrungen mit, durchläuft jedoch einen Sozialisierungsprozess, in dem es sich zunehmend mit der Kultur der Organisation identifiziert. Führungskräften kommt dabei die Aufgabe zu, die Werte der Organisation immer wieder klar zu kommunizieren und vorzuleben.

Umgang mit Widerständen

Geplante Veränderungen sind in einer Organisation nicht immer einfach umzusetzen, die Prozesse verlaufen meist nicht linear und nicht immer so, wie sie ursprünglich geplant waren. Oft sind die erhofften Erfolge nicht sofort sichtbar. Daher muss das Vorhaben immer wieder lebendig gehalten werden, möglicherweise aufkeimende Konflikte sollten frühzeitig angegangen werden, um die Motivation zur Umsetzung aufrechtzuerhalten.

Bewährte Maßnahmen

Bewährte Maßnahmen zur Einführung des QM sind daher neben der ausführlichen Dokumentation und kontinuierlichen Kommunikation der Vorhaben, auch begleitende Maßnahmen wie z. B. kollegiale Feedbackrunden, Mitarbeitergespräche und ein umfassendes Onboarding neuer Mitarbeitender. Sofern es die Ressourcen zulassen, lohnt sich das Hinzuziehen einer externen Beratung und Begleitung in Form von Experten für QM, aber auch für Supervision (auch für Ehrenamtliche in belastenden Situationen) oder Coaching für Führungskräfte.

Nach der umfangreichen Einführungsphase gilt es, das Vorhaben lebendig zu halten und einen kontinuierlichen Verbesserungsprozess (KVP) zu etablieren. Dies bedeutet, dass die getroffenen Maßnahmen, welche im Handbuch oder an anderer geeigneter Stelle festgehalten wurden, immer wieder auf ihre Wirksamkeit zu überprüfen. Im

Folgenden wird auf die möglichen Methoden dafür eingegangen. Stellt sich heraus, dass die Maßnahmen nicht praxistauglich waren, müssen diese angepasst werden. Hapert es an der Einhaltung der getroffenen Regelungen, obwohl die Maßnahmen eigentlich als hilfreich empfunden werden, muss hieran gearbeitet werden. Das sind die Verbesserungsmaßnahmen, die eine erneute Schleife des KVP in Gang setzen.

Das Vorhaben lebendig halten

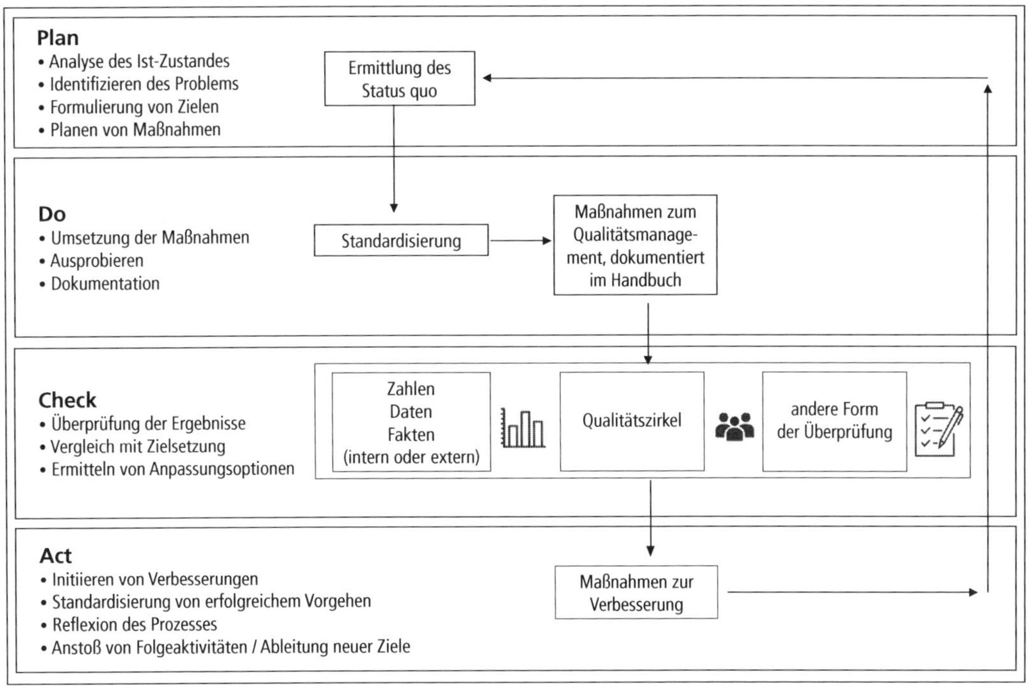

Abbildung 9: Kontinuierlicher Verbesserungsprozess (eigene Darstellung)

5.3.3 Methoden

Wie schon erwähnt, ist es wichtig, dass das Qualitätsmanagement zu Ihrer Organisation passt und für das Team machbar ist. Dies gilt auch im Hinblick auf die Methoden. Im Folgenden wird eine Vielzahl von Evaluationsmethoden für die verschiedenen Bedarfe von großen und kleinen Organisationen vorgestellt, sortiert nach Umsetzungsschritt.

5.3.3.1 Methoden zur Analyse des Status quo

Um zu ermitteln, wo die Organisation im Moment steht, welche Prozesse es überhaupt gibt und wo ggf. Fehlerquellen liegen, gibt es eine Reihe von Analysemethoden, wovon hier einige ausgewählte vorgestellt werden.

Stakeholderanalyse

Mit der sogenannten **Stakeholderanalyse** wird ermittelt, wie sich die verschiedenen Interessensgruppen in Bezug auf ihr Interesse für das Vorhaben und ihren möglichen Einfluss darauf positionieren. Je nachdem, wie relevant für das Projekt diese erscheinen, sollte eine andere Strategie angewandt werden, um sie mit ins Boot zu holen.[3]

[3] Eine Beschreibung der Vorgehensweise findet sich beispielsweise im Organisationshandbuch des Bundesministeriums des Inneren.

SWOT-Analyse

Auch bei der **SWOT-Analyse** werden mögliche Strategien für die Organisationsentwicklung erarbeitet. Dazu ermittelt man einerseits die Stärken (Strengths) und Schwächen (Weaknesses) der eigenen Organisation, andererseits die Umfeldbedingungen in Form von Chancen (Opportunities) und Risiken (Threats).[4]

Diese Analyse kann durch **Benchmarking** ergänzt werden, also der Frage danach, was andere Organisationen schon machen, wo es ggf. Lücken in der Angebotsstruktur gibt oder unterschiedliche Herangehensweisen, um ähnliche Bedarfe zu erfüllen.

Prozesslandkarte

Mit einer **Prozesslandkarte** lassen sich die verschiedenen Prozesse innerhalb der Organisation grafisch sehr gut darstellen. Dies verschafft einen schnellen Überblick über die Kern-, Unterstützer- und Managementprozesse. In der folgenden Abbildung ist eine beispielhafte Prozesslandkarte ein)er Engagement verttelnden Organisation dargestellt.

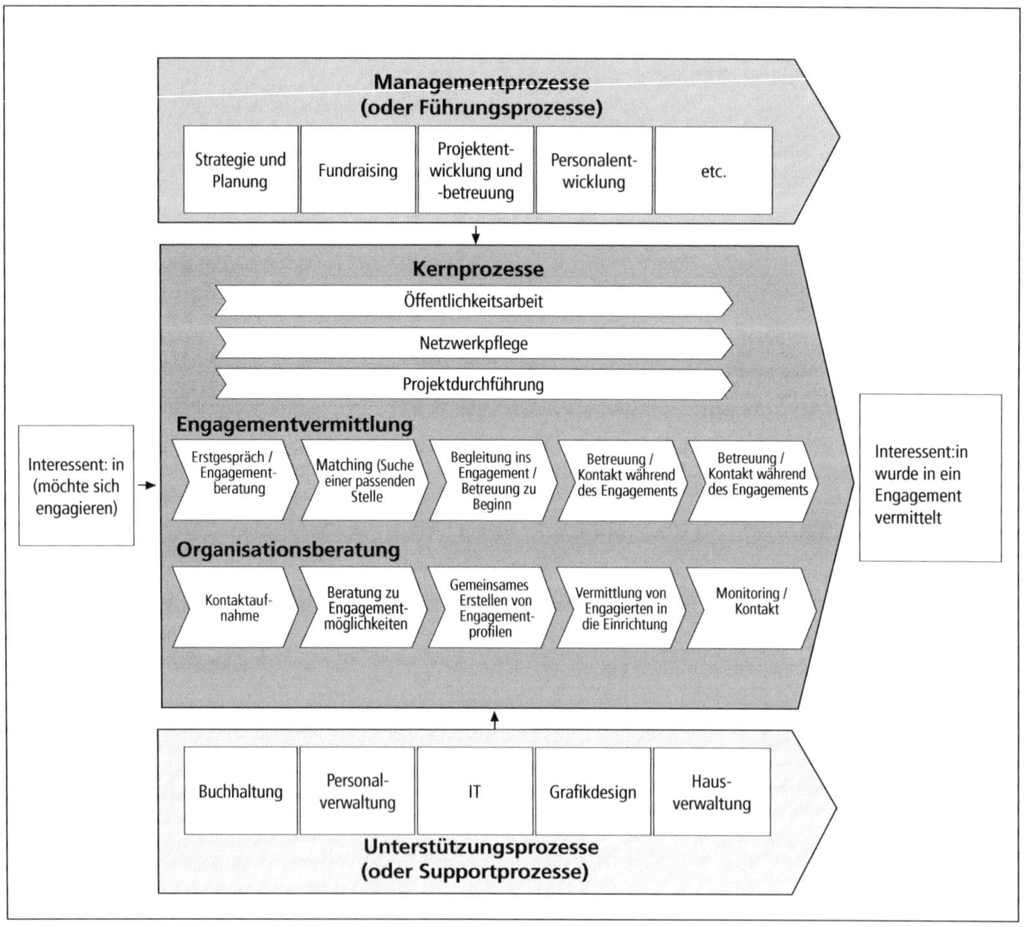

Abbildung 10: Prozesslndkarte (Grafik nach eigener Erstellung)

Problem- und Ursachenanalyse

Zur Problem- und Ursachenanalyse eignet sich die **Pareto-Analyse** (auch ABC-Analyse), mit welcher versucht wird, die Probleme zu priorisieren und in einem ABC-Schema nach

[4] Ebenso dazu.
https://www.orghandbuch.de/Webs/OHB/DE/OrganisationshandbuchNEU/4_MethodenUndTechniken/Methoden_A_bis_Z/SWOT_Analyse/swot_analyse_node.html

Häufigkeit zu ordnen. Die am häufigsten auftretenden Fehler sollten als Erstes beseitigt werden.

Im **Fischgrätendiagramm** erfolgt eine Darstellung von Ursache und Wirkung. „Es dient somit zum Aufdecken und Abarbeiten von Problemursachen. Bei dieser Diagrammform werden alle Neben- und Unterursachen einer festgelegten Hauptursache zugeordnet, Pfeile kennzeichnen die Richtung der Problemwirkung" (Grillitsch, 2024, S. 155).

Konzepte und Leitbilder

Um die Qualitätsplanung strategisch anzugehen, eignen sich Veranstaltungsformate wie **Zukunftskonferenzen**, **Zukunftswerkstätten** und **Strategieklausuren** mit einem möglichst vielfältig besetzten Team. Die Ergebnisse sollten anschließend genutzt werden, um ein **Konzept**, ein **Leitbild** oder ein **Strategiepapier zur Arbeit mit Freiwilligen** zu erstellen. Bei der Formulierung solcher Dokumente sollte der Leitsatz gelten: so konkret wie möglich, so allgemein wie nötig. Elemente eines solchen Papiers könnten sein:

- Vision und Mission der Organisation
- Aufgaben und Ziele der Organisation, ihre Werte oder die Grundausrichtung
- das eigene Engagementverständnis
- Grundsätze der Zusammenarbeit von Haupt- und Ehrenamt
- Grundsätze zu Führungszeugnis, Aufwandsentschädigung, Versicherung etc.
- Beschreibung der Umsetzung des Engagementzyklus entsprechend Kapitel 4.1 und Nennung der bestehenden Vorlagen und Vorgaben dazu
- Umgang mit Beschwerden
- Organigramm

(vgl. Grillitsch, 2024, S. 157).

5.3.3.2 Methoden zur Verbesserung der Leistungsqualität

Um die Qualität der angebotenen Leistungen in der Engagementvermittlung zu verbessern, ist es ratsam, einerseits bestimmte Prozesse wie die Engagementberatung und Qualifizierung der Engagierten zu standardisieren, andererseits auch regelmäßig zu überprüfen, ob die Standards eingehalten werden oder ob sie ggf. angepasst werden müssen.

Standardisierung der Prozesse

Um Prozesse wie die Gewinnung, Auswahl und Vermittlung von Freiwilligen in eine logische Abfolge zu bringen, eignet sich ein **Flussdiagramm**. Dieses zeigt, ähnlich wie die Prozesslandkarte, Handlungsabfolgen auf, ist jedoch viel detaillierter und beinhaltet auch Elemente wie Dokumente oder Entscheidungen. Für jeden Prozess kann ein eigenes Flussdiagramm erstellt werden, für die Einarbeitung neuer Mitarbeiter:innen ist dies sehr hilfreich.

Vorlagen zur Standardisierung von Prozessen

Weitere Methoden zur Standardisierung von Prozessen können Vorlagen und Checklisten für bestimmte Situationen und Abläufe im Engagementzyklus sein. Einige Beispiele finden Sie ab Seite 217 im Handbuch.

Tipp: Qualitätsmanagement für Freiwilligenagenturen

Der Dachverband der Freiwilligenagenturen in Deutschland, bagfa e. V. hat ein Qualitätsmanagementsystem (QMS) speziell für diese Organisationen entwickelt. Es ist sehr praxisnah, logisch aufgebaut und deckt alle wichtigen Aufgabenbereiche in der Engagementvermittlung ab. Bei Umsetzung des gesamten QMS kann das bagfa-Qualitätssiegel „erfolgreich arbeiten in Freiwilligenagenturen" erworben werden. Weitere Informationen unter: https://bagfa.de/angebote/qualitatsmanagementsystem/

5.3.3.3 Evaluationsmethoden

Die eigene Arbeit sollte regelmäßig überprüft werden, um eine gleichbleibende Qualität zu gewährleisten bzw. diese stetig zu verbessern. Auch einzelne Projekte sollten dahingehend betrachtet werden, ob sie die erwarteten Ziele erreichen.

Qualitätsmessung

Um zu messen, wie sich die Organisation entwickelt, ist es wichtig, Kennzahlen zu benennen, welche in regelmäßigen Abständen erhoben werden sollten. Diese sind auch für Kooperationspartner und Förderer interessant und können zur Öffentlichkeitsarbeit verwendet werden.

Kennzahlen

Im Freiwilligenmanagement könnten folgende Kennzahlen hilfreich sein:

- Anzahl der freiwillig Engagierten (nach Engagementbereich)
- aktuelle Altersstruktur
- jährlich geleistete ehrenamtliche Stunden
- durchschnittliche Engagementdauer
- Grund für die Beendigung des Engagements (nach Kategorien)
- Anzahl Fortbildungstage pro ehrenamtlicher Person
- Anzahl der telefonischen, schriftlichen oder direkten Anfragen bezüglich eines Engagements
- Zugangswege von Interessierten
- Motive der Interessierten

(vgl. Beratergruppe Ehrenamt, 2025).

Evaluation von Projekten

Darüber hinausgehende Evaluationen z. B. einzelner Projekte oder Angebote sind auch möglich und sollten von Anfang an mitgedacht werden. Je nach erwünschtem Umfang und wenn es die finanziellen Ressourcen zulassen, kann es hilfreich sein, externe Beratung oder ein Evaluationsinstitut zu beauftragen, um dieses Vorhaben umzusetzen.

Will man die Projektevaluation selbst umsetzen, gilt es, sich zuvorderst über die Ziele der Evaluation klar zu sein und sich ein entsprechendes Vorgehen zu überlegen. Meist eignen sich das Erfassen von Kennzahlen und Befragungen der Beteiligten zu Beginn und zum Ende eines Projekts. Weitere Messungen können sowohl über eine Analyse der externen Wahrnehmung als auch durch interne Evaluationsprozesse erfolgen.

Externe Befragungen

Bewertungen von extern können durch **Zufriedenheitsbefragungen** eingeholt werden, indem bspw. eine Umfrage unter den Freiwilligen oder auch den Begünstigten, die von den Engagierten unterstützt werden, durchgeführt wird. Hierbei ist es wichtig, weder die Organisation noch die Befragten zu überfordern. **Standardisierte Telefoninterviews** sind zwar eine Möglichkeit, erfordern aber ggf. weiteres Personal. Vielleicht reichen **informelle Gespräche** in regelmäßigen Abständen oder ein kleiner **Fragebogen** aus, der online oder in Papierform zur Verfügung gestellt wird.

Tipp: Umfragetools

Es gibt zahlreiche Anbieter von Umfragetools, mit welchen Befragungen einfach erstellt und versendet werden können. Sie alle bieten ein umfangreiches Set an Fragetypen. Teilweise sind auch deskriptive, also einfache Auswertungen inbegriffen. Z. B.:

https://www.soscisurvey.de/ (kostenfrei für wissenschaftliche Studien und gemeinnützige Organisationen, auf open source Basis)

https://www.surveymonkey.de/ (kostenfreie Option mit Einschränkungen)

https://www.umfrageonline.com/ (kostenfreie Option mit Einschränkungen)

https://www.limesurvey.org/de/ (kostenpflichtig)

https://www.lamapoll.de/ (kostenfreie Option mit Einschränkungen)

Interne Befragungen

Unverzichtbar, um das Qualitätsmanagement zu einer laufenden Aufgabe der Organisation zu machen, ist, dieses intern zu monitoren. Dazu eignet sich, wie schon erwähnt, der Einsatz eines Qualitätszirkels, also eines Teams, welches mit der Umsetzung des kontinuierlichen Verbesserungsprozesses betraut ist. Dieser **Qualitätszirkel** entscheidet auch, in welcher Form die Umsetzung überprüft werden soll. Eine Möglichkeit wäre, ein **Vier-Augen-Prinzip** zu nutzen, indem immer zwei Personen auf einen Prozess schauen und sich gegenseitig verbessern, falls z. B. bestimmte Vorlagen nicht in der abgesprochenen Weise verwendet werden. Eine andere Option sind **Selbstbewertungen** in Form von **internen Audits**, die regelmäßig stattfinden, in welchen man die Einhaltung solcher Standards überprüft. Es sollte außerdem ein **internes Vorschlagswesen** etabliert werden, also die Möglichkeit für Mitarbeitende, eigene Ideen und Verbesserungsvorschläge einzubringen.

Qualitätsmessung

Um zu messen, wie sich die Organisation entwickelt, ist es wichtig, Kennzahlen zu benennen, welche in regelmäßigen Abständen erhoben werden sollten. Diese sind auch für Kooperationspartner und Förderer interessant und können zur Öffentlichkeitsarbeit verwendet werden.

5.3.4 Dokumentation: Handbuch und digitale Ordner

Bei der Einführung des Qualitätsmanagements sollte an geeigneter Stelle übersichtlich dokumentiert werden, welche individuellen Maßnahmen zur Qualitätssicherung es in der Organisation gibt und wie diese umgesetzt werden. Auch Ergebnisse von Qualitätsmessungen und Evaluationen sollten dokumentiert sein und den Mitarbeitenden zur Verfügung stehen. Dazu eignen sich Dokumente wie ein Handbuch Freiwilligenmanagement oder ein etwas allgemeiner gehaltenes Qualitätsmanagementhandbuch. Oft reicht auch ein digitaler Ordner im Laufwerk der Organisation, welcher für alle Mitarbeitenden zugänglich und gut strukturiert ist, mit allen Vorlagen sowie einer Übersicht über die Inhalte. Etwas umfangreicher wäre die Einrichtung eines Intranets oder einer Wiki, also einer internen Wissensdatenbank.

Tipp: Social Impact und Wirkung (siehe auch Kapitel 5.1.6)

Ein Teil des Qualitätsmanagements kann auch die Orientierung an der Wirkung der eigenen Arbeit sein. Insbesondere bei jungen Organisationen ist dies heute integraler Bestandteil der Organisationsentwicklung. Bei der Bewerbung um Projektgelder kann die Darstellung des angestrebten Social impacts ein großer Pluspunkt sein und wird zunehmend auch für Anträge eingefordert.

Eine anschauliche Orientierung und Schritt für Schritt Anleitung gibt das Handbuch Wirkung von phineo. Hier wird erklärt, wie NPOs sich wirkungsorientiert aufstellen und ihre Wirkung messbar machen können.

Es steht kostenlos zum Download zur Verfügung unter: https://www.phineo.org/kursbuch-wirkung

5.4 Netzwerkarbeit: Chancen und Hürden

Claudia Leitzmann

Netzwerkarbeit ist seit Anfang der 2000er-Jahre ein wichtiges Thema im Engagementbereich und auch zunehmend eine Anforderung geworden, z. B. bei der Vergabe öffentlicher Mittel. Netzwerke können vieles leisten, was über den Austausch von Wissen und Erfahrungen hinausgeht. Wenn sie sinnvoll geknüpft werden, bergen sie viel Potenzial für die gemeinsame Nutzung von Ressourcen, für die Weitergabe von Informationen und Wissen sowie die Formulierung gemeinsamer Anliegen. Sie können also durchaus wichtig und hilfreich für die Arbeit im Freiwilligenmanagement sein und zur Qualitätsentwicklung der eigenen Arbeit beitragen.

Aber: Nicht immer bringen Netzwerke den Gewinn, den man sich davon verspricht. Welche Netzwerke sind überhaupt denkbar? Was ist beim Aufbau eines für alle Beteiligten gewinnbringenden Netzwerks zu beachten? Wo liegen die Stolpersteine? Diese Fragen sollen hier diskutiert und entsprechende Handlungsempfehlungen formuliert werden.

Definition Netzwerke

Laut Definition von Hartmut Böhme sind Netzwerke „Praktische Kompromisse zwischen Ordnung und Unordnung“ (Böhme, 2004). Thomas Röbke sagt: „Netzwerke können unterschiedliche Milieus, Organisationen, Denk- und Handlungsweisen in Beziehung setzen, um einen gegenseitigen Vorteil zu erzielen“ (Röbke, 2015).

Netzwerke können sowohl aus persönlichen Kontakten vor Ort bestehen als auch aus virtuellen weltweit nutzbaren Organisationen und Strukturen. Die Funktionen sind die jedoch die gleichen: Der Austausch von Informationen und die gegenseitige (soziale) Unterstützung. Der Austausch von Informationen findet heute zu einem Großteil über elektronische Medien statt. Die soziale Unterstützung findet materiell, kognitiv oder emotional statt. Zwar können einige der sozialen Bedürfnisse über das Internet abgedeckt werden, aber die Hilfe praktischer Art kann nur vor Ort geleistet werden.

Strukturen von Netzwerken

Netzwerke lassen sich unterscheiden hinsichtlich ihrer Ebene und Reichweite, ihrer Zielsetzungen, der Zusammensetzung ihrer Beteiligten und ihrer Organisation:

- **Kettennetzwerk**: kettenartig angeordnete Knoten, an denen sich Informationen entlang bewegen und nur ein möglicher Weg existiert.
- **Stern- bzw. Knotennetzwerk**: Alle Knoten gruppieren sich um einen zentralen herum. Sämtliche Informationen passieren vor Weitergabe den zentralen Knoten.
- **All-Channel-Netzwerk**: Alle Knoten sind miteinander verbunden, wodurch Informationen über beliebige Wege weitergegeben werden.

Netzwerke im sozialen Kontext

Im sozialen Kontext stehen an erster Stelle primäre Netzwerke bzw. Netzwerke der Lebenswelt: Patchworkfamilien, Verwandtschaft bzw. weitere Familienverbände, Freundesnetzwerke, Nachbarschaften, Freizeitnetzwerke wie z. B. Netzwerke im Verein. Sekundäre Netzwerke sind Netzwerke des Sozialraums oder Netzwerke durch lebensweltnahe Institutionen: Kindertagesstätten, Familienzentren, Jugendtreffs, Schulen. Tertiäre Netzwerke bieten fachliche Unterstützung und Austausch wie etwa das Landesnetzwerk Bürgerschaftliches Engagement, darüber hinaus gibt es die Netzwerke strategischer politischer Steuerung und Netzwerke des WEB 2.0 (vgl. Röbke, 2015).

5.4.1 Netzwerke im Freiwilligenmanagement

Für die Netzwerkarbeit ist zunächst wichtig, sich über die gewünschte Reichweite, die möglichen Themen und vor allem auch die gemeinsamen Ziele klar zu werden. Erst dann macht es Sinn, entweder aufgrund eines entsprechenden Bedarfs ein eigenes Netzwerk aufzubauen oder sich einem bereits vorhandenen Netzwerk anzuschließen.

Für die Arbeit mit Freiwilligen können Netzwerke nach folgenden Kriterien unterschieden werden:

- lokale Netzwerke – übergeordnete Netzwerke
- projektorientierte Netzwerke – themengebundene Netzwerke
- Informations- und Lernnetzwerke – politische Netzwerke
- Netzwerke der Akteure – Netzwerke für Zielgruppen

Beispiele für Netzwerke:

- Stifterinitiative Nürnberg: lokal, gemeinsame Identität der Akteure, Austausch und Vernetzung
- Netzwerk Flüchtlingshilfe vor Ort: unterschiedliche Akteure, gemeinsames Ziel
- Landesnetzwerk Bürgerschaftliches Engagement Bayern e. V. (LBE): Vernetzung der Infrastruktureinrichtungen des Engagements, überregional, Bildungs-, Lern- und Informationsnetzwerk
- lagfa bayern: Austausch, Beratung, Unterstützung für Ehrenamtliche und Hauptamtliche in Freiwilligenagenturen, -zentren und Koordinierungszentren für Bürgerschaftliches Engagement
- FöBE München: Stärkung und Förderung des Engagements in München, Verbesserung der Rahmenbedingungen
- Allianz gegen Rechtsextremismus: Aufklärung, Mobilisierung, Aktivitäten gegen Rechtsextremismus
- Bundesnetzwerk Bürgerschaftliches Engagement (BBE): Bürgergesellschaft, Staat und Wirtschaft für die Förderung des BE in Deutschland

Links und weiterführende Infos zu Engagementnetzwerken sind ab Seite 195 zu finden.

5.4.2 Steuerung und Management von Netzwerken

Im Idealfall zeichnen sich Netzwerke aus durch das Zusammenwirken unterschiedlichster Akteure und sie unterscheiden sich von hierarchisch strukturierten Organisationen durch Flexibilität, Offenheit, Vielseitigkeit und durch die Möglichkeit, Wissen, Kompetenzen und Ressourcen unbürokratisch zu bündeln. Die Realität sieht häufig anders aus. Nahezu jede:r kennt die frustrierende Teilnahme an Arbeitskreisen und Netzwerktreffen, in denen der gemeinsame Nenner fehlt oder die ursprüngliche Netzwerkidee nicht mehr tragfähig ist.

Netzwerke brauchen Steuerung

Ein Netzwerk trägt sich nicht von allein, sondern braucht ein Management und eine Netzwerksteuerung mit transparenten Kommunikationswegen und verbindlichen Regeln, die allen bekannt sind. Netzwerkarbeit braucht also Ressourcen und kann personell wie zeitlich mit einem hohen Aufwand verbunden sein.

Das Zusammenkommen unterschiedlicher Partner aus Organisationen mit unterschiedlichen Hierarchien und Strukturen geht mit einem erhöhten Moderations- und Abstimmungsaufwand einher. Problematisch sind auch die unterschiedlichen Kapazitäten: Häufig kann die Balance zwischen Geben und Nehmen nicht hergestellt werden und führt zu Unzufriedenheit. Darüber hinaus braucht Netzwerkarbeit Vertrauen und Zeit: Konkurrenzen um Fördertöpfe oder die öffentliche Aufmerksamkeit erschweren häufig die Zusammenarbeit und es bedarf positiver Erlebnisse, um den Mehrwert eines Netzwerks zu erkennen. Wenn die einzelnen Akteure für sich keinen Nutzen sehen durch ihre Beteiligung am Netzwerk, werden sie früher oder später abspringen.

Wenn man dauerhaft stabile und arbeitsfähige Netzwerke schaffen will, muss man sich mit unterschiedlichen Traditionen, Ansprüchen und Rollen auseinandersetzen. Netzwerkarbeit ist vor allem auch Balancearbeit, die am besten funktioniert, wenn Vertrauen erworben wurde und Transparenz gegeben ist. Netzwerken braucht Fingerspitzengefühl.

Als Netzwerker:in im Freiwilligenmanagement hat man zusätzlich die Aufgabe, Haupt- und Ehrenamt miteinander zu verbinden, um gewinnbringend mit allen Beteiligten zusammenarbeiten zu können. Dazu gehört die Fähigkeit,

- bereits bestehende professionelle Netzwerke aufzuschließen, für die gesellschaftliche Kooperation und Koproduktion zu begeistern und gleichzeitig den Eigensinn des Bürgerschaftlichen Engagements gegenüber professioneller Rationalisierung zu bewahren. Netzwerke von hauptamtlich tätigen Fachleuten müssen auf eine achtsame Zusammenarbeit mit bürgerschaftlich organisierten Netzwerken vorbereitet werden und
- neue Plattformen für die Begegnung zivilgesellschaftlicher, wirtschaftlicher und politischer Partner zu schaffen und sich hier von Anfang an um eine Evaluation der Netzwerkarbeit zu kümmern, um den Mehrwert für alle sichtbar zu machen.

Netzwerkarbeit – Hilfreiche Fragestellungen

Steuerung: Wer knüpft das Netzwerk (weiter)? Wer aktiviert (und kappt ggf.) die Verbindungen?

Gewinn für die einzelnen Netzwerkpartner: Was steht für die einzelnen Beteiligten im Vordergrund? Was versprechen sich die Partner von dem Netzwerk? Information, Kontakte, Kooperationen, Beratung, gemeinsame Auftritte/Veranstaltungen ...

Ziele: Welche Ziele gibt es? Wie kommt man zu den Zielen, die alle Netzwerkpartner gemeinsam haben? Wer formuliert diese Ziele? An wen werden z. B. gemeinsame Forderungen/Interessen herangetragen (Politik, Öffentlichkeit, potenzielle Sponsoren)? Je klarer und handlungsleitender die gemeinsamen Ziele, desto reißfester wird das Netzwerk (jedes einzelne Netzwerkmitglied bringt Sonderinteressen mit!).

Regeln, Befugnisse: Vorteil der größeren Offenheit und Flexibilität bringt den Nachteil der Unverbindlichkeit: keine hierarchische Form, keine feste Mitgliedschaft, keine Aufnahmeformalitäten, keine Abstimmungsmodalitäten usw.: Wer darf mitmachen? Wer kann/darf für das ganze Netzwerk sprechen? Wozu können einzelne Mitglieder überhaupt verpflichtet werden bzw. sich selbst verpflichten?

Wichtig für strategisches Handeln: Wie wird das Netzwerk geknüpft? An welchen Haltepunkten verankert man es fest, um die Stabilität zu sichern? Wer sind feste und verlässliche Netzwerkpartner, die z. B. regelmäßig zusammenkommen? Welche weiteren Verbindungen sind sinnvoll, müssen aber nur lose geknüpft werden?

Netzwerkmanagement: Wer übernimmt das Management? Gibt es eine Steuerungs-Koordinations-Geschäftsstelle? Wichtig: Fäden zusammenhalten, eine bestimmte Richtung oder bestimmte gemeinsame Ziele formulieren, neue Kontakte anbahnen, Kooperationspartner gewinnen, an Öffentlichkeit und Politik herantreten ...

Informationsweitergabe: Informationen können über ein Netzwerk schnell verbreitet werden: Wie sollen diese Informationen weitergegeben werden? Internetplattform, E-Mail-Verteiler, regelmäßige Rundbriefe o. Ä.?

Zugänge: Wer hat Zugang? Wie spricht man z. B. neue/junge Initiativen an?

5.5 Öffentlichkeitsarbeit im Freiwilligenmanagement

Beatrix Hertle

„Klappern gehört zum Handwerk" – dieser allseits bekannte Spruch trifft auch für den Bereich des freiwilligen Engagements zu. Sei es, um die eigene Engagementorganisation bekannter zu machen, um neue Engagierte zu finden, um Unterstützer z. B. neue Spender:innen zu gewinnen oder um auf das Thema, für das man sich einsetzt, aufmerksam zu machen – es gibt unzählig viele Gründe, laufend die passende Öffentlichkeitsarbeit mitzudenken und zu gestalten. Und es braucht kontinuierliche Lobbyarbeit, um die Interessen derjenigen zu vertreten, die sich in ihrer Freizeit für das Gemeinwohl engagieren und für sie gute Rahmenbedingungen zu schaffen.

5.5.1 Öffentlichkeitsarbeit strategisch planen

Öffentlichkeitsarbeit strategisch planen:

Es war vermutlich noch nie so einfach, selbst darauf Einfluss zu nehmen, wie man eine breite Zielgruppe erreicht. Viele Jahre standen bei der Öffentlichkeitsarbeit Massenmedien wie Zeitungen, Radio und Fernsehen im Mittelpunkt. Nun können Organisationen digitale Medien nutzen, um Inhalte selbst breit zu streuen bzw. andere Kommunikationsmaßnahmen flankierend zu gestalten.

Ist man als Freiwilligenmanager:in eine größere Organisation oder einen Verband eingebunden, muss bei allen Kommunikationsmaßnahmen das Leitbild, das CI und vor allem auch das Corporate Design mitberücksichtigt werden.

Wie eine gute Öffentlichkeitsarbeit gestaltet sein muss, um neue Freiwillige gezielt anzusprechen und für ein Engagement zu gewinnen, ist auch Teil des Kapitels 4.3.

Alle Aktionen und Tätigkeiten, die man im Bereich der Öffentlichkeitsarbeit plant, sollten einer festen Logik folgen – sich daran zu orientieren, hilft nicht nur, einen Fahrplan zu entwickeln und die zentralen Themen im Blick zu behalten. Strategisch geplante Öffentlichkeitsarbeit hilft auch, Ressourcen zu sparen. Denn die Aktionen in der Öffentlichkeitsarbeit werden so zielgerichtet, zielgruppengerecht, ansprechend und wirkungsvoll gestaltet. Beginnend mit einem Briefing bis hin zur Evaluation – die Schritte bauen aufeinander auf und ein stimmiges Gesamtbild entsteht. Manche Schritte sind schnell erledigt, z. B. das Briefing, die Recherche und Analyse können mit den richtigen Beteiligten in nur einem Treffen erledigt werden (vgl. Schmidbauer et al., 2017).

1. Briefing/Recherche (Was ist unsere Kernaufgabe und woher kommen die Informationen?)
2. Analyse (Wo liegen die Ursachen für das Kernproblem?)
3. Zielgruppen und Ziele (Was soll kommuniziert werden? Wen wollen wir erreichen?)
4. Positionierung (Wie wollen wir bei der Zielgruppe gesehen werden?)
5. unsere Botschaft (Welche Kernbotschaft wollen wir vermitteln?)

6. die Wahl des passenden Mediums (Wie wollen wir kommunizieren?)

7. Wie messen wir unsere Wirkung? Gibt es evtl. Stolpersteine?

Schritt 1 – Briefing und Recherche: Was ist unsere Kernaufgabe und woher kommen die relevanten Informationen?

Kernaufgaben definieren

Hier wird (oft auch an externe Auftraggeber) dargestellt, um welche Aufgabe es sich handelt, die durch die passende Kommunikation bearbeitet werden soll. Man kann dies auch gut an eine zuständige Person innerhalb der Organisation übertragen. Je nach Ressourcen und Zeitbudget können hier ausführlich die relevanten Informationen gesammelt werden.

Zentrale Fragen, die man hier stellen kann:

- Was ist unser Selbstverständnis, unsere Mission und was sind unsere zentralen Werte?
- Wie und was unterscheidet unsere Engagementorganisation von anderen Organisationen in unserer Region und unserem Tätigkeitsfeld?
- Wie wird unsere Engagementorganisation von anderen gesehen (in den Medien, sozialen Netzwerken, Community, bei Stakeholdern etc.)?
- Wer sind die primären und sekundären Zielgruppen? (potenzielle Freiwillige, Spender:innen, Begünstigte der Organisation, politische Entscheidungsträger:innen, Medien)
- Welche Stärken und Schwächen werden mit der Engagementorganisation assoziiert?

Achtung: Man kann sich wie in jeder Recherche in vielen Details verlieren. Die Kunst besteht hier, das Wesentliche vom Unwesentlichen zu trennen bzw. die Spreu vom Weizen!

Schritt 2 – Die Analyse: Wo liegen die Ursachen für das Kernproblem und wie bewerten wir diese?

Ist-Stand erheben

Im Zuge der Recherche erfasst man den Ist-Stand innerhalb der Organisation: Wir werden aktuell potenzielle Freiwillige angesprochen? Wie werden bereits involvierte Ehrenamtliche informiert? Wie arbeitet man mit Förderern, ggf. anderen Organisationen? Idealerweise werden ohne Bewertung alle bisherigen Kommunikationsmaßnahmen betrachtet. Man sollte hier aber auch „über den Tellerrand schauen" und sich die Öffentlichkeitsarbeit von anderen Engagementorganisationen, die die ähnliche Zielgruppe und dasselbe Ziel haben oder in derselben Region tätig sind, anschauen.

Schritte 3 – Das Ziel und die Zielgruppen: Was wollen wir bei wem erreichen?

Kommunikatiosziele definieren

Aus den Erkenntnissen des Briefings, der Recherche und der daraus gefolgten Analyse sollte man sich nun auf ein oder ggf. mehrere Kommunikationsziele einigen. Will man mehr Freiwillige erreichen? Will man andere Freiwillige erreichen? Will man sich bewusst von anderen Organisationen, die sich z. B. im ähnlichen Themenfeld betätigen, abgrenzen? Will man in der allgemeinen Öffentlichkeit in der Region bekannter werden? Je klarer und spezifischer die erarbeiteten Ziele sind und je besser sie auf die Zielgruppe zugeschnitten sind, desto einfacher wird es sein, die passenden Instrumente und die passende Botschaft zu wählen. Die Zielformulierung sollte nach SMART-Kriterien erfolgen. Sie dazu auch Kapitel 5.1.3.

Bevor eine Organisation mit ihrer Öffentlichkeitsarbeit beginnt, ist eine genaue Definition der Zielgruppe unerlässlich. Bauchgefühl allein reicht bei der Projektplanung nicht aus – schließlich will eine Organisation ihrer Zielgruppe ein Angebot zur Verfügung stellen, das wirklich benötigt wird. Es gibt verschiedene Ansätze, die eigene Zielgruppe einzugrenzen. Folgende Fragen können helfen:

- Was weiß ich über die Zielgruppe (Alter, Wohnort, Bildungsstatus, ggf. soziale und familiäre Situation)?
- Gibt eine regionale Eingrenzung (Stadtteil, Kommune, Landkreis etc.)?
- Welche Medien konsumiert meine Zielgruppe (in der Regel je jünger, desto digitaler)?

Zielgruppen ermitteln

Man kann die Eingrenzung der Zielgruppe recht einfach nach soziodemographischen Gesichtspunkten wie oben vornehmen, aber es gibt auch erweiterte vertiefte Ansätze wie z. B. die Sinusmilieus (www.sinus-institut.de/sinus-milieus). Hier wird recht detailliert auf Werte, Lebensauffassungen und Verhaltensweisen eingegangen. Sich mit Sinusmilieus zu beschäftigen, kann sich für große, recht weit gestreute PR-Kampagnen durchaus lohnen, da die Kommunikationsarbeit noch zielgerichteter auf die verschiedenen Lebenswelten von Zielgruppen konzentriert werden kann.

Schritt 4 – Die Positionierung: Wie positionieren wir uns im Kommunikationsumfeld?

Eine Positionierung spielt in der Kommunikation im Freiwilligenengagement eine zentrale Rolle, weil hier festgelegt wird: **„Wie will man als Engagementorganisation von der Zielgruppe gesehen werden?"** Die Mühe eine Positionierung zu formulieren, lohnt sich, da es gleichzeitig eine gute Richtschnur ist, um die Art der Kommunikation so zu gestalten, dass man ein positives Vorstellungsbild von sich transportiert.

Eine mögliche Positionierung kann lauten: *Der Sportverein XY ist eine große Sportfamilie, die allen offensteht.* Diese wird in der Regel in der Form nicht kommuniziert, sondern dafür kann man sich knackige Botschaften einfallen lassen (siehe nächster Schritt).

Schritt 5 – Die Kernbotschaft: Wie gestalten wir die Ideen und die Kommunikationsinhalte (siehe auch Kapitel 5.1.3)?

Botschaften positionieren

Aus der Positionierung kann man in einem kreativen Prozess (z. B. im freien Brainstorming) eine knackige Botschaft entwickeln, die sich durch die gesamte Kommunikationsarbeit zieht und konsistent bleibt. Eine prägnante Kernbotschaft ist das Fundament von guter Öffentlichkeitsarbeit, die auf den Punkt bringt, was die Organisation ausmacht.

Eine mögliche Botschaft der Positionierung aus Schritt 4 wäre z. B. „Sport verbindet – Hier ist Platz für alle!"

Schritt 6 – Maßnahmenplanung und das richtige Medium finden: Mit welchen Mitteln wollen wir kommunizieren?

Mit der Kommunikationsmethode legt man fest, wie man die Zielgruppe ansprechen möchte. Man kann mittlerweile aus einer Vielzahl von Instrumenten auswählen, die man in der eigenen Öffentlichkeitsarbeit verwenden kann. Aber die Methode muss immer im Kontext zum Ziel und zur Zielgruppe gesehen werden, sonst laufen alle Bemühungen ins Leere – ganz nach dem Motto: „Der Wurm muss dem Fisch schmecken, nicht dem Angler." Mehr dazu in Kapitel 4.3.

Schritt 7 – Wirkung, Evaluation, Stolpersteine: Was haben wir erreicht? Wo gab es Schwierigkeiten?

Die spannende Frage ist: „Hat es was gebracht?" – Sind mehr Freiwillige gewonnen worden? Hat man mehr Berichte in der allgemeinen Presse? Sind die Zugriffszahlen auf unsere Webseite gestiegen? Hat man mehr Menschen, die der Organisation auf Social-Media-Kanälen folgen? Wirkungsmessung im Bereich der Öffentlichkeitsarbeit kann sich dadurch relativ einfach gestalten. Am Ende steht die Frage: „Hat man das Ziel, das man sich zu Beginn gesetzt hat, erreicht?"

Umgang mit Anfeindungen

Jede Kommunikationsmaßnahme hat (Aus-)Wirkungen, vor allem, wenn man sich in einem Engagementfeld bewegt, das zu kontroversen Diskussionen führen kann, wo kritische Stimmen laut werden können bis hin zu Anfeindungen, wenn man sich z. B. für Minderheiten einsetzt und es offen zu rassistischen oder sexistischen Anfeindungen kommt. Hier muss man sich wappnen und darauf vorbereitet sein, dass man durchaus auch Opfer von z. B. Hate Speech werden kann. Mögliche Hilfe erhält man von verschiedenen Beratungsstellen. Einen Überblick über Anlaufstellen findet man auf der Seite z. B. des Bayerischen Justizministerium: www.bayern-gegen-hass.de. Es gibt auch die bundesweite Beratungsstelle HateAid.

5.5.2 Instrumente der Öffentlichkeitsarbeit

Es reicht nicht aus, sich aus der folgenden Auswahl ein Medium auszuwählen und zu glauben, die Kommunikationsarbeit wäre damit erledigt. Es gilt immer den passenden Mix und adäquaten Einsatz zu wählen. Aber viele Texte, Bilder etc. können auf verschiedene Weise parallel genutzt werden und oft ist es sinnvoll, die jeweiligen Instrumente flankierend zu passenden Kommunikationskanälen zu wählen, um so möglichst wenig Streuverlust zu haben. Weitere Instrumente, vor allem, um Freiwillige zu gewinnen, werden ausführlich in Kapitel 4.3 vorgestellt.

Presse- und Medienarbeit

Beiträge in lokalen Zeitungen, in Radio- und/oder TV-Sendern, sind immer noch ein guter Weg, um eine breite Öffentlichkeit zu erreichen. Grundlage für eine erfolgreiche Pressearbeit bilden der Aufbau und die Pflege von Kontakten zu den unterschiedlichen Medien. Diese sollten mindestens halbjährlich aktualisiert werden. Zu besonderen Ereignissen wie Jubiläen, dem Start eines neuen Projekts, der Ehrung von Freiwilligen u. a. sollten Pressemitteilungen versandt werden. Idealerweise stehen auf der Webseite unter der Rubrik „Presse" Hintergrundinformationen, Bilder und Pressetexte über die Arbeit der Organisation bereit. Pressegespräche dienen dazu, besondere Themen und Ereignisse in den Fokus der Öffentlichkeit zu rücken und aus verschiedenen Perspektiven darzustellen, z. B. Informationen über ein neues Inklusionsprojekt, bei dem Betroffene wie Freiwillige zu Wort kommen.

Eigener Webauftritt

Die Website ist für viele der erste Zugang, um sich über eine Organisation und ein freiwilliges Engagement zu informieren. Sie sollte deshalb bereits auf der Startseite relevante Informationen und Kontaktdaten zum Thema Ehrenamt deutlich sichtbar bereitstellen. Potenzielle Engagierte erfahren idealerweise alles Wissenswerte über die Organisation/den Verein. Sie lernen alles darüber, wie man sich engagieren kann und was man mit seinem Engagement bewirken kann.

Social Media kennen und nutzen

Ohne Interaktion auf Social-Media-Kanälen wird es mittlerweile schwierig, einen Großteil von möglichen Zielgruppen zu erreichen. Zu relevant sind Instagram, TikTok und Co. im Alltag der Information und auch Unterhaltung. Durch regelmäßige, authentische Beiträge – etwa Einblicke hinter die Kulissen, persönliche Geschichten oder Projektvorstellungen – können Engagementorganisationen, -vereine und -initiativen ihre Arbeit hier sichtbar machen und Unterstützer:innen gewinnen. Die Wahl des passenden Kanals sollte sich an der Zielgruppe orientieren und auf Kontinuität sowie Qualität setzen. Interaktion mit Followern, kreative Bild- und Videosprache sowie das Teilen von Erfolgen fördern die Bindung und Motivation der Community

Um neue Freiwillige zu gewinnen, spielen digitale Medien mittlerweile eine sehr große Rolle. Daher geht das Kapitel 4.3.4 auf dieses Thema gesondert ein.

Veranstaltungen

Engagementorganisationen sollten ihre Veranstaltungen als zentralen Teil ihrer Kommunikationsstrategie nutzen. Veranstaltungen wie z. B. Freiwilligentage, Dankesempfänge für Engagierte, Freiwilligenmessen, Tage der offenen Tür, Schnupperengagement u. v. m. erfüllen mehrere Aufgaben gleichzeitig und bieten Vorteile, die andere Kommunikationswege nicht erreichen. Ihr Wert liegt in der direkten Ansprache, der höheren Sichtbarkeit und ihrer Funktion als Plattform für Qualifizierung, Anerkennung, Vernetzung und Innovation. Wer Veranstaltungen gezielt plant, spricht verschiedene Zielgruppen an und knüpft so langfristige Beziehungen. Besonders wertvoll ist die Möglichkeit, potenzielle Freiwillige direkt zu gewinnen und ihnen bei Formaten wie Freiwilligentagen praktische Einblicke zu geben, die den Einstieg ins Engagement erleichtern.

Kampagnen

Kampagnen können wie Veranstaltungen punktuell großes Interesse generieren und die Aufmerksamkeit auf die Einrichtung und das Thema lenken. Kampagnen eignen sich besonders gut, wenn sie rund um besondere (Feier-)Tage wie z. B. den 5. Dezember, den Tag des Ehrenamts, stattfinden.

Auch die Woche des Bürgerschaftlichen Engagements ist eine gute Gelegenheit, Freiwilligenengagement in den Fokus zur rücken. So verantwortet das BBE (Bundesnetzwerk Bürgerschaftliches Engagement) seit 2004 die Kampagne „Engagement macht stark!". Eine Woche lang (meist in der zweiten Septemberhälfte) wird über Menschen berichtet, die sich eigeninitiativ oder in Unternehmen, Stiftungen, Vereinen, Verbänden oder Einrichtungen für einen guten Zweck starkmachen. Mit kreativen Formaten fördert die Kampagne die Sichtbarkeit ihres Engagements und lädt Engagementorganisationen zum Mitmachen und Nachahmen ein. Da diese Woche sehr große mediale Aufmerksamkeit erhält, empfiehlt es sich, hier Aktionen im Kleinen vor Ort umzusetzen bzw. diese Zeit für die eigene Öffentlichkeitsarbeit vor Ort zu nutzen.

Darüber hinaus können noch andere Aktions- und Gedenktage genutzt werden, je nachdem, in welchem Engagementfeld man tätig ist.

Eigene Publikationen

Je nach eigenen Ressourcen und dem Informationsbedarf an die festgelegten Zielgruppen, sind eigene Publikationen ein zentrales Kommunikationsmittel im Bereich der Öffentlichkeitsarbeit. Dies kann von Postkarten und einem Newsletter über Flyer, Informations- oder Expertenbroschüren und Jahresberichte bis hin zu eigenen Videoclips oder sogar Imagefilmen reichen.

Bei Publikationen sind neben dem sorgfältigen Umgang mit Urheber- und Bildrechten auch die Richtlinien des hausinternen Corporate Designs zu berücksichtigen. Wenn man ein kleiner Verein ohne eigenes Corporate Design ist, sollte man darauf achten, dass das Erscheinungsbild einen Wiedererkennungswert besitzt, d. h., hinsichtlich Logo, Typografie, Farbsystem, Bildsprache ist eine gewisse Einheitlichkeit sinnvoll.

Arbeit mit Testimonials

In einem Testimonial können Freiwillige, Spender:innen, Partner, (lokale) Prominente oder Begünstigte selbst zu Wort kommen. Testimonials geben einen persönlichen, oft auch emotionalen Einblick, warum und wie die jeweilige Person vom freiwilligen Engagement profitiert hat. Diese Geschichten ermöglichen einen Einblick in die Arbeit, können sehr motivierend sein, bauen Vertrauen auf und schaffen Glaubwürdigkeit und Authentizität. Testimonials haben den Vorteil, dass sie oft über einen längeren Zeitraum über verschiedene Kommunikationskanäle geteilt werden können (z. B. auf einem Flyer, als Post im Social-Media-Kanal oder als Grußbotschaft bei einer Veranstaltung).

Ein besonders bekanntes Beispiel ist der aktuelle Bundespräsident Frank-Walter Steinmeier als Testimonial und auch Schirmherr der bagfa e. V. (Bundesarbeitsgemeinschaft der Freiwilligenagenturen).

„Die offene, engagierte Bürgergesellschaft ist ein wesentlicher Teil unseres demokratischen Gemeinwesens. Die Freiwilligenagenturen geben dazu in vielen Kommunen Impulse und helfen so mit, soziale Herausforderungen vor Ort zu gestalten, die Gemeinschaft zu stärken und Lebensqualität zu fördern."

Frank-Walter Steinmeier, Schirmherr der bagfa

Abbildung 11: Frank-Walter Steinmeier (Copyright: Steffen Kugler/Bundesregierung)

Tipp: KI in der Öffentlichkeitsarbeit

Öffentlichkeitarbeit ist bereits jetzt das Handlungsfeld, in dem Künstliche Intelligenz (KI) eine große Erleichterung sein kann. Generative KI wie z. B. ChatGPT, Claude, Mistral und andere Sprachmodelle können hier mit relativ wenig Ressourcen Zeit sparen, bei der Ideenfindung helfen und komplizierte Texte vereinfachen. Nach einer Umfrage des Projekts „digital vereint" der lagfa bayern im März 2025 können KI-Lösungen für Organisationen schnelle und qualitativ durchaus hochwertige Texte für z. B. Social-Media-Posts, Newsletter und Pressemeldungen erstellen. KI kann Inhalte gezielt an unterschiedliche Zielgruppen anpassen und helfen, seine Kommunikationsstrategie zu optimieren. Dabei sollte man bedenken: KI kann die Basisarbeit zwar erledigen und so mehr Raum für kreative Arbeit und strategische Überlegungen geben, aber die Kommunikationsarbeit muss von den handelnden Personen immer noch selbst durchdacht und zielgerichtet eingesetzt werden.

Alle Kanäle nutzen

Wer freiwillige Engagierte gewinnen und fördern will, muss klar, echt und über verschiedene Kanäle sprechen. Im Mittelpunkt stehen die Geschichten der Menschen, die sich bereits engagieren. Sie zeigen, wie vielfältig und bereichernd Ehrenamt für alle Beteiligten ist.

Erfolgreiche Kampagnen beweisen: Kommen Engagierte selbst zu Wort und berichten von ihren Erfahrungen, überzeugt das und inspiriert neue Mitstreiter. Entscheidend bleibt, die Zielgruppe genau zu kennen und die Ansprache darauf abzustimmen.

Mit einer klugen Strategie, die Storytelling, passgenaue Ansprache und digitale Medien verbindet, stärken Organisationen ihr Image, gewinnen neue Ehrenamtliche und binden sie langfristig. Kostenlose Weiterbildungen helfen, die Öffentlichkeitsarbeit laufend zu verbessern und an neue Entwicklungen anzupassen.

5.6 Lobbyarbeit – Netzwerke schaffen und Interessen vertreten

Beatrix Hertle

Mit Lobbyarbeit assoziiert man oftmals negativ besetzte Begriffe wie Einflussnahme, mangelnde Transparenz, die Vertretung der eigenen Interessen ohne Rücksicht auf andere. Aber beim Thema Engagementförderung und Ehrenamt geht es immer um etwas anderes als das Verfolgen von individuellen Interessen. Hier geht es darum, die besten Rahmenbedingungen zu schaffen, damit sich Menschen freiwillig für andere und für die gute Sache einsetzen können. Das freiwillige Engagement braucht gute Lobbyisten, denn kaum ein anderer gesellschaftlicher Bereich ist so zentral für ein gutes Miteinander.

Lobbyarbeit versteht sich im Kontext von freiwilligem Engagement als legitime und transparente Interessenvertretung von Engagementorganisationen. Sie umfasst nicht nur die direkte Ansprache von Entscheidungsträgern, sondern vor allem den langfristigen Aufbau und die Pflege von Netzwerken. Dazu zählt auch die Formulierung klarer Botschaften und, wenn möglich, die Entwicklung einer Lobbystrategie. Lobbyarbeit sollte nicht erst in Krisensituationen bedacht, sondern stets als kontinuierlicher Prozess verstanden werden.

Formen politischer Netzwerkarbeit

Die Bundesarbeitsgemeinschaft der Freiwilligenagenturen (bagfa e. V.) unterscheidet in ihrem Handbuch „Thema werden. Politischen Netzwerkarbeit und Interessensvertretung" **drei zentrale Formen politischer Netzwerkarbeit:**

1. **Netzwerkaufbau:** Hierzu zählt die aktive Pflege von Kontakten zu politischen Entscheidungsträgern, Gremien und Verwaltung. Ziel ist es, als kompetente:r Ansprechpartner:in wahrgenommen zu werden und frühzeitig in Entscheidungsprozesse eingebunden zu sein.
2. **Agendasetting:** Man sollte eigene Themen und Anliegen in der kommunalen Öffentlichkeit gezielt platzieren, etwa durch Engagementberichte oder Positionspapiere. Hierbei sind die richtigen Botschaften, Adressaten, Instrumente und das passende Timing entscheidend.
3. **Reaktives Handeln**: Eine schnelle und gezielte Reaktion auf politische Entwicklungen oder externe Themen, die die Engagementorganisation und die freiwillig Engagierten unmittelbar betreffen, erhöhen die Chance wahrgenommen und zu eigenen Anliegen gehört zu werden enorm.

(vgl. bagfa, 2016)

Interessens- und Entscheidungsträger identifizieren und kennen

Ein zentrales Instrument in der Lobbyarbeit ist, ähnlich wie beim Projektmanagement, die Stakeholderanalyse, in der alle relevanten Interessens- und Entscheidungsträger systematisch identifiziert werden:

Zu den Stakeholdern für die Lobbyarbeit einer Engagementorganisation zählen:

- politische Verwaltungsleitung (Bürgermeister:innen, Landrät:innen)
- politische Entscheidungsträger:innen (Stadträt:innen Kreistagsmitglieder)
- Mitarbeitende der Verwaltung
- weitere Mandatsträger:innen (Landtags-/Bundestagsabgeordnete)
- Parteien, Verbände, Vereine, Kirchengemeinden und andere lokale Akteure

Das Lobbygespräch

Hat man die Stakeholder identifiziert und es kommt zu einem persönlichen Gespräch, ist die Vorbereitung von zentraler Bedeutung. Folgende Punkte sollten berücksichtigt und bedacht werden (vgl. Paritätischer Wohlfahrtsverband, 2022, S. 20–25).

Checkliste 1 „Vorbereitung des Gesprächs"

- Klare Zielsetzung: im Vorfeld überlegen, welches Ziel mit dem Gespräch verfolgt werden soll
- Kenntnis der Gesprächspartner: sich über das Gegenüber informieren (z. B. Funktion, Interessen, bisherige Positionen)
- Argumente und Fakten: stichhaltige Argumente und belegbare Fakten zurechtlegen, die die eigene Position untermauern
- Botschaften formulieren: Welche prägnante Kernbotschaften sollen transportiert werden?
- Timing: den passenden Zeitpunkt für das Gespräch wählen (z. B. vor wichtigen Entscheidungen, Haushaltsberatungen etc.)
- Unterlagen vorbereiten: anschauliche Materialien oder kurze Handouts vorbereiten

Checkliste 2 „Durchführung des Gesprächs"

- Begrüßung und Vorstellung: Man kann nicht davon ausgehen, dass das Gegenüber die Organisation in der Tiefe kennt
- Ziel des Gesprächs benennen
- Bedarfe und Anliegen schildern: Das Anliegen sollte klar, verständlich und nachvollziehbar dargelegt werden.
- Bezug zur Lebensrealität herstellen: aufzeigen, wie das Thema (das Engagement) konkret vor Ort wirkt und warum es relevant ist
- Dialog statt Monolog: aktiv zuhören, auf Rückfragen eingehen und Verständnis für die Perspektive der Gesprächspartner:innen zeigen
- Kompakt und prägnant bleiben: ausschweifende Ausführungen vermeiden und sich auf das Wesentliche konzentrieren
- Konkrete Forderungen oder Wünsche formulieren
- Angebot zur weiteren Zusammenarbeit machen

Checkliste 5: Das Lobbygespräch (vgl. Paritätischer Wohlfahrtsverband, 2022, S. 20–25)

Erfolgsfaktoren:

- Glaubwürdigkeit und Authentizität schafft Vertrauen.
- Relevanz: deutlich machen, warum das Anliegen wichtig ist – für die Zielgruppe, aber auch für die Kommune
- Storytelling: anschauliche Beispiele oder Geschichten nutzen, um das Anliegen greifbar zu machen
- Bündnisse und Netzwerke: auf Unterstützung durch andere Organisationen oder Initiativen verweisen
- Verlässlichkeit: Zusagen einhalten und in Kontakt bleiben
- Nachbereitung: ggf. ein kurze Gesprächszusammenfassung schicken und sich für das Gespräch bedanken

Auf Augenhöhe kommunizieren

Typische Stolpersteine vermeiden:

- Nicht belehrend auftreten: mit Argumenten überzeugen, nicht durch Druck
- Keine Überforderung: das Gespräch nicht mit zu vielen Themen überfrachten
- Nicht unvorbereitet erscheinen: alle relevanten Informationen bereithalten

Tipp: Lobbymantras für mehr Wirkung (vgl. Metke, 2023):

Relevanz erreicht man durch Penetranz (z. B. Präsenz zeigen, Nachbearbeitung von Anfragen)!

Argumente werden überschätzt (u. a. ist immer die richtige Haltung wichtig – evtl. „Praxiseinblicke" für politische Entscheidungsträger:innen anregen).

Politiker:innen sind Kümmer:innen, aber sie können nicht zaubern.

Lerne, in den Schuhen des anderen (Politik/Verwaltung) zu gehen.

Proaktiv statt (nur) reaktiv.

Deutungshoheit statt Neunmalklugheit.

Lobbyiere Wege (Prozesse), nicht nur Ziele (Forderungen).

Storytelling ist kein Hokuspokus, sondern ein wichtiges Lobbywerkzeug.

6. Besondere Engagementformate

Laura Eder

In den vorherigen Kapiteln ging es um die verschiedenen Aspekte eines gelungenen Freiwilligenmanagements. Dabei wurde auch deutlich: Engagement ist vielfältig und die Bedürfnisse und Wünsche von Freiwilligen sind sehr individuell. Es gibt unterschiedlichste Wege und Möglichkeiten, sich zu beteiligen – ob regelmäßig oder punktuell, allein oder im Team, vor Ort oder digital. Manches erfordert bestimmte Voraussetzungen, viel Vorbereitung und Schulung, bei anderen Aktivitäten kann man spontan mitmachen.

Ein Engagementformat beschreibt die Rahmenbedingungen, also das spezifische Setting, in dem sich eine Person engagiert. Viele der klassischen Engagementformen haben einen helfenden Charakter und sind im sozialen Bereich verankert. Andere sind durch eine bestimmte Organisationsstruktur wie die der Vereine geprägt.

Neue Formate entstehen

In Zeiten zunehmender Digitalisierung und einer flexibleren Lebensgestaltung sind neue Engagementformate hinzugekommen. Auch für die Ansprache und Einbindung besonderer Zielgruppen wie junge Menschen, Vereinsvorstände und Mitarbeitende in Unternehmen sind neue Konzepte entstanden, die gemeinnützigen Organisationen neue Möglichkeiten eröffnen.

Die folgenden Kapitel zeigen, was jeweils charakteristisch ist, welche Chancen die einzelnen Formate bieten – und worauf Organisationen achten sollten, um auch in diesen Feldern freiwilliges Engagement wirksam und tragfähig zu gestalten.

6.1 Vorstandschaft in einem Verein

Thomas Röbke

Der weitaus überwiegende Teil bürgerschaftlichen Engagements findet heute vor Ort statt und das vor allem in Vereinen. Über sechshunderttausend gibt es hierzulande (Schubert u. a., S. 11). Ihre Zahl wächst weiter, aber auch die Zahl der Auflösungen nimmt in den letzten Jahren deutlich zu und wahrscheinlich auch die Zahl der Vereine, die nur noch auf dem Papier existieren.

6.1.1 Vorstandsämter heute – Theorie und Praxis

Die meisten Vereine sind klein und haben wenige Mittel. Fast zwei Drittel haben bis zu hundert Mitglieder und zwischen zehn und 20 aktive Ehrenamtliche, die – auch dieser Trend nimmt zu – nicht unbedingt Mitglied sind (DSEE, S. 10). Das macht sie anfällig, wenn sich Ehrenamtliche zurückziehen. Wissenschaftler und Wissenschaftlerinnen beobachten außerdem eine abnehmende Bereitschaft, ein Vorstandsamt auszuüben.

Milieus bröckeln

Die Gründe dafür sind vielfältig. Wir sehen langfristige Trends in der Gesellschaft, die auch der Vereinsform zusetzen. Dazu gehört das Bröckeln traditioneller Milieus wie der Arbeiterschaft oder der Kirche, in denen das Ehrenamt noch selbstverständlich der Kinder- und Enkelgeneration „vererbt" wurde. Viele neue Möglichkeiten der Freizeitbeschäftigung sind verlockend, die Zeit und Engagement „wegnehmen", vor allem die digitale Konkurrenz von Videospielen und sozialen Medien. Öffentlich wahrgenommene Ämter geraten unter Druck. Daher haben viele Vorstände den Eindruck, ständig in der Kritik zu stehen, die bis zu Anfeindungen reicht. Hinzu kommt ein wachsendes Dienstleistungsbewusstsein der Mitglieder, das beispielsweise von Sportvereinen erwartet, wie kommerzielle Fitnessstudios zu funktionieren. Man zahlt ja schließlich Mitgliedsbeiträge!

Bürokratie erschwert das Leben

Und dann greift eine überbordende Bürokratie über, die sicher im Einzelnen Sinn macht, aber dann doch in der Summe überfordert. Was soll ein Vorstand nicht alles beherrschen: von Steuerfragen bis zu Hygieneproblemen, von Datenschutz bis zu Haftungsfragen muss alles „jongliert" werden (Röbke, 2014). Da ist es durchaus verständlich, dass sich manche ein unbezahltes freiwilliges Ehrenamt in dieser Form nicht mehr „antun" wollen.

Ein Verein kann auch Opfer des eigenen Erfolgs werden. So profitieren viele Sportvereine von der aufkommenden Fitnesswelle, die nach den schwierigen Coronajahren und dem Eintritt der Babyboomergeneration in den Ruhestand stark angestiegen ist. Allerdings stagniert die Bereitschaft, ein Vorstands-, oder Übungsleitungsamt zu übernehmen, was die vorhandenen Ehrenamtlichen zunehmend überfordert (Breuer, Feiler, 58 f.).

Was motiviert/hindert, ein Vorstandsamt wahrzunehmen?

Diese Entwicklungen müssen alarmieren, denn Vereine sind unverzichtbar für unser Gemeinwesen. Auch wenn sie staatliche Hilfe oder Sponsoring erhalten, ist vor allem das unentgeltliche Ehrenamt die wichtigste Garantie, dass die viel beschworene Zivilgesellschaft lebendig ist und bleibt. Das ist folgenreich, weit über das Vereinsleben hinaus, etwa für die Stabilität unserer Demokratie, die im Alltag der Menschen verankert sein muss. Viele wollen sich nur zeitlich begrenzt und sporadisch einbringen und nicht auf Jahre verpflichten. Aber gerade der Vorstand steht für Dauerhaftigkeit und Stabilität.

Unterstützung notwendig

Die Politik hat das erkannt. In der Bundesregierung gibt es nun eine Ministerin für Sport und Ehrenamt und im Bundestag einen gleichnamigen Hauptausschuss. In Bayern unterstützen u. a. das Landesnetzwerk Bürgerschaftliches Engagement und die in der lagfa bayern zusammengeschlossenen Freiwilligenagenturen mit Fortbildungen, Vereinstagen, Internetportalen wie dem Vereinswiki (www.vereinswiki.info) oder Vereinscoaching die Vereinslandschaft.

Dennoch ist die Vereinslandschaft sehr lebendig und erstaunlich widerstandsfähig. Zwischen vielen traditionellen Organisationen, die aus keinem Dorf wegzudenken sind und innovativen Neugründungen bewegt sich einiges: Klassische Sportvereine erweitern ihr Angebot, um der wachsenden Fitnesswelle gerecht zu werden. Es entstehen neue Vereine, z. B. im Kulturbereich. Insbesondere wächst die Zahl von Fördervereinen, die Einrichtungen wie Schulen oder Museen unterstützen. Vereine erwachen zu neuem Leben, Gartenbau- oder Imkervereine, die vom wachsenden Umweltbewusstsein profitieren. Viele geflüchtete Menschen wurden seit 2015 durch Vereine unterstützt, Mentoring schafft neue Bildungschancen für junge Menschen u. v. m.

Damit das Vereinsleben so lebendig und dynamisch bleibt, muss es attraktiv gestaltet sein. Es sollte eine Ehre und eine Freude sein, sich zu engagieren. Das ist leichter gesagt als getan. Viele gesellschaftliche Entwicklungen (s. o.) sind nicht einfach umkehrbar. Auch wenn die Politik immer davon spricht, Bürokratie abzubauen, ist das doch sehr kompliziert. Immerhin konnte in den letzten Jahren die private Haftung der Vereinsvorstände deutlich verbessert werden, die nun nur noch bei grober Fahrlässigkeit und Vorsatz anzuwenden ist. Der Versicherungsschutz ist deutlich verbessert worden.

Hausgemachte Schwierigkeiten

Neben den erwähnten gesellschaftlichen Trends gibt es „hausgemachte" Schwierigkeiten: Frauen sind im Vorstand deutlich unterrepräsentiert, aber auch Menschen mit Migrationshintergrund oder jüngere Vereinsmitglieder scheuen eine Kandidatur für den Vorstand. Das ist ein Fingerzeig für ein ausbaufähiges Bewusstsein für Vielfalt und Offenheit: Nicht selten sträuben sich altgediente Vorstände gegen wichtige Neuerungen und für Menschen mit anderen Ideen und Vorstellungen ist (noch) kein Platz im Verein.

Es gibt aber auch gute Nachrichten: So wächst die Zahl der Nachbarschaftsvereine, weil viele Menschen spüren, wie wichtig der Zusammenhalt vor Ort ist. Gerade bei neuen Angeboten finden sich immer wieder Menschen, die gerne Verantwortung tragen, auch in traditionsreichen Vereinen, die für Innovationen offen sind. Denn im Ehrenamt lässt sich vieles gestalten und das gemeinsam mit Menschen zu tun, die von den gleichen Zielen begeistert sind, macht viel Spaß. Deshalb betont etwa die Glücksforschung, wie sinnstiftend ein verantwortliches Einsetzen für das Gemeinwohl sein kann. Auch für die gerade in Ruhestand gehenden Babyboomer kann das neue Anreize schaffen. Wer sich engagiert, lebt länger und gesünder!

6.1.2 Vorstände der Zukunft – Modelle, Visionen und der Weg dorthin

Laura Eder

Neue Modelle und Bilder von Engagement

Diese positiven Ansätze gilt es zu stärken. Dafür gibt es nicht die eine Lösung, die für alle passt. Aber wir können strategische Entwicklungsfelder benennen:

- Wir müssen mit dem Bild vom „verstaubten" Verein und der Vereinsmeierei „aufräumen" und zeigen, wie modern und vielfältig Vorstandsarbeit heute gestaltet werden kann. Herausforderungen sind auch Entwicklungschancen.
- Es empfiehlt sich, die Vorstandschaft auf mehrere Schultern zu verteilen. Das gelingt in vielen Fällen schon hervorragend.
- Vereine sind Anker lokaler Demokratie. Sie müssen offen sein für neue Zielgruppen und Ideen und im Gemeinwesen eine wichtige Rolle spielen, die auch anerkannt wird.
- Immer mehr Menschen wollen sich gerne in Vereinen engagieren, obwohl sie nicht Mitglied werden möchten. Hierfür braucht es niedrigschwellige Angebote.
- Das Vereinsleben ist im steten Wandel begriffen. Dafür muss eine Organisation offen für frische Ideen und neue Zielgruppen sein. Und es dürfen auch Fehler passieren, aus denen man lernen kann.
- Die Digitalisierung ist eine große Chance, die Kommunikation im Verein einfacher und transparenter zu machen und Vereine sollten diese Chance ergreifen.
- Schließlich ist die beste Versicherung, Menschen zu gewinnen, denen Ehrenamt Freude macht. Freude am gemeinsamen Gestalten mit anderen, die vom gleichen Geist beseelt sind.

Aufgabenfeld für Freiwilligenagenturen

Viele Vereine werden von starken Fachverbänden unterstützt. Darüber hinaus ist es wichtig, mit Vereinen aus anderen gesellschaftlichen Bereichen in Austausch zu kommen. Hier unterstützen in Bayern das Landesnetzwerk Bürgerschaftliches Engagement und in die lagfa bayern mit unterschiedlichen Angeboten wie Vereinstagen, Vereinscoachings oder (Online-)Fortbildungen. Die Vernetzung über den Tellerrand hinaus bringt viele neue Ideen für die Vereinsarbeit. Hinzu muss eine gemeinsame Lobbyarbeit kommen. Natürlich weiß jeder kommunalpolitische Funktionsträger, wie wichtig Vereine sind. Dennoch muss man sich Gehör verschaffen und die eigenen Leistungen öffentlich darstellen, um nicht überhört zu werden. Dazu kann die Vernetzung über die örtliche Freiwilligenagentur oder Netzwerke wie „Engagierte Stadt" ein guter Resonanzkörper sein.

EXKURS: Freiwilligenmanagement im ländlichen Raum am Beispiel des Landkreises Nürnberger Land

Kerstin Stocker

Ländlicher Raum – was ist das? Versuch einer Definition

Tatsächlich gibt es laut Expertenaussagen keine eindeutige Definition für den „ländlichen Raum". Das Bundeslandwirtschaftsministerium definiert ihn als Einwohnerzahl pro Quadratkilometer – was in Deutschland einen Gebietsanteil von 60 Prozent ausmacht.

Für das Thema Engagement und Ehrenamt, das sich als Querschnittsthema durch viele gesellschaftliche Bereiche zieht, bietet sich eine umfassendere Definition an. Gute Orientierung bietet hier die Einordnung des Thünen-Instituts, das als Forschungsinstitut im Geschäftsbereich des Bundesministeriums für Ernährung und Landwirtschaft (BMEL) an der Schnittstelle von Wissenschaft, Politik und Gesellschaft arbeitet. Das Institut definierte 2016 Ländlichkeit nicht nur an statistischen Merkmalen, sondern erweiterte diese um fünf sozioökonomische Faktoren:

„Unter Ländlichkeit wird eine lockere Wohnbebauung, geringe Siedlungsdichte, ein hoher Anteil an land- und forstwirtschaftlicher Fläche sowie Randlage zu großen Zentren und geringe Einwohnerzahl im Umfeld verstanden. Die Bandbreite reicht von den sehr dünn besiedelten peripheren Räumen (äußerst ländlich) bis zu den hochverdichteten metropolitanen Zentren (kaum ländlich)." Nach dieser Kategorisierung leben 57,2 Prozent der Einwohner Deutschlands in ländlichen Räumen auf 91,3 Prozent der Fläche (Küppert, 2016, S. 4).

Alle Kommunen im Nürnberger Land fallen nach den Thünen-Kategorien unter den ländlichen, strukturschwachen Raum. Somit sind die als praktisches Anschauungsbeispiel für diesen Artikel sehr geeignet.

Ehrenamt am Land – Zwischen Tradition und Umbruch

Auf den ersten Blick unterscheidet sich das ehrenamtliche Engagement im ländlichen Raum gar nicht so sehr von anderen Regionen. Die Engagementquote liegt nur etwas höher als die in der Stadt. Eine Sekundärstudie des Freiwilligensurveys 2019 zeigt, dass sich in nicht ländlichen Gebieten 37 Prozent der Bevölkerung freiwillig engagieren, in eher ländlichen Gebieten sind es 39,8 Prozent und in stark ländlichen Regionen sogar 44,1 Prozent der Bevölkerung (BMEL, 2025, S. 12).

Die Unterschiede zeigen sich eher inhaltlich: Der größte Engagementbereich auf dem Land ist und bleibt nach dem Freiwilligensurvey „Sport und Bewegung". Wobei auch im ländlichen Raum dort ein leichter Rückgang der Engagementquote zu erkennen ist.

Ein markanter erlebbarer Unterschied ist, dass in ländlichen Räumen die Feuerwehren und Katastrophendienste auf ehrenamtlicher Basis geleistet werden. Auch die Rettungsdienste wie First Responder, Bergwacht und THW ruhen auf rein ehrenamtlichem Engagement. Dieser sogenannte „Blaulichtbereich" hat in ländlichen Regionen wegen seiner hohen Anzahl ehrenamtlich tätiger Personen ein hohes Gewicht. Folglich erhält diese Gruppe – zu Recht – auch viel Unterstützung und Aufmerksamkeit seitens offizieller Stellen wie Politik und Kommune. In ländlichen Regionen wie dem Nürnberger Land sind beispielsweise 59 Prozent aller Engagierten, die eine Bayerische Ehrenamtskarte besitzen, Feuerwehrdienstleistende. Allein diese Zahl zeigt, wie viel Gewicht das „Blaulicht" hier hat.

Landflucht und demografischer Wandel

Viele ländliche Kommunen leiden unter einem Rückgang der Bevölkerung. Der Wegzug gerade Jüngerer wirkt sich auf das Leben vor Ort negativ aus. Grundschulen werden zusammengelegt oder müssen schließen, Bankfilialen und Läden verschwinden, Häuser stehen leer, Krankenhäuser fallen Zentralisierungsmaßnahmen zum Opfer, ÖPNV-Verbindungen werden ausgedünnt oder entfallen ganz. Auch der Engagementbereich ist von sinkenden Bevölkerungszahlen betroffen, da weniger Menschen auch weniger Mitglieder, weniger Aktive und weniger Ehrenamtliche bedeuten. So bilden sich z. B. bei Sportvereinen Kooperationen über die Dorf- oder Stadtgrenzen hinaus, um die Jugendmannschaften beispielsweise im Fußball oder anderen Sportarten füllen zu können. Kooperationen bis zu Vereinsfusionen passieren, damit der Verein erhalten bleibt oder dessen Betrieb überhaupt noch gestemmt werden kann.

Not macht erfinderisch – die Kraft der Zivilgesellschaft

Diese Entwicklungen klingen zunächst trostlos. Was Engagement und Ehrenamt anbetrifft, bieten sie jedoch auch große Chancen, denn die Zivilgesellschaft ist aufmerksam und agil: Sie entdeckt Lücken in der Infrastruktur und Daseinsvorsorge wie beispielsweise fehlende Freizeit- oder Versorgungsangebote und versucht, sie zu decken. Vor Ort lebende und engagierte Menschen krempeln die Ärmel hoch und gleichen Defizite in ihnen am Herz liegenden Angeboten durch ehrenamtliches Engagement aus. Diese hoch motivierten Menschen zu unterstützen, ist eine zentrale Aufgabe für Freiwilligenmanager:innen.

Vereine spielen essenzielle Rolle

Auch die Vereinslandschaft spielt im ländlichen Raume eine essenzielle Rolle. Oft sind es die örtlichen Vereine, die das Dorf beleben, Kulturangebote schaffen, die letzte Gaststätte am Ort betreiben, Dorfläden einrichten, Bürgerbusse anstoßen, Brauchtum pflegen, die Kirchweih- und Dorffeste organisieren, eine Nachbarschaftshilfe betreiben und vieles mehr.

Stark spürbar ist die teilweise Überforderung der Funktionstragenden in Vereinen. Oft sind diese schon jahrzehntelang im Amt und in die Jahre gekommen. Manchmal haben sie – auch aus Mangel an Nachwuchs – die Stabübergabe an die nächste Generation verpasst. Es dominieren veraltete Organisationsstrukturen, die manchmal so weit von den Vorstellungen jüngerer Engagierter entfernt sind, dass die Übergabe nicht mehr funktioniert.

Hier bieten Freiwilligenagenturen wertvolle Hilfen. Nur selten sind verkrustete Strukturen, die es nicht nur in ländlichen Gebieten gibt, tatsächlich nicht mehr zu retten und Vereine lösen sich auf – ein Prozess, den Freiwilligenagenturen ebenso fachlich begleiten können. Oft ist ein Auflösungsgrund der Vereinszweck, der nicht mehr auf ausreichend Interesse stößt: Der Männergesangsverein und der Schnupfverein sind vielleicht nicht mehr „trendy" genug und finden daher keinen Nachwuchs. Andererseits gründen sich jedoch auch Projektchöre und Mitsinginitiativen und viele andere neue Formate, die zu begleiten großen Spaß macht.

Neue Strukturen notwendig

Viele Vereine haben längst erkannt, dass sie ihre Strukturen ändern müssen, um sich zukunftsfähig aufzustellen. Dort sind große Veränderungen nötig, die altgedienten Vorständen häufig schwerfallen. Auch beim Erschließen neuer Zielgruppen, wie Frauen in Vereinsführungspositionen oder die Einbindung von Menschen mit Migrationshintergrund, können hauptamtliche Ehrenamtsstellen unterstützen. Mit Seminaren, Workshops, Vernetzungsmöglichkeiten, Austauschplattformen und Vorstellungen von Best-Practice-Beispielen begleiten Freiwilligenagenturen all diese Prozesse professionell.

Verstaubte Strukturen, fehlende Begegnungsorte und Kulturangebote, mangelnder ÖPNV-Anschluss und Leerstände bergen für das ländliche Leben viele Risiken. Doch viele Menschen vor Ort engagieren sich in Initiativen oder neuen Vereinen, um die Lücken vor ihrer Haustüre zu schließen. Sie gründen Dorfläden und Nachbarschaftshilfen, Mobilitätsvereine und Flüchtlingshelferkreise, Dorfvereine, Reparaturwerkstätten, Kirchweihvereine, beleben Obst- und Gartenbauvereine neu, eröffnen Museen und Treffpunkte und vieles mehr.

Professionelle Fachstellen für Engagement und Ehrenamt können diesen hoch motivierten und aktiven Menschen gut Starthilfen geben. Sie können sie begleiten und coachen, können sie beim Gründen und Strukturieren ihrer Organisation sowie beim Finden von Fördergeldern unterstützen. Freiwilligenmanager:innen können diese hoch engagierten Menschen, die meist in mehreren Funktionen in der Kommune unterwegs sind mit ihrer Expertise vor Überlastung schützen. Außerdem können sie einen Beitrag dazu leisten, damit aus all diesen großartigen Ideen dieser wertvollen Initiativen statt einem „gut gemeint" auch ein nachhaltiges „gut gemacht" wird.

Nachwuchsmangel aktiv entgegensteuern

Auch Vereine, die von Nachwuchsmangel oder Überalterung betroffen sind und keine Auswege mehr finden, können Freiwilligenagenturen mit Fortbildungs- und individuellen Beratungsangeboten, Coachings und der Vermittlung von helfenden Personen maßgeblich unterstützen, neue Strukturen zu bilden. Derzeit besteht ein überwältigendes Interesse, alte Vereinsstrukturen zu verändern, um das Problem der Nachwuchsgewinnung in den Griff zu bekommen. Die Einführung von Teamvorständen ist hier ein aktuelles Beispiel, das im Nürnberger Land vorangetrieben wird.

Allen anderen – gut laufenden Organisationen und Freiwilligeninitiativen – können wir als Freiwilligenagentur helfen, mit dem rasanten gesellschaftlichen Wandel Schritt zu halten. Passgenaue Fortbildungsangebote und auf die Region abgestimmte Informationen zu Preisen, Wettbewerben und Förderkulissen in Newslettern und auf Social-Media-Kanälen unterstützen die Vereine und Initiativen dabei, sich nicht abgehängt oder überfordert zu fühlen. Mit persönlichen Beratungsgesprächen und juristischen Auskünften, die wir ihnen helfen einzuholen, können wir oft unbürokratisch und schnell Hilfe leisten. Die Bereiche Haftung und Versicherung, Pflichten des Vereinsvorstands sowie moderne Vereinsstrukturen und KI stoßen dabei auf großes Interesse.

Digitalisierung ist große Chance

Das Thema Digitalisierung und Ehrenamt birgt eine enorme Chance für ländliche Regionen. Herausforderungen wie weite Wege, mangelnde ÖPNV-Verbindungen oder Wegzug junger Menschen können Freiwilligenagenturen mit digitalen Formaten wie virtuellen Vorstandstreffen, Onlinetools zur Zusammenarbeit, digitalen Engagementmöglichkeiten oder digitalen Plattformen zur Engagementsuche begegnen. Es ist eine zentrale Aufgabe, hierüber aufzuklären, alle mitzunehmen und ihnen zu helfen, diese Chancen zu nutzen.

Als Infrastruktureinrichtungen für Engagement und Ehrenamt können wir digitale Engagementplattformen anbieten, auf die die Vereine und gemeinnützigen Organisationen vor Ort unkompliziert aufspringen können (z. B. freilich-bayern.de und die Engagementplattform der Aktion Mensch). Niedrigschwellige Fortbildungsformate wie die von „digital verein(t)" oder anderen Projekten vor Ort helfen in der praktischen Arbeit und machen mit Expert:innen vertraut, die man auch im Nachgang um Hilfe bitten kann. Auch die Vereinscoachingangebote und Vereinsforen des LBE sind gute Formate, die sich im Nürnberger Land bewährt haben.

Multiplikatoren einbinden

Verstaubte Strukturen, Überalterung und persönliche Animositäten verhindern jedoch teils das Gelingen neuer Projekte oder die Einführung innovativer Elemente. Hier heißt es für uns auch, Netzwerke zwischen den Playern zu etablieren. Brücken zu bauen zwischen kommunalen Vertreter:innen wie Bürgermeister:innen, Stadt- und Gemeinderäten, der Verwaltung, den Schulen, den Kitas und den Engagierten, kann hier eine unserer Aufgaben als Freiwilligenagentur sein. In ländlichen Regionen ist das Einbinden wichtiger Multiplikatoren wichtig für örtliche Vereine und Initiativen, wenn man vor Ort gestalten möchte.

Schließlich können und müssen wir mit unserer Expertise auch da sein, wenn es brennt. Der Einsatz während der Flüchtlingskrise, der Pandemie und in den Anfangszeiten der Ukrainekrise war für uns selbstverständlich. Als kommunal getragenes Freiwilligenzentrum im Nürnberger Land brachten wir uns bestmöglich ein. Das gelang auch dank unserer guten Kontakte zum „Blauchlichtbereich" und zur Verwaltung sehr gut. Die Mitarbeit in der Führungsgruppe Katastrophenschutz (FÜGK) bietet sich an, da wir Wissen und Erfahrungen mit Spontanhelfenden und Ehrenamtlichen mitbringen – vorausgesetzt natürlich, die personellen Ressourcen dafür sind vorhanden.

Persönliches Fazit aus dem Freiwilligenzentrum Nürnberger Land:

Es macht viel Spaß, auf dem Land das Thema „Unterstützung des Ehrenamts" zu „bespielen". Man kennt sich und begegnet sich öfter – damit geht vieles schneller und einfacher. Es entstehen Vertrauensverhältnisse und es herrscht eine gute Verbindlichkeit. Veranstaltungen durchzuführen, gelingt oft gut. Die Menschen sind dankbar, wenn wir vor Ort Formate anbieten, die sie interessieren. Die Motivation, sich vor Ort aktiv einzubringen, ist hoch. Wir müssen passende Angebote erfinden, um diese zu heben.

Dies alles bietet uns als Infrastruktureinrichtungen für Engagement und Ehrenamt eine große Spielwiese mit vielen Möglichkeiten, aktiv zu werden. Wir müssen sie nur aufnehmen – jeder angepasst auf die speziellen Bedürfnisse seiner Region.

6.2 Digitales Engagement

Anne Pahl

Die digitale Transformation wirkt sich nicht nur auf Organisationsstrukturen aus, sondern auch auf konkrete Engagementformate und -möglichkeiten. So spielt digitale Zusammenarbeit nicht nur im freiwilligen Engagement eine immer größere Rolle, vielmehr hat das Engagement im Internet einen dezidierten Platz in der Engagementlandschaft gefunden. Digitales Engagement unterliegt dabei wie viele Ansätze im Digitalisierungsdiskurs konstanten Veränderungen und Weiterentwicklungen.

6.2.1 Geschichte, Definition und Einsatzfelder

Im internationalen Kontext schon länger als „Online Volunteering" oder „Cyber Volunteering" bekannt, hat im deutschsprachigen Raum besonders Hannes Jähnert in den frühen 2010er-Jahren das Thema in den Fachdiskurs eingebracht (vgl. Jähnert, 2012).

Spätestens seit der Coronapandemie ist digitales Engagement als eigene Form des freiwilligen Engagements bekannt. Darüber hinaus existieren viele digitale Engagementmöglichkeiten unabhängig von explizierter Engagementförderung schon seitdem das Internet für eine größere Gruppe von Menschen zugänglich wurde. Das wohl prominenteste Beispiel ist die Wikipedia, die seit 2001 von zahlreichen Freiwilligen in vielen Stunden digitalen Engagements befüllt, editiert und weiterentwickelt wird. Open-Source-Softwareprojekte sind ebenfalls in vielen Stunden freiwilligen Engagements entstanden. So spiegeln sich in diesem Engagementformat die mit der Verbreitung digitaler Zugänge einhergehenden Flexibilisierungsansprüche an Alltag und Freizeit wider.

Merkmale und Definition digitalen Engagements

Aber was unterscheidet digitales Engagement von „herkömmlichem" Freiwilligenengagement? Neben den Merkmalen freiwilligen Engagements, die in Kapitel 2.1 beschrieben sind und auch für digitales Engagement gelten, zeichnet sich dieses Engagement dadurch aus, dass „ein System, das über Computer, mobile Endgeräte oder andere Zugänge erreichbar ist, eine Schlüsselrolle in den Bereichen Akquise, Vermittlung von Aktivitäten oder Ausübung des Engagements übernimmt" (Hinz et al., 2014, S. 7). Wir sprechen demzufolge immer dann von digitalem Engagement, wenn die Tätigkeit, die das Engagement bestimmt, über digitale Wege ausgeübt wird. Darüber hinaus lässt sich digitales Engagement dadurch charakterisieren, dass es örtlich und zeitlich unabhängig oder flexibel durchgeführt werden kann. Auch wenn im letzten Freiwilligensurvey von 2019 verhältnismäßig wenig Engagierte (2,6 Prozent) ausschließlich über das Internet engagiert sind, ist davon auszugehen, dass diese Zahl seit der Pandemie angestiegen ist (Simonson et al., 2021, S. 35 f.).

Typische Einsatzfelder

Die Tätigkeiten gestalten sich dabei vielfältig und lassen sich in folgende Einsatzbereiche kategorisieren (vgl. bagfa, 2022):

- **Öffentlichkeitsarbeit**
  Freiwillige unterstützen Vereine und Organisationen bei Aufgaben wie der Social-Media-Kommunikation, Blogartikeln, Foto- und Videobearbeitung oder bei der Gestaltung von Materialien.
- **Kommunikation und Begegnung**
  Freiwillige und Interessierte treffen sich digital, um Kontakte zu knüpfen, sich zu bestimmten Themen auszutauschen oder gemeinsamen Aktivitäten nachzugehen.

- **Recherche und Archivtätigkeiten**
  Museen, Archive, Geschichtsvereine und andere Einrichtungen bekommen Unterstützung bei der Digitalisierung von historischen Quellen, Dokumenten und Materialien.

- **Büro, Verwaltung und Fundraising**
  Freiwillige engagieren sich bei Büro- und Verwaltungstätigkeiten oder im Fundraising in Organisationen.

- **Netzaktivismus und Bürgerbeteiligung**
  Menschen setzen sich (weltweit) über Onlineplattformen für ihre Anliegen ein, entwickeln Projekte und gewinnen Unterstützung für ihre Ideen.

- **Teilen von Informationen, Wissen und Daten**
  Viele Menschen tragen mit ihrem (Übersetzungs-)Wissen zu einem großen Projekt bei oder beteiligen sich in sogenannten Citizen-Science-Projekten mit den von ihnen erhobenen Daten.

- **Kompetenzvermittlung**
  Freiwillige vermitteln Kompetenzen über Onlinekurse oder Sprechstunden.

- **Onlineberatung**
  Freiwillige stehen Hilfesuchenden beratend und unterstützend zur Seite. In Gesprächen bieten sie Hilfe bei Problemen oder verweisen an andere Stellen weiter.

- **Nachhilfe und Patenschaften**
  Freiwillige stehen über digitale Wege mit ihren Mentees in Verbindung. Sie teilen ihr Wissen und ihre Erfahrungen, machen Mut und schenken anderen ihre Zeit.

Grundvoraussetzungen

Eine Voraussetzung für digitales Engagement ist der Zugang zur notwendigen Hard- und Software und ein Internetzugang. Je nach Tätigkeitsfeld sind verschiedene digitale Kompetenzen von Vorteil. Freiwillige sollten sich im digitalen Raum wohlfühlen und mit digitalen Kommunikationsgepflogenheiten vertraut sein. Digitales Engagement bietet in vielen Bereichen die Möglichkeit für Organisationen, auf zusätzliche Kompetenzen zuzugreifen und ermöglicht es Personengruppen, für die ein analoges Engagementformat nicht passend ist, sich einzubringen.

Erwartbare zukünftige Entwicklungen

Die Übersicht lässt sich voraussichtlich in den nächsten Jahrzehnten konstant erweitern und schon heute verschwimmt in vielen Kontexten die Trennung zwischen digitalen und analogen Engagementformaten, da mehr als die Hälfte der Tätigkeiten freiwillig Engagierter zunehmend mit digitalen Hilfsmitteln umgesetzt wird (vgl. Simonson, 2021, S. 35). Ggf. erübrigt sich schon mit der nächsten Engagementgeneration diese Unterscheidung und Engagement wird wie viele andere Lebensbereiche immer auch digital gedacht.

Tipp: Manche Engagierte fühlen sich im Internet nicht souverän genug, um sich digital einzubringen. Hier ist es wichtig, im Vorfeld abzuwägen, ob eine Einarbeitung und ggfs. intensivere Begleitung möglich sind. Digitales Engagement kann voraussetzungsreich sein, das sollte im Onboardingprozess offen angesprochen werden. Damit sich niemand ausgeschlossen fühlt, sollten digitale Engagementformate nicht exklusiv angeboten und kommuniziert werden.

6.2.2 Warum digitales Engagement?

Trotzdem lohnt es sich im Kontext der Engagementförderung, digitales Engagement als ein dezidiertes Engagementformat zu betrachten. Auch weil digitales Engagement besondere Anforderungen an Organisationen und Initiativen stellt, die digital Engagierte einbinden wollen. Die Vorteile digitalen Engagements lassen sich aus verschiedenen Perspektiven beschreiben.

Flexibilität für neue Zielgruppen

Ausgehend von Engagement als Faktor *gesellschaftlicher Teilhabe*, spricht ein ortsunabhängiges und zeitlich flexibles Engagement Freiwillige an, die in anderen Engagementformaten auf Hürden treffen. So ermöglicht ein digitales Engagement bspw. Menschen mit Pflegeaufgaben im eigenen Haushalt oder Mobilitätseinschränkungen, sich einzubringen. Aber auch sensible oder schüchterne Personen, die sich ungern in neue Situationen begeben, berichten in der Praxis davon, dass sie sich von digitalen Engagementangeboten angesprochen fühlen. So kann externes Engagementpotenzial mit digitalen Engagementmöglichkeiten gehoben werden.

Tipp: In der Praxis zeigt sich, dass digital Engagierte sich gern für Initiativen einbringen, zu denen sie einen lokalen Bezug haben. Wenn sie vielleicht aufgrund von Ausbildung aus dem Heimatort weggezogen sind oder den Studienort für einen Beruf verlassen haben, gibt es die Möglichkeit, im digitalen Engagement weiter verbunden zu bleiben.

Externes Potenzial für Engagement

Mit Blick auf die Beendigungs- und Hinderungsgründe für Engagement zeigt der Freiwilligensurvey 2019 die zeitliche Belastung der Freiwilligen mit 42,9 Prozent bei ehemals Engagierten und mit 71,3 Prozent bei noch nie Engagierten als einen wichtigen Faktor (vgl. ebd., S. 123, 126). Auch wenn digitales Engagement ebenfalls zeitintensiv sein kann, birgt es doch das Potenzial, diesen Hinderungsgründen zu begegnen, denn durch die flexible Zeiteinteilung und wegfallende Anreisezeiten kann es so auch mit weniger zeitlichen Ressourcen Teil des Alltags sein. Auch der Wunsch, keine Verpflichtungen einzugehen (vgl. ebd., S. 140), hindert Menschen daran, sich zu engagieren. Ein maximal flexibles und zeitlich selbstbestimmtes und digitales Engagement kann hier Engagement ermöglichen, wo es sonst nicht stattfindet.

Fluktuation begegnen

Ausgehend von Organisationen und Initiativen, die digitale Freiwillige gewinnen, lassen sich ebenfalls verschiedene Vorteile festhalten. Durch die allgemeine Flexibilisierung der Engagementanforderungen gestaltet sich die regelmäßige Einarbeitung neuer Freiwilliger, die sich daraus ergibt, für viele Einrichtungen als zu zeitintensiv. Hier bietet digitales Engagement zahlreiche Möglichkeiten, dieser Herausforderung zu begegnen. Welche Aufgaben lassen sich in der eigenen Organisation digital umsetzen und welche Informationen sind für die Umsetzung notwendig? Hier können mit digitalen Formaten wie E-Learning-Kursen oder Onlineworkshops mehr Freiwillige erreicht werden. Auch wenn die Erstellung der Materialien zu Beginn Kapazitäten bindet, kann die Koordination durch zunehmende Automatisierung effektiv und skalierbar gestaltet und asynchron für alle Interessierten zur Verfügung gestellt werden.

Kompetenzen gewinnen

Da das Engagement ortsunabhängig umgesetzt werden kann, ist es besonders im ländlichen Raum attraktiv für Engagierte, sich ohne längere Anreisewege digital einzubringen.

Wenn sich im eigenen lokalen Umfeld keine Person mit den passenden fachlichen Kompetenzen, bspw. für die Gestaltung einer Webseite finden lässt, ist es digital leicht möglich, deutschlandweit nach den richtigen Freiwilligen zu suchen.

6.2.3 Digitales Freiwilligenmanagement[5]

Um digital Engagierte gut in die neuen Aufgaben einzuführen und zu begleiten, ist ein durchdachtes digitales Freiwilligenmanagement sinnvoll. Hierbei können bestehende Prozesse teilweise digitalisiert werden, an manchen Stellen kann es aber auch notwendig werden, komplett neue Formate zu entwickeln.

Vorbereitung

Bevor es losgehen kann, sollten bestimmte Fragen in der eigenen Organisation geklärt sein:

- Gibt es eine verantwortliche Ansprechperson im Projekt, die digital Engagierte betreuen kann und notwendige Informationen digital zur Verfügung stellen kann?
- Welche Voraussetzungen bringt die Organisation mit, um Freiwillige, die nicht vor Ort sind, einzubinden? Ist die notwendige technische Ausstattung vorhanden?

Nicht zuletzt muss das konkrete Aufgabenfeld für das digitale Engagement erarbeitet werden: Welches Projekt bietet sich dafür an, wo wird Unterstützung benötigt, die digital erfolgen kann oder muss? Wenn der Aufgabenbereich eingegrenzt ist, lohnt es sich, über verschiedene zeitliche Verpflichtungen nachzudenken. Damit die Zusammenarbeit digital erfolgen kann, sollten Kommunikationskanäle und Zugänge zu digitalen Materialien geklärt sein.

Tipp: Wenn es eine gemeinsame Dateiablage gibt, können digital Engagierte mit bestimmten Zugangsrechten auch zeitlich begrenzt damit arbeiten. Dafür muss im Vorfeld geklärt sein, welche Informationen transparent sein sollten und welche Dateien eher nicht geteilt werden sollen.

Freiwillige gewinnen

Anders als bei Engagement vor Ort, bietet digitales Engagement die Möglichkeit, Menschen direkt an der Stelle für freiwilliges Engagement zu gewinnen, an der sie darauf aufmerksam werden: im Internet. Dieser direkte Kommunikationsweg kann über entsprechende Plattformen (vgl. Exkurs in Kapitel 4.3.6 oder Saliger, 2024) oder die eigenen digitalen Kommunikationskanäle (Webseite, Social Media) erfolgen. Es lohnt sich also, über die Ansprache auf diesen Kanälen nachzudenken. Welchen Eindruck hinterlassen sie? Gibt es konkrete Möglichkeiten, direkt loszulegen? Mit welchen Botschaften werden interessierte Freiwillige digital angesprochen? Die Aufgabe sollte so konkret wie möglich beschrieben sein, damit Interessierte eine realistische Vorstellung von den an sie gestellten Erwartungen bekommen.

Erstgespräch

Nach der Kontaktaufnahme der Interessierten plant die verantwortliche Person das individuelle Kennenlerngespräch – idealerweise per Video. Im Vorfeld sollten alle wichtigen Informationen zur Umsetzung des Engagements erarbeitet sein. Dieses Kennen-

[5] Dieses Kapitel orientiert sich an den Handreichungen aus dem Projekt „Online Gutes tun" online: https://gutes-geht.digital/fur-organisationen#freiwilligenmanagement-digital

lernen legt den Grundstein für eine wertschätzende Zusammenarbeit, es ist demzufolge wichtig, eine vertrauensvolle Atmosphäre herzustellen und genug Zeit für Fragen einzuplanen. Neben der Vorstellung der eigenen Organisation ist es hilfreich, die Wirkung des Engagements konkret darzustellen und auf die Motivation der Interessierten einzugehen. Außerdem können hier die Rahmenbedingungen auf beiden Seiten besprochen und Formalitäten wie Verschwiegenheitserklärungen oder schriftliche Vereinbarungen geregelt werden. Zuletzt sollte eine konkrete Verabredung für den Start der Zusammenarbeit erfolgen.

Willkommensprozess/ Onboarding

Der Willkommensprozess ist stark abhängig vom Engagementformat. Wenn es sich um ein einmaliges Engagement handelt, können die Freiwilligen mit einer persönlichen Informationsmail oder einem Willkommensvideocall als Gruppe an Bord geholt werden. Wenn die Engagierten sich für ein zeitlich längerfristiges Engagement entschieden haben, folgt hier der sensible Prozess des Vertrauensaufbaus. Um die digital Engagierten an die Organisation zu binden, ist eine wertschätzende und kontinuierliche Kommunikation erfolgsversprechend.

Neben der Frage nach den Kommunikationskanälen lohnt es sich, auch über die Erwartungen im Hinblick auf Kommunikationszeiten nachzudenken. Wenn sich Arbeits- und Engagementzeiten nicht oder kaum überschneiden, sollte das im Onboarding transparent gemacht werden. Um den Prozess nicht zu zeitaufwendig zu gestalten, können Informationsmaterialien mit Kontaktdaten, Informationen zum Engagement und notwendigen Ressourcen, Terminen für Austausch- oder Weiterbildungstreffen und Verantwortlichkeiten im Team im Vorfeld erstellt werden. Auch digitales Engagement lebt von der Motivation und Anerkennung der Freiwilligen. Diese spielen sich auch in informellen Angeboten ab: Welche Austauschformate bieten sich an und wie können die digital Engagierten das Team kennenlernen, mit dem sie zusammenarbeiten? Je nach Struktur der Organisation und Präferenz der Freiwilligen können auch kleine Erklärvideos oder E-Learning-Angebote zur Verfügung gestellt werden.

Tipp: Die entwickelten Handreichungen oder Formate können gut mit digital affinen Personen aus dem eigenen Umfeld getestet werden – vielleicht sogar als eigenes kleines Engagementprojekt?

Gut begleiten

Digital Engagierte über den Verlauf ihres Engagements gut zu begleiten, birgt einige Herausforderungen. Zuerst sollten die **Erwartungshaltungen auf beiden Seiten** transparent und ehrlich besprochen werden: Wie viel Betreuung und Begleitung wünschen sich die Freiwilligen? Ist ihnen die Selbstbestimmtheit und Flexibilität eines digitalen Engagements besonders wichtig, kann es passieren, dass eine detaillierte Begleitung eher als kontrollierend wahrgenommen wird. Je nach Organisation und persönlicher Vorliebe ist es sinnvoll, einen guten Mix aus verschiedenen Begleitformaten zusammenzustellen. Möglichkeiten, örtlich getrennt in Kontakt zu bleiben, sind durch die digitale Transformation vielfältig: Telefonate, Newsletter, persönliche E-Mails, Messengergruppen für Freiwillige oder nach thematischen Schwerpunkten, Reflexionsgespräche per Videocall oder anonyme Umfragen zu Bedarfen und Zufriedenheit im Engagement bieten unterschiedliche Ansatzpunkte, um die Engagierten zu motivieren und auf ihre Bedürfnisse einzugehen. Generell ist eine wertschätzende Haltung gegenüber den digital Engagierten und der von ihnen eingebrachten Zeit eine wichtige Grundlage für die Zusammenarbeit.

Weiterbildung

Je nach Engagementfeld sind **Fort- und Weiterbildungsmöglichkeiten** für Freiwillige notwendig oder gewünscht. Hier gilt es, diese digital anzubieten, um dezentral Engagierten eine Teilnahme zu ermöglichen. Auch digitale Peer-Learning- oder Austauschformate geben Freiwilligen die Möglichkeit, aus den Erfahrungen anderer zu lernen und eigenen Fragestellungen nachzugehen. Themenspezifische Angebote oder Fachtage werden vermehrt digital angeboten, was es Freiwilligen ermöglicht, auch von zu Hause teilzunehmen. Die Zeit, die für Weiterbildungsmaßnahmen aufgebracht wird, sollte in der Kommunikation nicht aus dem Blick geraten. Gerade bei kurzfristigen Engagements lohnt es sich, wichtige Voraussetzungen und Inhalte kompakt und ansprechend aufzuarbeiten, um Engagierte zu motivieren.

Anerkennung

Von einer durchdachten **Anerkennungskultur** profitieren nicht nur die Engagierten, sondern auch die Organisation. Denn wenn alle Beteiligten sich gesehen und wertgeschätzt fühlen, bleiben sie länger aktiv (vgl. Simonson et al., S. 138).

Die fehlende räumliche Nähe und oft vor Ort unsichtbare digitale Engagementformate können die üblichen **Anerkennungsstrategien** in der Organisation vor Herausforderungen stellen. Ausgehend von der These, dass digital Engagierte besonders die Selbstbestimmtheit und Flexibilität ihres Engagements schätzen, ist es empfehlenswert, mit den Engagierten über Anerkennungsformate zu sprechen, die zu ihnen passen. Gibt es ein Netzwerk, für das sie sich interessieren, oder eine Veranstaltung, zu der sie sich Zugang wünschen, den die Organisation ermöglichen kann? Ist eine öffentliche Erwähnung auf den eigenen Kanälen gewünscht oder freuen sie sich eher über ein persönliches Päckchen oder einen Gutschein? Eine Sichtbarmachung ihres Beitrags und damit der Wirkung des eigenen Engagements gegenüber dem Team und anderen Freiwilligen kann auch in einer gemeinsamen digitalen Veranstaltung umgesetzt werden.

Verabschiedung

Gerade für Freiwillige, die auf ein großes Maß an Flexibilität in ihrem Engagement angewiesen sind, ist es wichtig, dass ein **Ausscheiden aus dem Engagement** von Beginn an mitgedacht und kommuniziert wird. So werden keine unrealistischen Erwartungen aufgebaut und ein möglicher Wiedereinstieg in der Zukunft erleichtert. Um eine wertschätzende Verabschiedung zu gewährleisten, bietet sich ein Abschlussgespräch an, in dem die gemeinsamen Erfahrungen reflektiert werden. Hier kann auch der weitere Kontakt vereinbart werden: Möchten die Freiwilligen zukünftig über den Newsletter die Entwicklung der Organisation mitverfolgen oder erklären sie sich bereit, bei auftauchenden fachlichen Fragen sporadisch kontaktiert zu werden? Wenn gewünscht, gehört auch ein schriftlicher Nachweis über das Engagement zu einem geglückten Ende der Zusammenarbeit.

Evaluation

Nach Abschluss des digitalen Engagements gilt es, die **Erfahrung auf beiden Seiten zu evaluieren** (vgl. Kapitel 4.10). Neben einem persönlichen Feedbackgespräch sind anonymisierte Fragebögen mit offenen Fragen wichtig. Hier bietet es sich an, die verschiedenen Stadien des digitalen Freiwilligenmanagements von den Engagierten einschätzen zu lassen. Wie haben sie ihre Einbindung in die Organisation erlebt und wie bewerten sie die Begleitung? Welche Ideen und Tipps wollen sie gern noch loswerden und wie schätzen sie ihre eigene Wirksamkeit im Engagement ein? Um die Evaluation in die Verbesserung des eigenen Engagementangebots einfließen zu lassen, ist eine systematische Verarbeitung der Ergebnisse notwendig. Zum Abschluss des Engagements kann es auch hilfreich sein, den Engagierten ein persönliches Feedback für die Zukunft oder als Referenz für berufliche oder weitere ehrenamtliche Pläne auszustellen.

6.2.4 Voraussetzungen für digitales Engagement

Damit digitales Engagement erfolgreich implementiert werden kann, sind einige Voraussetzung auf Seiten der Organisationen oder Initiativen notwendig, die Freiwillige digital einbinden wollen. Neben passenden Engagementmöglichkeiten, die sich tatsächlich digital umsetzen lassen, stellt die Integration digital Engagierter folgende Anforderungen an die Organisationsstruktur und -kultur.

Digitalisierungsgrad in der eigenen Organisation

Wie digital arbeiten die eigene Organisation bzw. andere Freiwillige und beruflich Mitarbeitende? Wenn die eigene Einrichtung bisher wenige Arbeitsprozesse digitalisiert hat, ist die konstante Einbeziehung von rein digital beteiligten Freiwilligen eher nicht zu empfehlen. Ebenfalls lohnt es sich, die eigene Haltung zu Digitalisierungsprozessen im Team unter die Lupe zu nehmen: Wie schätzen wir Digitalisierung in unserem Engagement und unserer Arbeit ein? Ist es möglich, nicht nur inhaltlich, sondern auch kulturell Teil unserer Organisation zu werden, wenn Freiwillige rein virtuell mit uns verbunden sind?

Beispiel:

Eine Freiwillige möchte einen Verein im Bereich Social Media unterstützen und ist darauf angewiesen, dass es vor Ort eine Person gibt, die schnell ein paar Bilder von einem Event in die gemeinsame Dateiablage hochlädt, damit sie diese für die verschiedenen Kanäle aufarbeiten kann.

Transparenz

Wie viel Vorwissen ist notwendig? Wie bei allen Onboardingprozessen ist auch für digital Engagierte wichtig, genau zu wissen, welche Aufgaben sie umsetzen sollen. Gerade wenn es um den Einsatz (beruflicher) Kompetenzen geht, kann es notwendig sein, viele Informationen zur eigenen Organisation und ihren Prozessen transparent zu machen, ohne „Neulinge" zu überfrachten. Das kann auch bestehende Hierarchien und die Geschichte der eigenen Organisation und ihrer Netzwerke betreffen. Auch das Thema Datenschutz sollte geklärt werden. Für Neuengagierte ist es wichtig, die internen Datensicherheitsregelungen der Organisation kennenzulernen und zu verstehen, welche Daten sensibel zu behandeln sind.

Beispiel:

Ein Freiwilliger hat sich gemeldet, um die alte Vereinswebseite zu überarbeiten, und braucht dafür das Admin-Passwort des bestehenden Content-Management-Systems.

Professionalisierungsgrad

Je nach Größe und Ausstattung der Einrichtung kann es sich anbieten, digital Engagierte für besonders spezialisierte oder kleinteilige Aufgaben einzusetzen. Hier ist es ggfs. nicht notwendig, die Interessierten dezidiert in die eigene Organisation einzuführen, sondern es kann ratsam sein, eine konkrete Aufgabe für digital Engagierte vorzubereiten: Hier zählt ausnahmsweise Quantität.

Beispiel:

Ein Archiv möchte eine große Schriftensammlung digitalisieren. Es baut ein digitales Tool, mithilfe dessen eine große Anzahl Freiwilliger gleichzeitig die eingescannten Schriften digital lesbar macht.

Offenheit für Ideen

Neue Engagierte bringen immer auch eigene Perspektiven und Impulse in die Organisation. Besonders im digitalen Raum, in dem Skalierung eine prominente Rolle spielt, werden die Ambitionen für die eigenen Aktivitäten deshalb schnell sehr groß. In diesem Fall gilt es, frischen Ideen wertschätzend zu begegnen und gemeinsam realistische Schritte zu planen. Auch wenn der Verein schon länger existiert und in der Vergangenheit verschiedene Ansätze ausprobiert und verworfen hat, kann es sich lohnen, neugierig in die Zusammenarbeit zu gehen.

Beispiel:

Eine Freiwillige ist begeistert von der Arbeit des Vereins und setzt ihr Netzwerk in Bewegung, um eine große digitale Kampagne zu planen. Die Mitarbeitenden haben zuerst Sorge, dass sie aufgrund knapper Ressourcen einem hohen Andrang nicht gerecht werden. Im Gespräch entwickeln sie zuerst ein Konzept dafür, neue Freiwillige einzuarbeiten, die den möglichen Andrang auffangen können.

6.3 Corporate Volunteering – Unternehmensengagement

Renate Volk

Immer mehr Unternehmen engagieren sich auch gesellschaftlich. Sie bringen Sach- oder Geldspenden ein oder stellen ihren Beschäftigten Zeit zur Verfügung, um sich zu engagieren. Das vorliegende Kapitel stellt Möglichkeiten vor, wie sich Unternehmen für das Gemeinwohl einbringen können und welche Nutzenaspekte sich für beide Seiten aus einer Zusammenarbeit ergeben. Es wird beschrieben, welche Rahmenbedingungen für eine Kooperation wichtig sind und wie sich Unternehmen für ein Engagement gewinnen lassen. Am Beispiel eines Aktionstags (Social Day) wird Schritt für Schritt die Planung, Umsetzung und Evaluierung eines Corporate-Volunteering-Projekts beschrieben.

Soziale Verantwortung leben

Wie sich ein Unternehmen verhält und welchen Beitrag es mit seinen Produkten und Dienstleistungen zur gesellschaftlichen Entwicklung leistet, wird von Konsument:innen, dem Umfeld wie auch den eigenen Beschäftigten zunehmend kritisch beachtet. Die Werte und das Image eines Unternehmens spielen auch bei der Gewinnung von Fachkräften eine wichtige Rolle. Mit der im Januar 2023 europaweit in Kraft getretenen Corporate Sustainability Reporting Directive (CSRD) sind alle Unternehmen, die mehr als 500 Beschäftigte haben, dazu verpflichtet über ihr Engagement in Sachen Nachhaltigkeit zu berichten. Zu den nichtfinanziellen Themen, die Unternehmen aufgreifen müssen, gehören auch die Themen soziale Verantwortung und Umgang mit den eigenen Beschäftigten. Diese Anforderungen sind für Unternehmen zusätzlich ein Anreiz, sich mit dem Thema Corporate Volunteering zu befassen. Und für gemeinnützige Organisationen eine Chance, Unternehmen als Unterstützung zu gewinnen.

Definition Corporate Volunteering

Corporate Volunteering (CV) beschreibt die Aktivitäten eines Unternehmens, das freiwillige Engagement seiner Mitarbeitenden für gemeinnützige Zwecke zu fördern. Das Engagement kann während oder jenseits der regulären Arbeitszeiten stattfinden. Neben Spenden und Social Sponsoring ist es eine Möglichkeit für Unternehmen, sich gesellschaftlich zu engagieren.

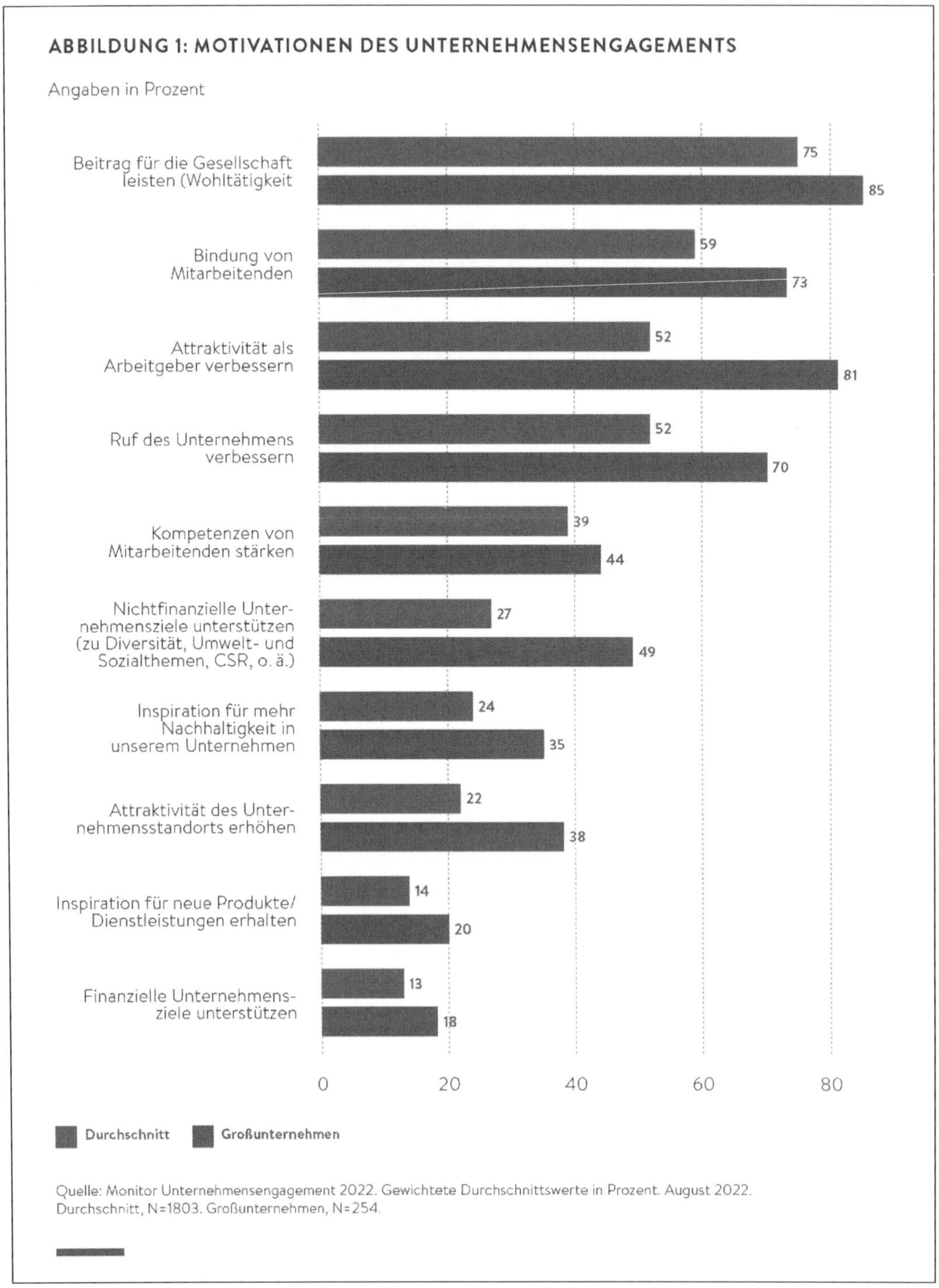

Abbildung 12: Warum engagieren sich Unternehmen? (Monitor Unternehmensengagement 2022, S. 12)

Chancen für Corporate Volunteering

Für gemeinnützige Organisationen, Vereine und Projekte ist die Zusammenarbeit mit Unternehmen aus verschiedenen Aspekten interessant:

- Realisierung zusätzlicher Vorhaben und Aktionen
- zusätzliche zeitliche, fachliche, evtl. auch finanzielle Ressourcen
- neue Impulse durch einen externen Blick
- Know-how-Transfer/Erwerb neuer Kompetenzen
- Aufbau längerfristiger Kooperationen, die zur Weiterentwicklung der Organisation beitragen
- Gewinnung von neuen Freiwilligen

Unternehmen geben folgende Aspekte als Motivation für Corporate Volunteering an:

- Stärkung der Motivation der Beschäftigten
- soziales Engagement als Pluspunkt beim Wettbewerb um Fachkräfte
- Stärkung der Identifikation mit dem Unternehmen
- neue fachliche und persönliche Lernerfahrungen
- Zusammenwachsen neu zusammengestellter Teams
- höheres Bewusstsein für die Vorteile des eigenen Arbeitsplatzes
- Kennenlernen unbekannter Bereiche und Themen

6.3.1 Formen von Corporate Volunteering

Es gibt verschiedene Möglichkeiten, wie sich ein Unternehmen engagieren kann. Es hängt davon ab, ob sich einzelne oder mehrere Beschäftigte gemeinsam engagieren möchten, ob und wenn ja, welche Kompetenzen die Freiwilligen einbringen sollen, wie viel Zeit investiert werden kann, ob und wenn ja welches finanzielle Budget vorhanden ist und welche unternehmensinternen Ziele verfolgt werden.

Viele Unternehmen machen sich im Vorfeld wenig Gedanken bzgl. der Zielsetzungen ihres Engagements und was genau sie tun möchten. Deshalb empfiehlt es sich, in einem klärenden Gespräch die oben genannten Punkte vorab zu besprechen.

Mentoring/ Patenschaften

Der Bedarf an Unterstützung in Sachen Lernförderung und Ausbildungsbegleitung ist sehr groß. Mittlerweile gibt es **Mentoringprojekte,** die auch ein digitales Engagement ermöglichen. Vorteil für die Mitarbeitenden ist, dass sie ihre Kenntnisse einbringen und neue Erfahrungen sammeln können und sie erleben, dass sie mit ihrem Einsatz etwas bewirken können. Voraussetzung für ein solches Engagement ist allerdings, dass es langfristig und regelmäßig ausgeübt wird und sich in den Arbeitsalltag integrieren lässt. Für Unternehmen wie Organisationen ist es eine Herausforderung, hier gute Lösungen zu finden.

Secondment

Bei **Secondment** handelt es sich um ein eher seltenes, wenn auch sehr wirkungsvolles Engagement. Unternehmen entsenden einzelne Beschäftigte für einen längeren Zeitraum (z. B. sechs Monate) in eine gemeinnützige Einrichtung, um dort Fach- oder

Führungsaufgaben zu übernehmen. Diese Form des Corporate Volunteering kann beispielsweise für ältere Freiwillige als Vorbereitung auf die nachberufliche Phase oder künftige Führungskräfte interessant sein. Für beide Seiten positiv sind der beidseitige Perspektivwechsel und die sich daraus ergebenden Impulse und Entwicklungsmöglichkeiten.

Pro-bono-Engagement

Bei einem **Pro-bono-Engagement** stellen Unternehmen oder freiberuflich tätige Personen unentgeltlich oder sehr kostengünstig ihr Know-how zur Verfügung. Die Unterstützung kann in unterschiedlichsten Bereichen erfolgen: Grafikdesign, Webseitengestaltung, Marketingberatung oder Öffentlichkeitsarbeit. Diese Form des Engagements bringt für die Organisation einen hohen Mehrwert und die Freiwilligen freuen sich über die Wertschätzung, die sie erfahren, und dass sie sich als wirksam erleben. Kontakte ergeben sich häufig aus dem beruflichen oder persönlichen Netzwerk der Organisation.

Bereitstellung von Unternehmensressourcen

Firmen können gemeinnützige Einrichtungen auch unterstützen, indem sie ehrenamtlich engagierten Beschäftigten gestatten, die Unternehmenslogistik und -infrastruktur während oder außerhalb ihrer Arbeitszeit zu nutzen (Fotokopierer, Computer, Fahrzeuge u. a.), oder sie erklären sich bereit, Räume zur Verfügung zu stellen (z. B. für Workshops oder Veranstaltungen).

Aktionstag (Social Day)

Bei einem **Social Day** ist eine Gruppe von Beschäftigten einen halben oder ganzen Tag im Einsatz. Sie übernehmen in der Regel Aufgaben, die kein großes Vorwissen erfordern, z. B. Begleitung bei Ausflügen, Wände streichen oder den Garten winterfest machen. Ein Social Day hat eher einen Eventcharakter, es lassen sich innerhalb kürzester Zeit größere Projekte umsetzen und eine ganze Gruppe potenzieller Freiwilliger lernt die Arbeit einer Organisation kennen. Allerdings sind die Vorbereitung und Durchführung eines Aktionstags zeitaufwendig und auch mit Kosten verbunden, z. B. für Materialien, Eintrittskarten oder die Verpflegung des Teams.

Der Social Day ist für viele Unternehmen das zentrale Element ihres gesellschaftlichen Engagements. Sie führen entweder einzelne Tage durch oder organisieren unternehmensweite Aktionstage. Ein Social Day kann der „Türöffner" zu einer weiteren und langfristigen Unterstützung einer Organisation sein. Hat die Zusammenarbeit funktioniert und sich das Unternehmensteam wohlgefühlt, ist die Wahrscheinlichkeit groß, dass es sich wieder für die Organisation engagiert und dann neue, evtl. auch anspruchsvollere Aufgaben übernimmt.

Bei einem Social Day gibt es verschiedene Möglichkeiten des Teamengagements:

- praktische, handwerkliche Unterstützung: Renovieren, Gartenarbeit, Möbel aufbauen u. a.
- Kompetenzspenden: kostenfreie Workshops, Beratung oder Schulungen zu Fachthemen wie Finanzen, Bewerbungstrainings, Projektmanagement u. a.
- Ausflüge, Veranstaltungen unterstützen: bei Jubiläumsfeier mithelfen, Ausflüge mit Senior:innen begleiten, Spielstände bei Festen betreuen u. a.

Einen Aktionstag bzw. Social Day zu planen, vorzubereiten und umzusetzen, benötigt Zeit. Bevor sich eine Organisation oder ein Verein auf die Suche nach Unterstützung durch ein Unternehmen macht oder einem Team für einen Social Day zusagt, sollten vorab einige grundsätzliche Fragen geklärt werden.

Absicherung von Spontanhelfenden

- Haben wir ausreichend Erfahrung im Projektmanagement? Wer von uns hat diese Erfahrung und kann das Projekt übernehmen?
- Welchen Mehrwert können wir einem Unternehmen und den Mitarbeitenden bieten?
- Welche Bedarfe haben wir? Was steht in nächster Zeit an? Wo könnten wir Unterstützung gebrauchen?
- Gibt es Unternehmen oder Branchen, mit denen wir nicht zusammenarbeiten möchten?
- Welches Unternehmen, welche Branche würde sich für eine Kooperation besonders eignen?
- Gibt es Befürchtungen oder Widerstände im Team oder bei unseren Zielgruppen?
- Welche Wirkung für unsere Organisation, unsere Zielgruppen und unser Umfeld möchten wir mit dem Projekt erreichen?
- Wie groß sollte das Team mindestens und maximal sein?
- Benötigen wir für den Aktionstag ein Budget? Wenn ja, wie hoch sollte dies sein?
- Wie rechnen wir ab? Spendenquittung? Rechnung für entstandenen Aufwand?
- Reichen unsere zeitlichen und räumlichen Kapazitäten für ein solches Projekt?

Beispiele für Social Days:

- gemeinsame Aktionen/Veranstaltungen
- Beachparty für Menschen mit Behinderung
- Rallye durch die Stadt gemeinsam mit Kindern
- Kochaktion mit Geflüchteten
- Leinen los! Ausflug mit dem Boot mit Senior:innen
- Handwerkliches/Reparaturen
- Hochbeete bauen im Seniorenheim
- Gruppenräume farblich gestalten
- Spielplatz für blinde Kinder auf Vordermann bringen
- Kompetenz-/Know-how-Spende
- Bewerbungstraining für Jugendliche
- Excel-Kurs für Mitarbeitende der Einrichtung
- Konzept für Social Media entwickeln

6.3.2 Erwartungen und Rahmenbedingungen klären

Ist die Entscheidung für eine Zusammenarbeit gefallen, gilt es nun zu prüfen, ob die Wünsche und Möglichkeiten einer Organisation zu den Erwartungen eines Unternehmens passen. Dies sollte in einem persönlichen Gespräch – idealerweise vor Ort in der Einrichtung geklärt werden. Folgende Fragen haben sich dabei bewährt:

- Gibt es im Unternehmen schon Erfahrungen mit Corporate Volunteering? Wenn ja, was war positiv, was eher weniger? So kommen schon im Vorfeld Erwartungen oder Befürchtungen des Teams zur Sprache.
- Wie viele Mitarbeitende möchten sich mit welchem Zeitbudget engagieren? Passt das zu den Vorstellungen und Möglichkeiten der Organisation?
- Welche Tätigkeit kann sich das Team vorstellen? Soll es etwas Handwerkliches sein, eine Unternehmung oder eine Kompetenzspende? Decken sich die Wünsche mit den Bedarfen in der Einrichtung?
- Gibt es Einschränkungen im Team (z. B. körperlich) oder Tätigkeiten, die nicht infrage kommen?
- Gibt es Terminvorstellungen oder bestimmte Wochentage die gut geeignet sind?

Tipp 1: Bei Outdooraktionen entweder gleich einen Ausweichtermin vereinbaren, falls am Aktionstag das Wetter schlecht sein sollte oder ein Alternativprojekt überlegen.

- Wie viele Stunden möchte sich das Team engagieren? Wie lässt sich das Projekt so gestalten, dass die Freiwilligen weder über- noch unterfordert sind?
- Besteht Versicherungsschutz von Seiten des Unternehmens?

Tipp 2: Das Unternehmen sollte den Versicherungsschutz vorab intern klären. Wenn es sich um ein Engagement innerhalb der Arbeitszeit handelt, sollte der Versicherungsschutz des Unternehmens gelten.

- Welches Budget wird für das Projekt benötigt (Materialkosten, Verpflegung, evtl. auch zusätzlichen Personalaufwand bei Renovierungsarbeiten wie z. B. handwerkliche Unterstützung)? Welchen Beitrag sollte das Unternehmen beisteuern? Wie soll das Geld überwiesen werden (Rechnung oder Spende)?

Projektskizze Corporate Volunteering

Sind diese Punkte für beide Seiten zufriedenstellend besprochen, dann geht es an die Feinplanung. In der Praxis bewährt hat sich, eine Projektskizze zu erstellen, die alle wesentlichen Informationen enthält (Termin, Uhrzeit, Treffpunkt, Kontakte).

Im Unternehmen wie auch der Organisation sollte jeweils eine Person als Projektverantwortliche („Team Captain") benannt werden, über die alle Informationen in die jeweiligen Teams weitergeleitet werden.

Vor dem Social Day sollte ein Besprechungstermin vor Ort stattfinden, um das geplante Projekt zu planen. Die Ansprechperson des Unternehmensteams erhält so schon einen konkreten Eindruck von der Einrichtung. Aufgaben, Abläufe und benötigte Materialien können noch einmal gemeinsam durchgegangen werden.

Rahmenbedingungen klären

Auch Fragen zur Verpflegung, Ausrüstung und Park- oder Anreisemöglichkeiten sind wichtig: Wer ist für die Verpflegung zuständig? Auf was ist beim Essen zu achten? Welche Kleidung oder Materialien sollte das Team mitbringen? Wo können Taschen und Jacken der Beschäftigten tagsüber untergebracht werden? Wo können sich Beschäftigten umziehen (wichtig bei anstrengenden körperlichen Aktivitäten)? Wie ist die Parksituation vor Ort? Wie erreicht man die Einrichtung mit öffentlichen Verkehrsmitteln?

Arbeit und Ziele der Organisation vorstellen

Das Unternehmensteam möchte sich in der Regel auch etwas über die Aufgabe der Organisation und ihre Zielgruppen erfahren. Deshalb empfiehlt es sich, genug Zeit einzuplanen für ein gegenseitiges Kennenlernen und eine Führung durch die Einrichtung. Sollte eine Interaktion stattfinden zwischen dem Team und den Klient:innen der Organisation, dann kann es einigen Fällen wichtig sein, den Beschäftigten vorab Informationen zukommen zu lassen.

Kulturunterschiede berücksichtigen

Ein Lerneffekt bei Corporate-Volunteering-Aktionen ist häufig die Erkenntnis, dass gemeinnützige Organisationen und Wirtschaftsunternehmen unterschiedlich arbeiten und kommunizieren. In vielen Unternehmen herrscht ein großer Leistungsdruck, die „Taktzahl" ist hoch, Erfolge werden in Zahlen gemessen. In Organisationen, vor allem in jenen, die Menschen betreuen, ist die Taktung häufig eine andere. Die Bedürfnisse der Klient:innen stehen im Mittelpunkt, Erfolge werden anders definiert. Unternehmen erwarten häufig sehr zeitnahe Antworten und eine ständige Erreichbarkeit der Ansprechpersonen in der Einrichtung. Ihnen ist nicht bewusst, dass die Beschäftigten in Organisationen nicht primär am Schreibtisch oder gar im Homeoffice sitzen, sondern mit der Betreuung ihrer Klient:innen beschäftigt sind. Diese Unterschiede in Sachen Kommunikation und Arbeitsweise sollten sich alle Beteiligten bewusst machen und entsprechende Absprachen treffen.

6.3.3 Versicherungsschutz und Finanzierung

Die Versicherungsfrage sollte gleich zu Anfang mit dem Unternehmen besprochen werden. Rechtsverbindliche Auskünfte können hier nicht erteilt werden. In der Regel gilt: Findet die Aktion in der Arbeitszeit statt, greifen die Betriebshaftpflicht und die Unfallversicherung des Unternehmens.

Engagieren sich die Beschäftigten in ihrer Freizeit, ist dies über den Versicherungsschutz der Organisation abgedeckt.

Obwohl sich immer mehr Unternehmen gesellschaftliches Engagement auf die Fahnen schreiben, stellen sie nur selten ein finanzielles Budget zur Verfügung. Ob und wie bei einem Unternehmensengagement Geld mitgebracht werden soll, muss im Team besprochen werden. Zu bedenken ist, dass Firmenteams sich nicht nur, aber auch deshalb engagieren, weil sie etwas für den Teamgeist und die Attraktivität des Arbeitgebers tun möchten. Es stecken also (auch) unternehmerische Interessen dahinter. Die Organisation wiederum freut sich zwar über externe Unterstützung, muss aber auch selbst Ressourcen einbringen in Form von Arbeitszeit oder Sachaufwendungen wie Materialien, Essen und Eintrittskarten. Das Thema Finanzierung sollte deshalb in jedem Fall angesprochen werden. Wenn es ein Budget gibt, sollte geklärt werden, ob das Unternehmen dafür eine Rechnung erhalten oder das Geld spenden möchte. Zu beachten ist, dass eine Spende als „selbstlose Unterstützung einer gemeinnützigen Organisation" gilt – ohne Selbstzweck oder Gegenleistung.

Engagement von Mitarbeitenden fördern

Viele Beschäftigte in einem Unternehmen sind bereits freiwillig aktiv. Den meisten Unternehmen ist dies nicht bewusst und sie haben keinen Überblick darüber, wer sich wo und wie engagiert. Zu einem Corporate-Volunteering-Konzept kann auch gehören, bereits vorhandenes Engagement im Unternehmen zu fördern, z. B. indem die Mitarbeitenden für das Engagement ihrer Wahl eine Spende oder freie Zeit beantragen können.

6.3.4 Corporate-Volunteering-Projekte evaluieren

Ein Corporate-Volunteering-Projekt sollte sich für beide Seiten lohnen. Schon vor Beginn der Kooperation sollten deshalb beide Partner Ziele definieren, an denen sie erkennen können, ob die Zusammenarbeit erfolgreich verlaufen ist. Für die gemeinnützige Organisation könnte dies beispielsweise sein:

- praktische Unterstützung zu gewinnen, um ein Projekt umzusetzen
- neue Zielgruppen anzusprechen
- neue Freiwillige zu gewinnen
- fachliche Unterstützung zu gewinnen
- neue Beziehungen zu knüpfen

Der Gewinn für die Beschäftigten eines Unternehmens liegt wiederum in anderen Bereichen. Zielsetzungen der Kooperation können sein:

- soziale oder ökologische Problemstellungen besser zu verstehen
- neue Kontakte innerhalb des Teams oder Unternehmens zu knüpfen
- neue Kompetenzen jenseits des Jobprofils einbringen zu können
- neue Erfahrungen machen und daraus neue Erkenntnisse zu gewinnen

Aus diesen und/oder anderen Punkt lässt sich eine Checkliste erstellen. Es empfiehlt sich eine Bewertungsskala von 1 (trifft nicht zu) bis 5 (trifft zu).

6.3.5 Besondere Engagementformate

Nachtschicht – Kreativmarathon für den guten Zweck

Das CSR-Netzwerk UPJ in Berlin hat das Veranstaltungsformat in den Niederlanden kennengelernt und es erstmals nach Berlin geholt. Mittlerweile finden auch in anderen Städten regelmäßig „Nachtschichten" statt, bei denen Kreativteams Pro-bono-Projekte für gemeinnützige Einrichtungen umsetzen. Eine „Nachtschicht" dauert in der Regel acht Stunden. Die Ergebnisse werden im Anschluss präsentiert. Bewerben können sich gemeinnützige Organisationen mit unterschiedlichen Kreativwünschen. Eine unabhängige Jury wählt dann sechs bis acht Projekte zur Umsetzung aus. Nachmachen ist von den Berliner Initiatoren der „Nachtschicht" ausdrücklich erwünscht. Ausführliche Informationen gibt es unter https://nachtschicht-berlin.de/nachmachen/

„Gute-Geschäfte-Marktplatz"

Ebenfalls aus den Niederlanden stammt das Veranstaltungsformat „Gute-Geschäfte-Marktplatz". Die Marktplatzmethode bringt Unternehmen und gemeinnützige Organisationen aus einer Stadt für etwa zwei Stunden zusammen. Dort lernen sich Vertreter:innen von Gemeinnützigen Institutionen und Unternehmen kennen und vereinbaren „gute Geschäfte" in Form von gemeinsamen – in der Regel – Tagesprojekten. Den Formen des Engagements sind dabei keine Grenzen gesetzt. Verhandelt werden Zeitspenden. Geld erhalten die gemeinnützigen Organisationen für die Projekte nicht. Über das Engagement werden schriftliche Vereinbarungen geschlossen, die ehrenamtliche Notare unterschreiben. In mehr als 100 Kommunen wurden bisher Gute-Geschäfte-Marktplätze umgesetzt (Quelle und weitere Informationen: https://www.gute-geschaefte.org/).

6.3.6 Unternehmen für Corporate Volunteering gewinnen

Die Voraussetzungen für eine Kooperation mit Unternehmen sind von Organisation zu Organisation sehr unterschiedlich. Je nachdem, ob sie sich im ländlichen oder städtischen Umfeld befindet, zu einer Behörde oder einem großen Träger gehört, gelten andere Rahmenbedingungen und Voraussetzungen.

Im städtischen Umfeld gibt es eine größere Auswahl an Unternehmen, aber auch mehr gemeinnützige Einrichtungen und die Anonymität ist größer. Im ländlichen Raum gibt es weniger Auswahl an Betrieben, hier lässt sich aber häufig schneller ein persönlicher Bezug herstellen.

Mögliche Kooperationspartner sind:

- größere Unternehmen unterschiedlicher Branchen: Zuständige Abteilungen sind Personal, Kommunikation, Marketing, CSR.
- kleine und mittelständische Betriebe: Ansprechpersonen sind die Geschäftsführung oder die Personalleitung.
- Selbstständige und freiberuflich Tätige: Expert:innen aus den Bereichen Grafik, Text, Webentwicklung u. a.

Bestandsaufnahme bestehender Unternehmenskontakte

Am Beginn der Akquise steht eine Übersicht aller Unternehmen, zu denen die Organisation in der Vergangenheit Kontakt hatte oder aktuell hat. Diese Liste sollte vom Team gemeinsam erstellt werden. Die Kontakte kennen die Organisation bereits und wissen um die Bedeutung ihrer Arbeit. In einem zweiten Schritt wird erfasst, welche Unternehmen in der Kommune und im Umfeld der Organisation schon einmal durch gesellschaftliches Engagement aufgefallen sind.

Nun gilt es zu überlegen, welche Kompetenzen das Unternehmensteam mitbringen sollte. Gibt es bestimmte Branchen, die eher infrage kommen als andere (z. B. IT-Unternehmen)? Die Internetseiten der jeweiligen Firmen geben Auskunft über Tätigkeiten und auch geeignete Ansprechpersonen. Je nach Aufgabe können auch Selbstständige oder Freiberufler:innen recherchiert und angesprochen werden.

Überzeugende Argumente für eine Zusammenarbeit sammeln

Vor der Kontaktaufnahme ist zu überlegen:

- Wer entscheidet im Unternehmen über die Teilnahme?
- Welchen Nutzen erhofft sich das Unternehmen?

- Wie „tickt" es? Welche Themen oder Fragen beschäftigen es?
- Was könnte für die jeweilige Ansprechperson besonders relevant sein?
- Welchen Mehrwert die Organisation dem Unternehmen bzw. freiberuflich Tätigen bieten?
- Welchen Nutzen erhoffen sich die Ansprechpersonen von einer Kooperation?

Freiwilligenagenturen und -zentren als Brückenbauer

Freiwilligenagenturen, -zentren und Koordinierungsstellen für Bürgerschaftliches Engagement (KoBE) können für Non-Profit-Organisationen wie Unternehmen kompetente Ansprechpartner in Sachen Corporate Volunteering sein. Sie können als Brückenbauer zwischen den Organisationen und der Wirtschaft fungieren. Was für Freiwilligenagenturen als Mittlerorganisationen spricht:

- große Auswahl an Engagementfeldern
- innovative Ideen für Projekte und Formate
- Verständnis für die Bedarfe und Bedürfnisse der Organisationen
- Kenntnis und Pflege von Netzwerken vor Ort
- Erfahrung mit Projektmanagement
- Türöffner zu Unternehmen wie zu Gemeinnützigen
- Kenntnis der Interessen und Bedürfnisse von Ehrenamtlichen

Eine bundesweite Übersicht über Anlaufstellen für Bürgerschaftliches Engagement bietet die Bundesarbeitsgemeinschaft der Freiwilligenagenturen (bagfa) e. V. (https://bagfa.de).

6.4 Spontanes Engagement – Engagement in Krisenzeiten

Wolfgang Krell

Grundsätzlich wird zwischen formellem Engagement – also eingebunden in Organisationen – und informellem Engagement – ungebunden und unabhängig von einer Organisation – unterschieden. Der in den letzten Jahren festzustellende Anstieg im informellen Engagement hat aber zu keinem wesentlichen Rückgang beim formellen Engagement geführt. Wissenschaftliche Studien legen den Befund nahe, „dass informelles Engagement zumindest in Teilen neue, zusätzliche Kapazitäten für bürgerschaftliche Beteiligung [schafft], ohne dabei die schon vorhandenen zu ersetzen." Es zeigt sich sogar, dass informell Engagierte im Schnitt mehr Zeit investieren als ihre Pendants in formalen Vereinen (Schubert, 2023, S. 17).

Bei den Krisen und Katastrophen des vergangenen Jahrzehnts (Flüchtlingskrise 2015, Coronapandemie 2020, Ahrtalflut 2021, Ukraineflüchtlingskrise 2022) hat sich gezeigt, dass Bürger:innen sehr wohl gewillt sind, sich freiwillig zu engagieren. Gerade das spontane Engagement hat sich nach diesen landesweiten oder auch regionalen Krisen enorm aktiv gezeigt und viele Hilfen für die betroffenen Menschen ermöglicht. Auch wenn mehr als 1,7 Millionen Ehrenamtliche in Organisationen für Rettung, Katastrophen- und Bevölkerungsschutz organisiert sind und eine entscheidende Hilfe in Krisen anbieten, haben die Spontanhelfenden zusätzlich eine enorme Bedeutung. Bei der

Hilfe nach der Ahrtalflut wird die Zahl der spontan Engagierten aus dem ganzen Land auf ca. 79.000 Personen geschätzt (DSEE online).

Die spontanen Freiwilligen unterstützen betroffene Mitbürger:innen nicht nur zusätzlich – sondern sie tragen auch wesentlich zur Entlastung der professionellen Rettungskräfte bei (vgl. Ely u. a., 2015, S. 81). Es geht bei spontanem Engagement nicht mehr um die Frage, ob die Hilfsorganisationen diese Aktiven überhaupt wollen, sondern um die Frage, wie Spontanhelfende in die enge Zusammenarbeit von Behörden und Organisationen eingebunden werden können.

Zu dieser Suche nach mehr Resilienz haben auch die oft ernüchternden Erfahrungen mit dem bestehenden institutionellen Gefüge von Schutz und Vorsorge, von Notfallmanagement und der Bearbeitung von Krisenfolgen beigetragen. Hinzu kommen anwachsende Defizite in der öffentlichen Infrastruktur, die sich in Krisenlagen besonders bemerkbar machen, wie z. B. die digitale Grundversorgung in Pandemiezeiten. Das bestehende Sicherheitssystem scheint relativ fit für alltägliche Notfälle, aber erstaunlich unvorbereitet und überlastet, wenn es zu größeren Krisenlagen kommt (bagfa, 2023, S. 2).

Definition spontanes Engagement

Spontanes Engagement bezieht sich auf eine Tätigkeit nach einem Ereignis, das unvorhergesehen eintritt, in der Alltagssprache also auf eine Krise oder eine Katastrophe. Bürger:innen werden aufgrund dieses Ereignisses aktiv: Subjektiv haben sie den Eindruck, dass staatliche und organisierte Kräfte den Folgen der Krise nicht gewachsen sind und sie selbst anpacken bzw. die offiziellen Hilfskräfte unterstützen müssen, um wieder Ordnung und Sicherheit herzustellen (vgl. Lessig u. a., 2019, S. 13).

Spontanhelfende sind Personen, „die unabhängig von der Anbindung an eine Einsatzorganisation bei der Ereignisbewältigung unterstützen wollen. Dies tun sie ohne (umfangreiche) Vorplanung. Dabei organisieren sie sich häufig eigenständig über soziale Netzwerke oder mithilfe anderer digitaler Kommunikationsmöglichkeiten, indem sie sich spontan entstehenden Initiativen anschließen oder eigene Initiativen gründen" (BBK, 2023, S. 11). Bei den Rettungsorganisationen wird auch der Begriff „ungebunden Helfende" für diese Gruppe von Freiwilligen benützt (vgl. ebd.).

Spontanhelfende sind keine einheitliche Gruppe, trotzdem gibt es verbindende Merkmale:

- spontanes, prosoziales Verhalten
- Hilfe vor Ort
- Unentgeltlichkeit
- Unabhängigkeit – keine formale Zugehörigkeit zu Einsatzorganisationen
- kein Auswahl- bzw. Aufnahmeverfahren
- keine spezifische Ausbildung im Bevölkerungsschutz
- Bereitschaft, zum Erfolg eines Einsatzes beizutragen

(vgl. BBK, 2023, S. 11).

Beim Einsatz von Ehrenamtlichen sind verschiedene Gruppen von aktiven Ehrenamtlichen zu unterscheiden: das sind organisierte, ausgebildete Freiwillige der Rettungs- und Katastrophenschutzorganisationen, aber auch individuell sich engagierende Fachkräfte wie Ärzte oder Pflegepersonal. Daneben kommen Spontanhelfende, die sich bisher nicht in einer Organisation engagierte haben und Ehrenamtliche, die zwar nicht im Katastrophenschutz aktiv sind, aber Abläufe im Ehrenamt aus ihrem langjährigen Engagement in Vereine kennen (vgl. Yükseler, Yaksan, 2022, S. 5).

6.4.1 Rechtliche und organisatorische Aspekte im spontanen Engagement

Absicherung von Spontanhelfenden

In der Regel sind Spontanhelfende rechtlich abgesichert, auch wenn sie nirgendwo registriert sind. Sie gelten als sogenannte „Verwaltungshelfer:innen", wenn sie ihre Tätigkeit im Auftrag und Weisung einer Behörde der Gefahrenabwehr ausüben. Dafür ist die Einwilligung der zuständigen Behörde zwingend erforderlich, diese kann jedoch auch formlos, also meistens mündlich erfolgen. Eine Registrierung der aktiven Personen und ihrer Personalien ist sinnvoll, denn sie kann es vereinfachen, Versicherungs- oder andere Ansprüche geltend zu machen und sichert sie haftungsrechtlich ab (vgl. BBK, 2023, S. 14).

Generell sind Spontanhelfende als Notfallhelfende während einer Gefahrenabwehr gesetzlich unfallversichert, unabhängig davon, ob sie in direkter Zusammenarbeit mit einer Behörde oder Organisation mit Sicherheitsaufgaben (BOS) aktiv sind oder sie unabhängig von dieser agieren. Bei weiteren Aufräumarbeiten sollten sie offiziell als Verwaltungshelfer bestellt sein (vgl. BBK, 2023, S. 15).

Wesentliches Merkmal von Initiativen von Spontanhelfenden ist die Selbstorganisation, d. h., die Aktiven organisieren sich selbst, um in Krisen arbeitsteilig möglichst gut Hilfe und Unterstützung für betroffene Menschen zu ermöglichen. Im „Spontanhilfehandbuch – Wie Spontanhilfe gelingen kann" (Lessig u. a., 2022) des Vereins „Münchner Freiwillige – wir helfen" werden die verschiedenen Aspekte der Organisation von Spontanhelfenden aus der Praxis einer solchen Initiative umfassend dargestellt. Besondere Prinzipien, die die Spontanhilfe insbesondere auszeichnen, sind Kreativität, Diversität, Egalität und Partizipation sowie flache Hierarchien (ebd., S. 123–133).

6.4.2 Besonderheiten im Freiwilligenmanagement von Spontanhelfenden

Selbstregistrierung durch Onlinetools

Wichtig ist in einer Krise, dass sich Engagementwillige bei einer Koordinationsstelle selbst über Onlinetools registrieren können. Durch die Selbstregistrierung können sich viele interessierte Freiwillige ohne großen Aufwand melden und ihre Daten werden automatisch in eine Datenbank überführt. Dies spart enorm Zeit, die ansonsten für telefonische Anmeldungen, Formularausfüllen und viele Rückfragen verloren ginge.

Schutzkonzept – Sicherheit

Die Sicherheit der aktiven Freiwilligen steht an erster Stelle – und es braucht hierfür Schutzkonzepte, die sowohl die physische Gesundheit wie auch die psychische Gesundheit sichern helfen. Notwendig sind neben einer entsprechenden Schutzausrüstung (das können auch nur Gummistiefel und Handschuhe sein) auch Angebote für psychologische Hilfe, wenn die Erlebnisse im Einsatz zu belastend sind.

Briefing und Debriefing

Briefing bedeutet die Vermittlung klarer Aufträge an die Freiwilligen, sodass sie wissen welche Aufgaben sie wie erfüllen sollen. Damit verbunden sind auch Grenzen des Einsatzes für Spontanhelfer, die in der Regel nicht ausgebildet sind für Katastrophenschutz und Rettungsmaßnahmen. Nach dem Einsatz ist ein Debriefing wichtig, also ein „Entpflichten" von der konkreten Aufgabe. Es geht darum, die Erfahrungen im Engagement berichten zu können und besondere Belastungen an- und auszusprechen. Dies sollte gleich nach dem Einsatz – z. B. zum Schichtwechsel – geschehen, sodass Freiwillige loslassen können und Probleme mit den Erlebnissen im Einsatz auch schnell erkannt werden.

Austausch direkt nach Einsatz – Vermittlung von psychologischer Unterstützung

Wie in vielen anderen Engagementbereichen ist auch beim Engagement in Krisen ein regelmäßiger Austausch der Freiwilligen untereinander sehr wichtig. Es können dadurch verschiedene Perspektiven und Wahrnehmungen zur Krisensituation erkannt werden. Außerdem könne sich die Freiwilligen damit gegenseitig unterstützen und stärken. Auch das Gespräch über persönliche Erwartungen und tatsächliche Erfahrungen im Einsatz ist wichtig. Damit kann erkannt werden, wie Aktive auf Erlebnisse reagieren und wie sie Belastungen standhalten. Es können dann psychologische Hilfe und Supervision angeboten werden.

Resilienz fördern

In Kriseneinsätzen ist es wichtig, auf möglichst vielfältige Weise die Resilienz (Widerstandsfähigkeit) der Freiwilligen zu fördern. Dies kann durch Training, Austauschgespräche, Meditation, körperliche Aktivität wie Gymnastik oder Sport sowie durch Glaube und Gebet geschehen.

Auch wenn es in Krisen schwierig ist, die vielen notwendigen Schritte zu tun – ist die Anerkennung der Freiwilligen für den Einsatz ein wesentlicher Punkt. In einer andauernden Krise muss dafür ein passender Moment gefunden werden. Auch hier sollten die Anerkennungsformen so vielfältig sein wie es auch die Spontanhelfenden sind.

Enge Kooperation mit Führungsgruppe Katastrophenschutz – Einsatzzentrale

Alle Initiativen, die Spontanhelfende koordinieren, sollten möglichst schnell eine enge Kooperation mit der Führungsgruppe Katastrophenschutz bzw. der Einsatzzentrale der lokalen Behörden aufnehmen. Spontanhelfende sind inzwischen auch von den Blaulichtorganisationen in ihrer Bedeutung anerkannt: sie sind die Ersten, die bei einer Krise vor Ort sind und auch diejenigen, die sich vor Ort am besten auskennen. In einer engen Zusammenarbeit mit der Einsatzzentrale werden die notwendigen Aufgaben verteilt und genau darauf geschaut, was ausgebildete Rettungskräfte können und was Spontanhelfende übernehmen sollen.

Reflexion der Erfahrungen aus aktueller Krise

Nach jeder Krise sollte eine umfassende Reflexion – auch gemeinsam mit den Spontanhelfenden stattfinden. Dabei können positive und negative Erfahrungen diskutiert werden, um auf kommende Krisen besser vorbereitet zu sein (vgl. FZ Augsburg, 2022, S. 2 f.).

„Preparedness" für kommende Krisen

„Preparedness" bedeutet „vorbereitet sein" auf die nächste Krise. Es ist die letzte Stufe im Krisenmanagement nach Prävention, aktueller Hilfe in der Krise und „Recovery" (Erholung, Wiederherstellung). Strukturen der Krisenbewältigung müssen vor einer neuen Krise bereits aufgebaut und nachhaltig abgesichert werden. Dabei ist es notwendig, auch die Aufgabe der Koordination von Spontanhelfenden mitzudenken. Letztendlich geht es darum, Prozesse für das Freiwilligenmanagement in Krisenzeiten zu entwickeln, um Freiwillige zu koordinieren, die noch nicht da sind und erst bei der Krise auftauchen werden.

6.5 Service-Learning/Lernen durch Engagement

Claudia Leitzmann

Service-Learning ist ein Lehr- und Lernkonzept aus den USA, das fachliches Lernen („Learning") mit einem gesellschaftlichen Engagement („Service") verbindet und häufig auch mit „Verantwortungslernen" übersetzt wird.

Schüler:innen oder Studierende kooperieren mit einem gemeinnützigen Projektpartner aus dem sozialen, kulturellen, sportverbandlichen Bereich in der Region und bringen in gemeinsamen Projekten ihr fachliches Wissen und ihre Kompetenzen ein. Anders als bei ehrenamtlichem Engagement in der Freizeit ist das Engagement hier in den Unterricht oder eine Lehrveranstaltung eingebettet und wird dort reflektiert. Das Konzept wurde 2002 in einem Pilotprojekt an mehreren Schulen in Deutschland erprobt sowie im Jahr 2003 in Mannheim erstmals an einer deutschen Universität umgesetzt. Seither erfreut es sich auch als Beitrag zur Wertebildung und Demokratiestärkung zunehmender Beliebtheit.

In diesem Kapitel geht es um Beispiele aus der Praxis und die Frage, welche Chancen das Konzept bietet und wie die Zusammenarbeit zwischen Schulen und Freiwilligenmanagement gelingen kann.

6.5.1 Lernen durch Engagement (LdE) an Schulen

Lernen durch Engagement ist in allen Schulformen, Jahrgangsstufen und Fächern möglich: Grundschüler:innen beschäftigen sich im Unterricht mit der Bedeutung von Insekten für die Umwelt und entwickeln eine Informationskampagne im Stadtteil für eine bienenfreundliche Bepflanzung, Achtklässler:innen nehmen im Unterricht die Kinderrechte durch und organisieren eine Ausstellung zum Thema im örtlichen Rathaus, Berufsschüler:innen lernen im Unterricht die unterschiedlichen Formen von Demenzerkrankungen und machen Angebote für Senior:innen im Altenheim vor Ort.

Im schulischen Kontext hat sich für „Service-Learning" die deutsche Bezeichnung „Lernen durch Engagement" durchgesetzt. Das Prinzip ist das gleiche: Schüler:innen engagieren sich nicht losgelöst oder zusätzlich zur Schule, sondern im Rahmen des Unterrichts und eng verbunden mit fachlichem Lernen. Das Engagement wird im Unterricht geplant, reflektiert und mit Inhalten der Bildungs- und Lehrpläne verknüpft. Lernen durch Engagement kann flexibel an die Ausgangssituation der Schule, die Interessen der Kinder und die Bedarfe in Stadtteil oder Gemeinde angepasst und zu den unterschiedlichsten Themen und Bildungsplaninhalten umgesetzt werden.

Was bewirkt Lernen durch Engagement?

Lernen durch Engagement soll junge Menschen sensibilisieren für die vielfältigen Aufgaben und Probleme in ihrer Gemeinde und sie für die Arbeit in Initiativen und Vereinen interessieren. Zu den Auswirkungen des Service-Learning auf die Jugendlichen gibt es mittlerweile zahlreiche Untersuchungen.

Schüler, die an LdE-Projekten teilnehmen, sind sensibler für die Probleme in ihrer Gemeinde, haben ein ausgeprägteres soziales Verantwortungsbewusstsein und beteiligen sich häufiger an gesellschaftspolitischen Aktivitäten. Sie erleben, dass sie tatsächlich gebraucht werden, der unmittelbar erkennbare Sinn ihrer Arbeit erhöht ihr Selbstwertgefühl und hat damit auch Auswirkungen auf ihre sonstige Mitarbeit in der Schule.

Auch die Schulen profitieren von der Methode: Der Vandalismus im Umfeld von Schulen nimmt ab, Disziplinprobleme in den Schulen werden besser gelöst, die Kommunikation in der Schulfamilie wird einfacher. Schulen ermöglichen also nicht nur eine individuelle Förderung über das rein fachliche Lernen hinaus, sondern entwickeln ein positives und kooperatives Arbeitsklima, befördern demokratische Entscheidungsprozesse und öffnen sich für die Zivilgesellschaft.

Mehrwert für Vereine, Initiativen und weitere Organisationen der Zivilgesellschaft

Durch eine Kooperation mit den Schulen über Lernen-durch-Engagement-Projekte können Vereine und Initiativen zum einen Unterstützung für ihre Anliegen und Bedarfe erhalten, z. B. in Form von direkter tatkräftiger Hilfe, durch eine verstärkte Öffentlichkeitsarbeit und mehr Aufmerksamkeit für die eigene Arbeit, etwa durch eine Aktion oder Ausstellung oder auch über das Einwerben und Sammeln von Spenden. Außerdem haben sie die Chance, über das Schulprojekt hinaus dauerhaft junge Menschen als Engagierte zu gewinnen. Häufig ergeben sich langfristige Partnerschaften mit Schulen.

Die Qualitätskriterien bei Lernen durch Engagement an Schulen

- **realer Bedarf:** Das Engagement der Schüler:innen reagiert auf einen realen Bedarf. Sie übernehmen bei ihrem Engagement Aufgaben, die von allen Beteiligten als sinn- und bedeutungsvoll wahrgenommen werden.
- **curriculare Anbindung:** LdE ist Teil des Unterrichts und das Engagement wird mit Lerninhalten und Kompetenzen aus dem Lehrplan verknüpft.
- **Reflexion:** Es findet eine regelmäßige und bewusst geplante Reflexion der Erfahrungen der Schülerinnen und Schüler statt.
- **Partizipation von Schüler:innen:** Diese sind aktiv an der Planung, Vorbereitung und Ausgestaltung ihres Engagementprojekts beteiligt.
- **Engagement außerhalb der Schule:** Das praktische Engagement findet außerhalb der Schule und in Zusammenarbeit mit Engagementpartnern statt.
- **Anerkennung und Abschluss:** Das Engagement und die Leistungen werden durch Feedback im gesamten Prozess und bei einem anerkennenden Abschluss gewürdigt.

6.5.2 Formen des Engagements

Der „Service" muss nicht im unmittelbaren Kontakt z. B. mit bedürftigen Menschen bestehen, sondern die Schüler:innen und Studierenden können sich auch indirekt oder anwaltschaftlich für gesellschaftlich relevante Themen und Fragestellungen engagieren. Im Praxisbuch Service-Learning (Seifert, Zentner, Nagy, 2012) werden folgende Formen unterschieden:

1. Direktes Engagement:

Engagement im unmittelbaren Kontakt mit den Menschen, denen es zugutekommt: z. B. die Durchführung von Computerkursen für Senior:innen oder Sprachunterricht für Geflüchtete, die Rollstuhlbegleitung für Menschen mit Behinderungen, die Begleitung bei Arztbesuchen oder Behördengängen etc.

2. Indirektes Engagement:

Hier steht nicht die direkte Interaktion im Mittelpunkt, sondern es wird etwas entworfen/gebaut/erarbeitet für andere (ein Konzept, ein Gerät, ein Sinnesparcours, ein Spiel, ein Hilfsmittel, ein Workshop ...). Beispiele: Durchführung einer Geschichtsrallye in der Stadt für Schüler:innen, Bau und Aufstellung von Insektenhotels, Konzept für eine Leseveranstaltung für Kinder in der Grundschule.

3. Engagement durch Anwaltschaft:

Formen von Engagement, die Sichtbarkeit und Öffentlichkeit für ein Problem oder ein Engagement schaffen oder die öffentliche Wahrnehmung verändern wollen: z. B. eine Kampagne organisieren zum Thema Energiesparen oder eine Spendensammlung für den Erhalt eines denkmalgeschützten Gebäudes, eine Veranstaltung zu Menschenrechten und Demokratie durchführen.

Grundlagenwissen für LdE-Interessierte

Die bundesweite Stiftung Lernen durch Engagement hat seit den ersten Modellprojekten an Schulen Anfang der 2000er-Jahre eine Vielzahl von Materialien zusammengestellt für Lehrkräfte, aber auch für Mitarbeiter:innen in zivilgesellschaftlichen Organisationen, die Schulen bei der Durchführung von LdE-Projekten beraten und begleiten möchten. In zahlreichen Engagementeinrichtungen, insbesondere in Freiwilligenagenturen und -zentren, wurden so genannte „LdE-Begleiter:innen" ausgebildet. Es gibt mittlerweile auch Onlinekursangebote, um sich mit dem Thema vertraut zu machen (www.servicelearning.de).

Ansprechpartner:innen in Bayern findet man auf der Webseite „Lernen durch Engagement in Bayern" (www.lde-bayern.de).

Kontaktaufnahme mit Schulen

Manchmal sind es die Schulen selbst, die die Initiative ergreifen und ihr Interesse bekunden, z. B., weil sie von einer anderen Schule mitbekommen haben, dass dieses Lernen durch Engagement bereits als Lehr- und Lernform nutzt. Oder weil Lehrkräfte an einer Tagung oder Fortbildung teilgenommen haben, bei der LdE thematisiert wurde. Viele Lehrkräfte kennen LdE jedoch noch nicht und sind aufgrund der vielfältigen zu bewältigenden Herausforderungen und an sie herangetragenen Angebote eher skeptisch.

Kontaktpersonen recherchieren

Mit einer gezielten Recherche lässt sich herausfinden, wer Kontaktperson sein könnte und bei welchen Schulen vielleicht ein erhöhtes Interesse oder ein besonderer Bedarf für LdE vorhanden sein könnte: z. B., wenn ein offensichtliches Interesse an der Kooperation mit außerschulischen Partnern, an demokratiepädagogischen Lehr- und Lernformen oder Projektarbeit erkennbar ist, wenn die Schule sich bereits an thematisch passenden Programmen oder Modellprojekten beteiligt, oder wenn sie bestimmte Herausforderungen zu bewältigen hat, für die Lernen durch Engagement eine Unterstützung sein könnte.

Bei der Kontaktaufnahme sollte man sich nicht ausschließlich auf E-Mail-Ansprache verlassen, insbesondere dann nicht, wenn Ihnen nur die allgemeine E-Mail-Adresse der Schule oder des Sekretariats bekannt ist. Schulleitungen und Lehrkräfte sind oft (nur) über ihre persönlichen E-Mail-Adressen oder in den meisten Fällen noch besser telefonisch zu erreichen.

Im Idealfall ergibt sich ein erster Zugang über private und berufliche Kontakte: Gibt es Lehrkräfte im Freundeskreis oder in Freizeitgruppen, an denen man teilnimmt? Gibt es in der eigenen Organisation bereits Kontakte mit Schulen (z. B. aus anderen Projekten), die man nutzen kann und darf?

Häufig ist ein zufällig und aus privaten Kontakten heraus entstandenes Projekt der erste Schritt für den Aufbau einer längerfristigen Zusammenarbeit mit engagierten Lehrkräften und Klassen. Sie kann – wenn man sich an den Qualitätskriterien orientiert – ein großer Gewinn für alle Beteiligten sein. Und sie ist ein guter Weg, junge Menschen unterschiedlichen Alters und unterschiedlicher Herkunft für ein gesellschaftliches Engagement zu begeistern.

6.5.3 Service-Learning an Hochschulen

Mechatroniker:innen entwerfen Elektromotoren für Schwerstbehinderte, Deutschdidaktiker:innen geben Sprachunterricht für Geflüchtete, angehende Medienexpert:innen entwerfen einen Flyer für einen gemeinnützigen Umweltverein, Medizinstudierende bringen sich in der Straßenambulanz ein, Historiker:innen unterstützen die Arbeit des örtlichen Museums – Service-Learning-Projekte sind in allen Fachrichtungen möglich.

Anders als bei einem ehrenamtlichen Engagement in der Freizeit, im Rahmen studentischer Initiativen oder bei einem Praktikum im gemeinnützigen Sektor ist das Engagement beim Service-Learning eng mit den fachlichen Studieninhalten verbunden, in eine Lehrveranstaltung eingebettet und wird dort reflektiert. Essenziell für den Lernerfolg sind eine enge Verzahnung zwischen den fachlichen Inhalten und der praktischen Anwendung sowie ein echter Bedarf an studentischer Unterstützung seitens des Kooperationspartners (s. a. Qualitätskriterien).

Mit dem Kooperationspartner werden konkrete Aufgabenstellungen und Ziele vereinbart, die sich mit den Lernzielen des Seminars decken. Dazu ist es sinnvoll, dass sich alle Beteiligten zu Beginn offen über ihre Bedarfe und Vorstellungen austauschen. Materialien mit den wichtigsten Fragen und Antworten für Hochschulen und ihre Kooperationspartner liegen mittlerweile von einigen deutschen Universitäten vor. Im Hochschulnetzwerk „Bildung durch Verantwortung" haben sich bundesweit Hochschulen und Universitäten zusammengeschlossen, denen die Verbindung von Lehre und gesellschaftlichem Engagement ein wichtiges Anliegen ist (www.bildung-durch-verantwortung.de).

Mehrwert für Kooperationspartner in der Zivilgesellschaft

Die Zusammenarbeit mit einer Hochschule vor Ort kann praktische Unterstützung für die eigenen Anliegen und Bedarfe bringen. Beispiele sind die Planung und Durchführung von Veranstaltungen, die Erhebungen und Evaluationen von Maßnahmen, die Erbringung von Leistungen, welche die Arbeitsprozesse einer Einrichtung unterstützen oder zur öffentlichen Darstellung der Einrichtung beitragen. Die Begleitung und Beforschung einer Einrichtung oder eines Projekts durch junge Menschen und die häufig damit verbundene Erprobung neuer Ideen und Ansätze können für eine Weiterentwicklung der eigenen Arbeit durchaus hilfreich sein. Außerdem birgt die Beteiligung an Service-Learning-Projekten die Chance, junge Menschen für die eigene Arbeit zu interessieren und für ein langfristiges Engagement in unterschiedlichen Bereichen zu gewinnen.

Qualitätskriterien für Service-Learning an Hochschulen:

- **gesellschaftlicher Bedarf:** Projekte und Maßnahmen entstehen aus realen gesellschaftlichen Problemen und Aufgaben und zielen auf einen konkreten Nutzen für den Einzelnen, eine Gruppe oder die Gesellschaft ab.
- **definierte Ziele:** Alle Beteiligten definieren gemeinsame Ziele auf die kooperativ hingearbeitet wird und zum Abschluss auf ihre Erreichung hin überprüft werden.
- **Service-Learning ist Bestandteil des Studiums:** Service-Learning ist strukturell und inhaltlich in das Studium eingebunden und mit den Lernzielen des Studiums verknüpft.
- **Kompetenzerwerb der Studierenden:** Studierende erwerben im Service-Learning je nach inhaltlicher und didaktischer Gestaltung durch die Lehrenden und Non-Profit-Organisationen persönliche, soziale, fachliche und berufliche Kompetenzen.
- **Lernen in fremden Lebenswelten:** Studierende lernen und handeln außerhalb des eigenen Hochschul- und Studienkosmos.
- **Kooperation der Beteiligten:** Alle Beteiligten wirken gemeinsam an der Planung, Vorbereitung und Ausgestaltung von Service-Learning mit.
- **Reflexion:** Die Beteiligten reflektieren fachlich und wissenschaftlich angeleitet ihre Erfahrungen im Service-Learning.
- **Begleitung der Studierenden:** Studierende werden bei der Planung und Durchführung von Service-Learning-Projekten unterstützt und begleitet.
- **Evaluation und Qualitätsentwicklung:** Service-Learning-Projekte beinhalten Maßnahmen zur Evaluation, insbesondere zur Qualitätssicherung und -entwicklung.
- **Anerkennung und Würdigung:** Das Engagement und die Leistungen der Beteiligten werden im Service-Learning und insbesondere zum Abschluss anerkannt und gewürdigt.

Zugang zu Hochschulen

Der Kontakt zu Hochschulen, die an einer Zusammenarbeit mit zivilgesellschaftlichen Organisationen interessiert sind, ist nicht ganz einfach. Service-Learning kann bei der Suche auf der Homepage einer Hochschule ein hilfreiches Stichwort sein. Häufig jedoch verbergen sich die möglichen Ansprechpartner:innen in Abteilungen und Institutionen, die für Außenstehende namentlich nicht als Anlaufstellen erkennbar sind. Die im Hochschulnetzwerk Bildung durch Verantwortung zusammengeschlossenen Hochschulen haben es sich immerhin zur Aufgabe gemacht, ihr Interesse an einer Zusammenarbeit besser nach außen zu tragen. Und sie bieten hilfreiche Informationen und Materialien für Kooperationen.

Mögliche zu klärende Fragen mit der Hochschule:

- Wie viele Studierende kommen zu mir in die Einrichtung?
- Wie sind die Studierenden versichert?
- Welche Tätigkeiten können ausgeübt werden?
- Welchen Umfang hat die Arbeit der Studierenden?

- Was muss ich als Einrichtung leisten? Mit welchem zeitlichen Aufwand muss ich rechnen?
- Wem gehören die Ergebnisse der studentischen Arbeit?
- Was kann ich machen, wenn sich die Studierendengruppe wiederholt nicht an Absprachen hält?
- Habe ich mit der Projektzusage eine Garantie, dass Studierende sich meiner Fragestellung annehmen werden?
- Wie wird mit den Ergebnissen und den erhobenen Daten umgegangen?

Selbstwirksamkeit als Erfahrung

Unabhängig davon, ob es sich um Studierende oder um Grundschüler:innen handelt: Service-Learning oder „Lernen durch Engagement" fördert nicht nur fachliches Wissen und kooperatives Handeln, sondern ermöglicht die aus (demokratie-)pädagogischer Sicht bedeutsame Erfahrung der „Selbstwirksamkeit", also der Erfahrung, im Gemeinwesen selbst einen wichtigen Beitrag leisten zu können. Für das Freiwilligenmanagement bringt das Modell viele positive Erfahrungen und eröffnet gute Chancen für den Zugang zu formalen Bildungsstrukturen und jungen Engagierten.

6.6 Freiwilligenmanagement in Patenschaftsprojekten – eine Herausforderung

Andrea Brandt

In den letzten zwei Jahrzehnten hat sich eine besondere Form des freiwilligen Engagements in Deutschland verbreitet, die es zuvor kaum gab: Patenschafts- und Mentoringprogramme. Sie sprechen verschiedene Zielgruppen mit unterschiedlichen Bedürfnissen an, die durch Freiwillige **individuelle Einzelunterstützung** erhalten.

Tandems bilden

Freiwilligenmanager:innen oder genauer Patenschaftskoordinator:innen organisieren die Eins-zu-eins-Beziehungen in einem Prozess der Anbahnung, Vermittlung und Begleitung: Sie lernen Interessierte beider Seiten kennen, bringen den/die Pate/Patin mit seinem/ihrem „Mentee" (die unterstützte Person) zusammen und beraten sie anschließend bei Bedarf. Beide bilden ein Tandem und treffen sich regelmäßig für eine bestimmte Zeit und ggf. für einen bestimmten Zweck. Manchmal kümmern sich Patinnen und Paten um mehrere Mentees, z. B. wenn sie eine Familie unterstützen oder mehreren Kindern vorlesen.

Diese Art des Engagements hat auch in Freiwilligenagenturen immer mehr an Bedeutung gewonnen. Weil sie inzwischen so im Trend liegen, werden in diesem Kapitel die Auswirkungen auf das Freiwilligenmanagement in Patenschaftsprojekten näher betrachtet:

- Worin liegen ihre Stärken?
- Welche Merkmale kennzeichnen sie und worin unterscheiden sie sich von anderen Engagementformen?
- Welche Besonderheiten und Herausforderungen sind mit ihnen verbunden?

Das Spektrum an unterschiedlichen Patenschaftsprogrammen, in denen sich Menschen als Paten oder Mentoren engagieren, ist in den letzten Jahren immer größer und vielfältiger geworden und umfasst inzwischen alle Altersgruppen, viele verschiedene Themen und unterschiedliche Zeiträume. Einige Beispiele dafür sind:

- **Unterstützung** für junge (alleinerziehende) Familien mit Neugeborenen in der neuen Lebenssituation
- **(Langzeit-)Patenschaften** für Kinder und Jugendliche zur Freizeitgestaltung, Lernförderung, Alltagsunterstützung, Talenteentwicklung in Sport, Musik, Kunst u. a. Interessensbereichen
- **Bildungs- und Lesepatenschaften** für Schüler:innen zur Verbesserung der Lesefähigkeit und vieler anderer Kompetenzen
- **Patenschaften für Kinder** suchtkranker oder psychisch kranker Eltern, damit verlässliche Erwachsene im Krisenfall einspringen können
- **Patenschaften für Jugendliche** zur Berufsorientierung, Ausbildungs- oder Praktikumssuche, zum Berufseinstieg u. a.
- **junge Erwachsene im Studium**, die von älteren Erwachsenen mit einschlägigen Erfahrungen in dem jeweiligen Wissensgebiet gefördert werden und die ihnen Zugänge zu bestimmten Wissensbereichen erleichtern
- **(Kurzzeit-)Patenschaften** für geflüchtete Menschen z. B. für die Unterstützung bei Behördenangelegenheiten, Sprachelernen, Engagementeinstieg, Berufsfindung u. a.
- **Nachbarschaftspatenschaften** für ältere Menschen mit gesundheitlichen oder psychischen Einschränkungen oder niedrigem Pflegebedarf, die in ihrem häuslichen Umfeld bleiben wollen

Win-Win für alle

Patenschaftsprojekte sind u. a. deshalb so beliebt, weil sie viele positive und erfahrbare Wirkungen für die Beteiligten mit sich bringen sowohl auf der gesellschaftlichen als auch auf der persönlichen Ebene. Sie schaffen Win-win-Situationen, von denen alle Seiten profitieren. Das macht sie für viele Engagementinteressierte attraktiv. Von den zahlreichen Gründen für ein Patenschaftsengagement seien hier einige genannt:

Positive Effekte von Patenschaftsprojekten auf gesellschaftlicher Ebene:

- Patenschafts- und Mentoringprojekte leisten Beiträge in gesellschaftlichen Handlungsfeldern, in denen Unterstützung fehlt:
  - Indem Paten geflüchtete Menschen individuell fördern, ihnen frühzeitig Zugänge zur deutschen Sprache, Kultur und Gesellschaft öffnen, erhöhen sie deren Bildungs-, Integrations- und Teilhabechancen.
  - Älteren Menschen können Patenschaften eine wichtige Unterstützung bei der Alltagsbewältigung sein. Insbesondere der Austausch und die Geselligkeit durch die Patin oder den Paten lindern Einsamkeit, entlasten Angehörige und schaffen ein Gefühl, am Leben teilzuhaben.
  - Patenschaftsprojekte ergänzen familiäre Strukturen: Indem Patinnen und Paten zeitweise Verantwortung für Kinder – insbesondere aus sozial benachteiligten Milieus und aus Familien mit Flucht- und Migrationsgeschichte – übernehmen, sie begleiten, ihnen Zeit und Zuwendung schenken, werden sie zu wichtigen Bezugspersonen, die ihre Entwicklung fördern und Resilienz stärken.

- Patenschafts- und Mentoringprojekte ergänzen hauptamtliche Strukturen im Bereich sozialpädagogischer Hilfen durch persönliche Beziehungen und bereichern das Zusammenleben. Hauptamtliche können diese Zeit nicht umfassend für jeden Einzelnen aufwenden aufgrund ihrer hohen beruflichen Anforderungen – und ihre professionelle Rolle steht persönlichen Beziehungen zu den Betreuten oftmals im Wege.
- Sie unterstützen den Umbau der Bildungslandschaft: Paten und Mentoren können andere Wege des Lernens anbieten als das formale Bildungssystem. Bei gemeinsamen Aktivitäten wie einer Stadterkundung oder einem Museumsbesuch, dem Kochen oder Schwimmen, bei der Praktikumssuche oder im Gespräch über eigene Interessen geben sie ihr Erfahrungswissen an ihre Mentees weiter und vermitteln ihnen informell und alltagspraktisch neue Kenntnisse und Kompetenzen.
- Patinnen und Paten zeigen Solidarität mit den Schwächeren der Gesellschaft und tragen etwas zum Gelingen von Gemeinschaft und gesellschaftlichem Zusammenhalt bei.

Positive Effekte auf persönlicher Ebene:

- Menschen, die eine Patenschaft übernehmen, können sich großenteils – in Absprache mit der/dem Mentee – ihre Zeit flexibel einteilen, z. B. am Wochenende oder abends und sind nicht an Öffnungszeiten von Einrichtungen gebunden.
- Auch inhaltlich haben sie – wie die o. g. Beispiele zeigen – viele Wahlmöglichkeiten zwischen unterschiedlichen Formen der Unterstützung und innerhalb der jeweiligen Patenschaft individuelle Gestaltungsmöglichkeiten.
- Sie tauchen in eine andere Lebenswelt ein, zu der sie ohne Engagement möglicherweise nicht in Kontakt kämen (z. B. Umgang mit Kindern oder geflüchteten Menschen). Das finden potenzielle Paten häufig reizvoll, weil sie dabei etwas anderes erleben als in ihrem Alltag.
- Der Kontakt mit einer/einem Mentee, z. B. einem Kind, kann einer Patin/einem Paten die eigenen Gefühle näherbringen. Sie bauen eine Beziehung auf und entwickeln sie gemeinsam weiter, teilweise bis hin zur Freundschaft.
- Sie bringen eigenes Wissen und Talente ein und wenden ihre Fähigkeiten an. Damit können sie etwas weitergeben und Spuren hinterlassen.
- Sie können anderen ein Vorbild sein, Sinnhaftigkeit und Selbstwirksamkeit empfinden, sich gebraucht fühlen.
- Sie entdecken mit ihrem Mentee gemeinsam Neues und lernen voneinander.
- Sie können eine Fürsorgerolle und ihre Helferbereitschaft ausleben.
- Patinnen und Paten können an der Entwicklung eines Menschen teilhaben.
- Sie können sich selbst in ungewohnten Situationen neu erfahren.
- Sie können die Welt mit anderen Augen sehen.

6.6.1 Merkmale von Patenschaftsprojekten

Patenschaftsprogramme haben viele gemeinsame Merkmale:

- Es geht in der Regel um Eins-zu-eins-Beziehungen, die von den Tandems weitgehend selbstständig organisiert werden. Dabei steht der **Beziehungsaufbau** zwischen einer einzelnen freiwillig engagierten Person und z. B. einem Kind (und seiner Familie) oder einem Jugendlichen im Zentrum des Engagements. Je nach Inhalt der Patenschaft steht gezielte Unterstützung im Fokus, um die Verbesserung einer Situation zu erreichen, oder ein allgemeiner „Befriending"-Ansatz, um im freundschaftlichen Sinne für den Mentee da zu sein und ihm/ihr Rückhalt zu bieten.
- Patenschaften und Mentoringbeziehungen wirken langfristig und eher präventiv als kompensatorisch. Erwachsene stärken Kinder, Jugendliche, Ältere oder andere Hilfebedürftige durch **persönliche Zuwendung** in ihrem Selbstbewusstsein und ihrer seelischen Widerstandsfähigkeit nachhaltig. Insofern tragen Patenschaften eher dazu bei, Fehlentwicklungen vorzubeugen, als kurzfristig Probleme aufzufangen, die über lange Zeit gewachsen sind. Sie können nach Beginn Einsamkeit oder das Fehlen von zugewandten Bezugspersonen lindern; eine nachhaltig positive Wirkung entfalten sie jedoch erst, wenn eine Vertrauensbasis gewachsen ist.
- Patenschaftsprojekte brauchen aufgrund ihrer **eigenständigen Struktur** einen eigenen **Rahmen**, d. h. eine Infrastruktur mit Zeit- und Finanzbudget, Räumen, technischer Austattung und sozial kompetenten Personen für die Umsetzung. Die Koordinator:innen stellen für die Beteiligten, die sich weitgehend selbstständig organisieren, eine Bindung an das Projekt her, indem sie Angebote machen und Anlässe für Begegnung schaffen. Das können gemeinsame Ausflüge und Feste für alle sein, Fortbildungen oder Austauschtreffen für Patinnen und Paten und individuelle Gespräche, mit denen sie beiden Seiten bei Beziehungsfragen, Missverständnissen oder Konflikten beratend zur Seite stehen. Dafür braucht es Zeit und Aufmerksamkeit, die sich ohne eigenständigen Rahmen kaum nebenbei aufbringen lassen.
- Es gilt das Prinzip der **Freiwilligkeit**: Die Paten erklären sich aus freiem Willen zu einem verantwortungsvollen und zuverlässigen Engagement bereit. Auch die unterstützungsbedürftigen Zielgruppen erklären ihr Einverständnis und sagen Verbindlichkeit zu. Wenn es an gegenseitiger Sympathie oder Zuverlässigkeit fehlt, das Interesse an Kontakt, Begegnung und Austausch nachlassen, sich eine oder beide Seiten unverstanden fühlen und geneigt sind, die Beziehung zu beenden, ohne sich eigeninitiativ um Veränderungen zu bemühen, kann auch ein:e Koordinator:in wenig ausrichten.
- Das Engagement ist in der Regel auf eine **mittel- bis langfristige Dauer und Regelmäßigkeit** ausgerichtet, damit Vertrauen wachsen und eine Beziehung entstehen kann. Die Häufigkeit der Treffen variiert je nach Projekt und persönlichen Absprachen der Tandems. Seit 2016 werden auch Kurzzeitpatenschaften für geflüchtete Menschen über das Bundesprogramm „Menschen stärken Menschen" angeboten, die sich auf wenige Begegnungen mit Paten beschränken können. Angesichts der hohen Zahl Zugewanderter und deren großem Orientierungsbedarf konnten so in kurzer Zeit relativ viele Patenschaften entstehen. Allerdings wünschen sich viele Mentees eine längere Begleitung, die etliche Paten gewähren, wenn sich die Beziehung positiv entwickelt.

- Erfahrungsgemäß wird die **Komplexität** von Patenschafts- und Mentoringprojekten – von außen betrachtet – oft **unterschätzt**. Es muss viel zusammenpassen, damit aus einer Patenschaft über einen längeren Zeitraum eine förderliche Beziehung entstehen kann. Begegnen sich doch in Patenschaften mindestens drei (z. B. Koordinator:in, Mentee und freiwillige:r Erwachsene:r) oder mehr Parteien (z. B. auch noch die alleinerziehende Person/Eltern oder ein:e fürsorgende:r Angehörige:r bei Älteren) mit unterschiedlichen Interessen, Erwartungen und Charakteren. Die verschiedenen Lebenswelten und Werte brauchen Akzeptanz und Anerkennung von allen Seiten.

Unterschiede zu anderen Engagementformen

Patenschaftsprojekte unterscheiden sich in bestimmten Punkten von anderen Formen freiwilligen Engagements, in denen Menschen sich ein Einsatzfeld in einer gemeinnützigen Initiative oder einem Verein suchen:

- Es gibt keine Einbindung in einen Kreis von haupt- und ehrenamtlichen Mitarbeiter:innen sowie i. d. R. keine regelmäßige Nutzung der Infrastruktur einer Einrichtung.
- Diese Form der freiwilligen Tätigkeit setzt eine große Selbstständigkeit, individuelle Gestaltungsfähigkeit und sozial-kommunikative Kompetenzen der Freiwilligen voraus.
- Um Anbindung und Rückhalt der Patinnen und Paten zu gewährleisten, müssen Begleitung und Austausch in Patenschaftsprojekten aufwendiger organisiert werden als in anderen Freiwilligenprojekten, weil Begegnung nicht „automatisch" stattfindet.
- Für die Begleitung, Reflexion und Supervision brauchen Patenschaftsprojekte eine:n vielseitig kompetente:n Koordinator:in.

6.6.2 Herausforderungen für Koordinator:innen

Kernaufgabe Beziehungsgestaltung

Der elementare Aspekt, warum Patenschaften einerseits so spannend und andererseits mit besonderen Herausforderungen verbunden sind, ist, dass es im Kern um Beziehungen geht. Beziehungen sind die wesentliche Voraussetzung für unser gesellschaftliches Zusammenleben, für Zufriedenheit und psychisches Gleichgewicht. Ohne Zuwendung und Fürsorge verkümmern Neugeborene und zu wenig Beachtung führt bei Kindern und Erwachsenen aller Altersstufen zu Ängsten, Einsamkeit und Depressionen. Sich dagegen in einer Gemeinschaft aufgehoben zu wissen, schenkt Menschen Vertrauen und Zuversicht, lässt sie Resilienz entwickeln und Krisen bewältigen. Die Anbahnung, Begleitung und Gestaltung von Patenschaftsbeziehungen kommt für Koordinator:innen zusätzlich zu all den in diesem Handbuch beschriebenen Aufgaben des Freiwilligenmanagements hinzu, die von ihnen zu erfüllen sind (Rahmen und Strukturen schaffen, Öffentlichkeitsarbeit, Fördermittelakquise, Fortbildungen usw.). Das macht die Aufgabe erheblich komplexer. Das Engagement der Patinnen und Paten steht und fällt mit dem Gelingen der Patenschaft. Die unterstützende Beziehungsgestaltung steht also an erster Stelle.

Erschwerend kommt hinzu, dass wir uns in der Regel wenig mit Beziehungen auseinandersetzen und kaum etwas darüber lernen, wie wir sie im positiven Sinne aufbauen und gestalten können, obwohl sie zu den wichtigsten Bausteinen unseres Lebens gehören.

Unser Blick auf sie ist im Wesentlichen durch Vorbilder unserer Kindheit geprägt, wie wir z. B. Beziehungen zu Eltern, Geschwistern und in Freundschaften erlebt haben. Die Beschaffenheit früher Bindungen bestimmt elementar unser späteres Vertrauen zu anderen. Wir orientieren uns ganz selbstverständlich ein Leben lang daran, oft ohne uns dessen bewusst zu sein. Vieles bleibt unreflektiert, im Ungefähren, vage Gefühlten und Intuitiven. Die Fragen, ob und aus welchen Gründen uns Beziehungen gutgetan oder belastet haben oder wie wir unsere und die Bedürfnisse anderer wahrnehmen, berücksichtigen und ausbalancieren können, lassen sich so kaum beantworten. Für eine erfolgreiche Patenschaftsgestaltung sind diese Fragen aber von großer Bedeutung.

- Wie können aus Patenschaften für alle Seiten gute Beziehungen entstehen?
- Gibt es Gelingensbedingungen für sie?
- Welche Anleitung, Fortbildungen und Interventionen zur Beziehungsgestaltung können die Engagierten ermutigen, aus ihren Patenschaften zu lernen?

Emotionale und soziale Kompetenzen

Um dies beantworten zu können, braucht es eine Reihe **sozialer und emotionaler Kompetenzen,** die für eine:n Patenschaftskoordinator:in hilfreich sind:

- Überzeugung von der Patenschaftsidee
- einen positiven Blick auf Beziehungen als etwas Bereicherndes
- Aufmerksamkeit für Beziehungsmuster und -rollen
- Freude am Kontakt mit den Beteiligten und Interesse an ihren verschiedenen Lebenswelten
- Menschenkenntnis, u. a. um die Eignung von Menschen für eine Patenschaft erkennen zu können
- Fingerspitzengefühl bei der Vermittlung der Beteiligten
- Lebensvertrauen, -erfahrung, ggf. Erfahrungen mit den Zielgruppen
- Anerkennung von Diversität, Respekt, Toleranz und ein wertschätzender Umgang
- Empathie, Reflexions- und Urteilsvermögen und ein ausgleichendes Temperament
- Umgang mit Interessenunterschieden, Konflikten und Krisenmanagement
- kommunikative und vertrauensbildende Fähigkeiten wie Offenheit und Mut, Probleme anzusprechen
- Sensibilität für Interventionen, die individuell zu den Beteiligten passen
- Stärke und Klarheit, z. B. für Absagen an Freiwillige
- Zutrauen in die eigenen Fähigkeiten
- Führungs- und Anleitungskompetenz
- Organisationstalent
- Blick für Kinder- und Jugendschutz bzw. den Schutz anderer sensibler Gruppen

Fachliche Kompetenzen aus den Bereichen Sozialarbeit, -pädagogik, Psychologie oder vergleichbare Qualifikationen sind sicher hilfreich. In Patenschaften sind auch sehr oft Quereinsteiger:innen aus anderen Berufszweigen mit den o. g. Kompetenzen als Koordinator:innen erfolgreich.

6.6.3 Unterstützende Maßnahmen von Koordinator:innen

Am Anfang steht die Einschätzung der Eignung

Die erste Aufgabe der Koordination besteht darin, mit Interessierten beider Seiten in der kurzen Zeit eines Kennenlerngesprächs ein möglichst umfassendes Bild zu gewinnen: Welche Werte, welcher Blick aufs Leben und Beziehungen, welche Bedürfnisse und Ressourcen existieren? Sind die Interessierten für eine Patenschaft geeignet, können sie einem/einer Mentee zuhören, sich einlassen, sich selbst zurücknehmen und dessen Bedürfnissen Raum geben? Sind sie kommunikativ und einfühlsam oder belehrend und dominant? Sind sie unterstützend und flexibel oder selbst emotional bedürftig und auf bestimmte Vorstellungen festgelegt? Können sie mit Herausforderungen und Konflikten umgehen oder ziehen sie sich zurück, wenn es mal schwierig wird?

Am Ende prägen die Wahrnehmung und Eindrücke des/der Koordinator:in nach dem Gespräch die Einschätzung, wie geeignet eine Person für die fürsorgliche Patenrolle erscheint und wie die Auswahl und die Zuordnung zu einem/r Mentee ausfällt. Denn trotz einiger sachlicher Kriterien – wie ähnliche Interessen, räumliche Nähe und geäußerte Wünsche für die Patenschaft – kommt es letztlich darauf an, dass sich der/die Koordinator:in vorstellen kann, ob beide zusammenpassen.

Vorbereitung auf die Rolle

Ein zweiter Schritt ist eine vorbereitende Schulung der Engagierten in weiteren Gesprächen oder Workshops, um mit ihnen die Patenrolle, die damit verbundenen Aufgaben, Erwartungen und Grenzen zu besprechen, sowie die Haltung und Werte des eigenen Programms zu verdeutlichen. Dabei ist das Verständnis davon, wie die Beteiligten auf eine Beziehung schauen, entscheidend. Wie viel Verantwortung können sie tragen, ohne sich überfordert zu fühlen? Bringen sie die Offenheit mit, der anderen Lebenswelt mit Respekt zu begegnen? Sind sie zu Aushandlungsprozessen bereit und behalten sowohl ihre eigenen als auch die Interessen der/des Mentees im Blick?

Matching mit Fingerspitzengefühl

Die nächste herausfordernde Aufgabe für den/die Koordinator:in ist die Patenschaftsvermittlung. Um erfolgreich Tandems zusammenzubringen, braucht es eine Einschätzung zu Beziehungsgewohnheiten der Beteiligten, die in wenigen Treffen erkennbar geworden sind. Hinzu kommt neben den o. g. Kriterien Intuition, Vorstellungskraft und Entscheidungsfähigkeit, um beide Seiten zum Experiment zu ermutigen, sich miteinander auszuprobieren.

Beziehungen bewusst erleben

Patenschaften können ein Weg sein, sich mit der Art, wie wir Beziehungen selbst gestalten können, bewusster auseinanderzusetzen. Was können die Beteiligten dafür tun, Nähe und Verbundenheit aufzubauen? Koordinator:innen können die Patinnen und Paten z. B. anregen, genau hinzuschauen, ihre eigenen Gefühle und ihr Verhalten gegenüber ihrem/ihrer Mentee zu beobachten, zu verändern und sich selbst dabei besser kennenzulernen. Auch den Mentees oder weiteren Beteiligten (Eltern, Angehörigen) können sie Empfehlungen für die Beziehungsgestaltung geben. Damit wächst bei allen allmählich das Bewusstsein, wie sie ihre Patenschaft konstruktiv gestalten können.

Darüber hinaus können sie viele wertvolle Anregungen geben, indem sie z. B. auf bestimmte Verhaltensweisen hinweisen oder einladen, sie zu hinterfragen:

- **Stimmt die Resonanz?**

  Wie zugewandt und offen sind beide Seiten? Was senden sie aus? Beziehungen leben von ihrer Resonanz. Wir „ernten" meist das, was wir selbst ausgesendet haben. Verhalten sich Patinnen und Paten abwartend und reserviert, reagiert der/die Mentee auch zögerlich und unsicher. Sind sie zugewandt, erzählen auch von sich, statt nur zu fragen, entsteht schneller Vertrauen.

- **Mehr Rolle als Persönlichkeit?**

  Bleiben Patinnen und Paten der Rolle als Helfer verhaftet, statt authentisch zu sein und auch Gefühle zu zeigen? Mentees, vor allem Kinder, wollen wissen, wen sie vor sich haben. Deshalb fordern sie Erwachsene – z. B. ihre Paten – heraus, Gefühle zu zeigen, und testen dafür gerne deren Grenzen aus. Damit Beziehungen nicht einseitig bleiben, braucht es eine beiderseitig ausgewogene Offenheit, durch die Vertrautheit entstehen kann.

- **Zu viel Bewertung?**

  Sind Paten geneigt, vieles zu bewerten? Erwachsene bewerten – im Unterschied zu Kindern, die vieles noch unvoreingenommen beobachten – das Verhalten anderer oft vorschnell. Dabei riskieren sie, andere fehleinzuschätzen, das Urteil über ihre Gefühle zu stellen und die Chance auf eine positive Beziehungsentwicklung frühzeitig einzuschränken.

- **Sich einlassen können?**

  Wie gehen die Beteiligten an eine Patenschaft heran? Wie gut können sie sich aufeinander einlassen? Wer mit Respekt und Offenheit in eine andere, noch fremde Lebenswelt eintaucht und sich auf das einlassen kann, was kommt, ist klar im Vorteil. Wer feste Vorstellungen hat, wie ein Gegenüber sein und sich verhalten sollte, und vor allem das sucht, was er kennt, kann schnell daran scheitern. Wer entspricht schließlich genau unseren Erwartungen?

- **Rückhalt und Rat finden**

  Wenn es dem/der Koordinator:in gelingt, in einem positiven, wohlwollenden Kontakt mit den Beteiligten zu sein, besinnen sich Paten und Mentees bei Unsicherheiten eher auf ihre Hilfe, statt die Patenschaft zu beenden. In Gesprächen können Koordinator:innen Erwartungen reflektieren, neue Impulse geben, zu einem anderen Herangehen ermutigen, Klarheit schaffen, bewusst machen, dass es in Ordnung ist, eigene Bedürfnisse zu formulieren und Grenzen zu ziehen oder auch mal eine Pause zu machen, wenn es zu viel wird. Das alles sind stärkende Momente der Begleitung, die Rückhalt vermitteln und das Fortbestehen der Patenschaften fördern. Sie schenken den Beteiligten die Zuversicht, wie es weitergehen kann, und lassen sie erkennen, wie viel sie selbst gestalten können.

Koordinator:innen können auch ihre Erfahrungen mit anderen Patenschaften teilen und weitertragen: In langfristig harmonierenden Patenschaften sprechen die Beteiligten öfter miteinander, Gefühle haben Platz und Dank und Anerkennung werden ausgesprochen. Das trägt dazu bei, dass alle Seiten sich gesehen und wertgeschätzt fühlen – die Patinnen und Paten mit ihrem Engagement, die Mentees mit ihren Bedürfnissen und ggf. Angehörige mit ihren familiären Belastungen. Anregungen für den Alltag können mitunter hilfreich sein, wenn sie behutsam und wohlwollend angesprochen werden. Belehrende Ratschläge oder Kritik kommen dagegen schnell als Einmischung an. Verständnis für die jeweils andere Lebenssituation ist auf beiden Seiten gefragt. Generell bilden ein aufmerksamer, sensibler Umgang miteinander und eine anhaltende Gesprächsbereitschaft eine gute Grundlage für eine gelingende Patenschaft.

Bereicherung erleben

Eine gelingende Patenschaft als Geschenk zu sehen und sich daran zu erfreuen, ist ebenfalls eine Haltung, die die Koordination unterstützen kann. Mentees wünschen sich Unterstützung, weil sie sie an anderer Stelle vermissen, Ressourcen in der Familie nicht ausreichen und sie – oder bei Kindern ihre Eltern – Defizite wahrnehmen. Paten und Patinnen, die Zeit und Geduld für die Beziehung aufbringen, können helfen, Situationen zu entspannen, indem sie dem/der Mentee zeitweise den Rahmen bieten, frei vom Erwartungsdruck und ganz bei sich sein zu dürfen. Oft reicht es, einfach da zu sein, zuzuhören oder etwas Schönes zusammen zu machen: Die Zuwendung, das echte Interesse, am Leben des Anderen Anteil zu nehmen, mitzudenken, was ihm Freude bereitet, oder ihn tröstet, machen den Reichtum einer Patenschaft aus. Und sie erweitert den Horizont.

Selbst wenn Patenschaften nur kurze Zeit dauern, können sie bereichernd wirken. Denn durch individuelle Zuwendung in einer Patenschaft erfahren beide Seiten ein Interesse um ihrer selbst willen, das ihnen zeigt: „Es gibt in meinem Leben Menschen, die mir wichtig sind und denen ich es bin."

Koordinator:innen, die sich auf die Beziehungsarbeit fokussieren, werden mit vielen positiven Geschichten aus Patenschaften belohnt, die ihnen zeigen, wie viel ihr Einsatz bewirkt.

Leider schränken die vielen anderen Herausforderungen des Freiwilligenmanagements, die finanzielle und personelle Unterausstattung von Patenschaftsprojekten, bürokratische Anforderungen, fehlende Planungssicherheit und damit verbundener Zeitmangel die Konzentration auf die Beziehungsarbeit im Alltag stark ein. Dabei weisen viele Erfahrungen von Patenschaftsprogrammen und wissenschaftliche Evaluationen darauf hin, dass diese Form der Einzelunterstützung, die allein mit bezahlten sozialen Dienstleistungen nicht zu leisten wäre, viele gesellschaftlich positive Effekte erzielt, indem sie Solidarität und gesellschaftlichen Zusammenhalt fördert.

7. Praktische Informationen

Übersicht über verschiedene Netzwerke des Bürgerschaftlichen Engagements:

Deutschlandweit

Freiwilligenagenturen: Freiwilligenagenturen unterscheiden sich in der Größe, Trägerschaft und dem besonderen Profil – gemeinsam haben sie jedoch die Funktion, Brücken zu bauen zwischen engagierten Bürger:innen und gemeinwohlorientierten Organisationen. Dafür leisten sie vor Ort vielfältige Aufgaben: Beratung und Begleitung von Freiwilligen, Öffentlichkeits- und Lobbyarbeit, Netzwerkarbeit zwischen Vereinen, Organisationen und der Kommune vor Ort, Projektarbeit u. v. m.

bagfa e. V.: Die Bundesarbeitsgemeinschaft der Freiwilligenagenturen ist der bundesweite Dach- und Fachverband der Freiwilligenagenturen in Deutschland, der die Arbeit von über 200 Mitgliedern fördert und vernetzt (www.bagfa.de). Unter dem Dach der bagfa haben auch die Landesarbeitsgemeinschaften (lagfas) die Möglichkeit zur Vernetzung und zum Austausch: Zweimal jährlich kommen die einzelnen Vertreter:innen im Länderbeirat zusammen, tauschen sich aus und beraten den Vorstand der bagfa sowohl in strategischen als auch in politischen Fragestellungen.

Bundesnetzwerk Bürgerschaftliches Engagement (BBE): Als Netzwerk von Bürgergesellschaft, Staat und Wirtschaft setzt sich das BBE für die Förderung des Bürgerschaftlichen Engagements in Deutschland ein. Auf der Webseite (www.b-b-e.de) werden Informationen, Literatur und Materialien zum gesamten Themenspektrum zur Verfügung gestellt.

Deutsche Stiftung für Engagement und Ehrenamt (DSEE): Als Bundesstiftung unterstützt die DSEE Menschen in Deutschland, die sich ehrenamtlich engagieren, mit einem vielfältigen Angebot: Auf der Webseite (www.deutsche-stiftung-engagement-und-ehrenamt.de) sind Informationen zu aktuellen Förderprogrammen und Studien zusammengefasst, es gibt einen umfangreichen Wissenspool, eine Sammlung von Engagementplattformen und vieles mehr. Die DSEE hat außerdem ein großes Angebot an Workshops und Beratungleistungen.

In Bayern

lagfa bayern e. V.: Die bayerische Landesarbeitsgemeinschaft bietet Austausch, Beratung und Unterstützung für Ehrenamtliche sowie Hauptamtliche in Freiwilligenagenturen, -zentren und Koordinierungszentren Bürgerschaftlichen Engagements (www.lagfa-bayern.de).

Landesnetzwerk Bürgerschaftliches Engagement Bayern e. V. (LBE): Das LBE schafft eine überregionale Vernetzung der Infrastruktureinrichtungen des Engagements und versteht sich außerdem als Bildungs-, Lern- und Informationsnetzwerk im Bereich des Bürgerschaftlichen Engagement (www.lbe-bayern.de).

Hochschulkooperation Ehrenamt: Die Hochschulkooperation Ehrenamt bietet eine fundierte, interdisziplinäre und praxisnahe Weiterbildung zum professionellen Management von Ehrenamtlichen an – auf akademischem Niveau und mit zertifiziertem Abschluss, gestaltet von Fachleuten aus der Wissenschaft und Praxis (www.hochschulkooperation-ehrenamt.de).

Weitere Unterstützung

Phineo: Die Mission von Phineo besteht in der Stärkung des strategischen gesellschaftlichen Engagements. Dabei unterstützen und vernetzen sie Zivilgesellschaft, Wirtschaft und den öffentlichen Sektor. Auf Basis fundierter Analysen bietet Phineo Beratungen u. a. für Non-Profit-Organisationen in verschiedenen Bereichen an (www.phineo.org).

Gesellschaft für Freiwilligenmanagement (GFM): Die Gesellschaft für Freiwilligenmanagement setzt sich für die Anerkennung des professionellen Managements von Freiwilligen als Profession mit bestimmten Qualitätsstandards und die fachliche Weiterentwicklung des Berufsfelds ein. Sie bietet ihren Mitgliedern und interessierten Fachkräften die Möglichkeit zur Vernetzung, kollegialen Beratung und Teilnahme an Fachveranstaltungen (www.gesellschaft-freiwilligenmanagement.de).

8. Danksagung

An dieser Stelle möchten wir allen danken, die dieses Handbuch für Freiwilligenmanagement möglich gemacht und mit Leben, Wissen und Erfahrung gefüllt haben. Besonderer Dank gilt einerseits Isabel Krieger vom Walhalla-Fachverlag, die mit der Idee für dieses Handbuch auf uns zukam und uns mit Rat und Tat bei der Umsetzung zur Seite stand.

Andererseits danken wir allen Autor:innen und Mitwirkenden, die sich allesamt sehr für die Umsetzung dieses Projekts eingesetzt haben. Sie bringen nicht nur Fachwissen in den unterschiedlichen Themenbereichen ein, sondern auch ihre Erkenntnisse aus der täglichen Arbeit mit Freiwilligen und Freiwilligenorganisationen. Nur durch ihren Blick aus der Praxis konnte dieses Handbuch für die Praxis entstehen. Ebenso gilt unser Dank an alle Organisationen und Einrichtungen, die freundlicherweise Materialien und Grafiken zur Verfügung gestellt haben.

Ein herzlicher Dank geht an alle, die sich ehrenamtlich engagieren oder freiwilliges Engagement fördern und wertschätzen. Wir hoffen, dass dieses Handbuch dazu beiträgt, dass Sie weiterhin viel Freude an Ihrer Arbeit haben und sich gut beraten fühlen.

9. Autor:innen des Handbuchs

Andrea Brandt, Dipl.-Ing. Stadt- und Regionalplanung, Umweltreferentin, Trainerin und Coach, seit 2004 Leiterin der Willma FreiwilligenAgentur Friedrichshain-Kreuzberg, Vorstand der LAGFA Berlin e. V., seit Ende 2000 Koordinatorin im Patenschaftsprojekt biffy Berlin e. V.

Laura Eder, Soziologin und Master of Social Management, ist seit über zehn Jahren in unterschiedlichen Funktionen im Engagementbereich tätig. Seit 2025 ist sie Co-Geschäftsführerin der lagfa bayern, wo sie sich insbesondere für die Themen Digitalisierung, Strukturförderung und Professionalisierung im Bereich Engagement und Ehrenamt einsetzt.

Beatrix Hertle, Diplom-Sozialpädagogin und Master of Social Management, war von 2015 bis 2025 Geschäftsführerin der lagfa bayern. Sie hat seit über 25 Jahren Erfahrung im Projektmanagement, mit Drittmittelakquise, Fundraising und PR für Non-Profit-Organisationen, besonders im Kontext Engagement und Ehrenamt.

Vanessa Körner, Freiwilligenmanagerin HKFM, Dipl.-PR-Managerin, ist seit 2016 Projektleiterin bei der lagfa bayern, wo sie den Bereich Weiterentwicklung von Vielfalt im Engagement und Ehrenamt begleitet. Ihr Fokus liegt dabei auch auf der landesweiten Vernetzung mit verschiedensten Engagementakteur:innen.

Wolfgang Krell, Diplom-Sozialpädagoge FH und Diplom-Pädagoge Univ., ist seit über 40 Jahren ehrenamtlich wie auch beruflich in gemeinnützigen Vereinen und Verbänden tätig. Seit 1997 ist er Geschäftsführer des Freiwilligen-Zentrums Augsburg sowie auf nationaler und internationaler Ebene aktiv, um freiwilliges Engagement zu fördern und weiterzuentwickeln.

Claudia Leitzmann, Germanistin M. A., ist seit 2003 Mitarbeiterin im Landesnetzwerk Bürgerschaftliches Engagement Bayern (LBE Bayern e. V.), u. a. zuständig für den Themenschwerpunkt „Bildung und Bürgerschaftliches Engagement". Seit 2023 ist sie Geschäftsführerin des LBE Bayern.

Anne Pahl, Geschichts- und Kulturwissenschaftlerin, unterstützt seit 2013 Freiwillige und Organisationen bei der Umsetzung digitalen Engagements auf der Plattform youvo.org und hat bei der Bundesarbeitsgemeinschaft der Freiwilligenagenturen (bagfa) das Projekt „Online Gutes tun" koordiniert.

Dr. Thomas Röbke war Geschäftsführer des Landesnetzwerks Bürgerschaftliches Engagement Bayern e. V. (LBE) und Vorsitzender des Sprecherrates des Bundesnetzwerks Bürgerschaftliches Engagement (BBE). 1997 gründete er das Zentrum Aktiver Bürger in Nürnberg. Nach dem Berufsende engagiert er sich ehrenamtlich für den Aufbau permakultureller Projekte in Kamerun und als Vorstand in einem Nachbarschaftsverein in Fürth.

Prof. Dr. Doris Rosenkranz, Technische Hochschule Nürnberg, lehrt, forscht und berät zu Engagement und Freiwilligenmanagement. Sie ist Sprecherin der Hochschulkooperation Ehrenamt (www.hochschul-kooperation-ehrenamt.de), Mitglied im Ethikrat der Bayerischen Staatsregierung sowie im Vorstand der Zukunftsstiftung Ehrenamt Bayern.

Kerstin Stocker, Dipl.-Betriebswirtin (FH), HKFM-Freiwilligenmanagerin und Organisationsberaterin. Seit 2011 Leitung des WinWin Freiwilligenzentrums, Landkreis Nürnberger Land, seit 2018 auch für die lagfa bayern e. V. tätig.

Renate Volk, Werbefachfrau, Redakteurin und systemischer Coach, ist seit über 20 Jahren als Beraterin, Gründerin und Geschäftsführerin tätig in den Bereichen Kommunikation, CSR und Nachhaltigkeit und Soziales. Seit 2011 leitet sie die Freiwilligen-Agentur TATENDRANG in München.

Herzlichen Dank!

10. Literaturverzeichnis

Kapitel 1: Strategisches Freiwilligenmanagement als Basis für gelingendes Engagement

Backhaus-Maul, Holger (2021): *Gesellschaftlicher Zusammenhalt. Die unterschätzte Bedeutung bürgerschaftlichen Engagements*. Blätter der Wohlfahrtspflege, 168 (2), S. 66–69. DOI: 10.5771/0340-8574-2021-2-66.

Bayerischer Landtag (2013): *Drucksache 16/17358 vom 20.06.2013.*
Verfügbar unter:
https://www.bayern.land-tag.de/fileadmin/images/content/Beschluss_16_15140.pdf (abgerufen am 15.06.2025).

Biedermann, Christiane (2000): *Was heißt Freiwillige managen? Grundzüge des Freiwilligen-Managements*. In: Stefan Nährlich; Annette Zimmer (Hrsg.): Management in Nonprofit-Organisationen: Eine praxisorientierte Einführung. Wiesbaden: VS Verlag für Sozialwissenschaften, S. 107–128. DOI: 10.1007/978-3-663-10710-1_6.

Deutscher Bundestag (2002): *Bericht der Enquete-Kommission „Zukunft des Bürgerschaftlichen Engagements"*. Berlin.
Verfügbar unter:
https://dserver.bundestag.de/btd/14/089/1408900.pdf (abgerufen am 15.06.2024).

Ellis, Susan J. (2002): *The Volunteer Recruitment Book (3th edition)*. PA: Energize. Philadelphia.

Hartnuß, Birger (2019): *Bürgerschaftliches Engagement und Soziale Arbeit. Ein Studienbuch für die Praxis*. 2. Auflage. Bremen: Apollon University Press.

Rosenkranz, Doris; Görtler, Edmund; Buchner, Enya (2025): *Wer löscht morgen? Engagement und Freiwillige Feuerwehr. Optionen des Strategischen Freiwilligenmanagements*. Weinheim, Basel: Beltz Juventa.

Rosenkranz, Doris; Görtler, Edmund; Buchner, Enya (2024): *Pilotstudie Freiwilligenmanagement*. In: Sonderdruck-Schriftenreihe der Technischen Hochschule Nürnberg. Ergebnisse online unter: https://www.engagement-gestalten.de/ (abgerufen am 15.06.2025).

Rosenkranz, Doris; Roderus, Silvia; Oberbeck, Niels (Hrsg.) (2020): *Service Learning. Konzeptionelle Überlegungen und Beispiele aus der Praxis für eine innovative Hochschule*. Weinheim: Beltz Juventa.

Rosenkranz, Doris; Beyer, Thomas (2015): *Wie wollen wir leben im Alter? Notwendigkeit und Chancen selbstorganisierter Solidarität in einer sich wandelnden Gesellschaft*. In: Thomas Beyer; Edmund Görtler; Doris Rosenkranz (Hrsg.): Seniorengenossenschaften. Organisierte Solidarität. Weinheim: Beltz Juventa, S. 12–19.

Rosenkranz, Doris; Görtler, Edmund; Limbeck, Brigitte (2014): *Woher kommen künftig die Freiwilligen? Engagementplanung als Zukunftsaufgabe für Kommunen und Verbände*. Weinheim: Beltz Juventa.

Rosenkranz, Doris; Weber, Angelika (2012) (Hrsg.): *Freiwilligenarbeit. Einführung in das Management von Ehrenamtlichen in der Sozialen Arbeit*. 2. Auflage. Weinheim: Juventa.

Kapitel 2: Ein paar Fakten zum Einstieg

2.1 Diskussionen zu den Begrifflichkeiten und 2.2 Aktuelles aus dem Engagementbereich

Bundesministerium für Familie, Senioren, Frauen und Jugend (BMFSFJ) (Hrsg.) (2021): *Freiwilliges Engagement in Deutschland. Zentrale Ergebnisse des fünften Deutschen Freiwilligensurveys (FWS 2019)*. Berlin.

Holtmann, Everhard; Jeack, Tobias; Wohlleben, Odette (2019): *Landesprofil Bayern*. In: dies.: Länderbericht zum Deutschen Freiwilligensurvey 2019, S. 147–156.

Röbke, Thomas (2021): *Der Humus der Gesellschaft. Über bürgerschaftliches Engagement und die Bedingungen, es gut wachsen zu lassen. Wiesbaden:* Springer Fachmedien.

Schubert, Peter; Kuhn, David; Tahmaz, Birthe (2023). *Der ZiviZ-Survey 2023: Zivilgesellschaftliche Organisationen im Wandel – Gestaltungspotenziale erkennen. Resilienz und Vielfalt stärken*. Berlin: ZiviZ im Stifterverband.

Schubert, Peter; Kuhn, David; Tahmaz, Birte (2023): *Vereine und andere zivilgesellschaftliche Organisationen in Bayern: Ergebnisse aus dem ZiviZ-Survey 2023*. Berlin: ZiviZ im Stifterverband.

2.3 Entwicklung des Freiwilligenmanagements als Tätigkeitsfeld

Habeck, Sandra (2015): *Freiwilligenmanagement. Exploration eines erwachsenenpädagogischen Berufsfeldes*. Wiesbaden: Springer.

Reifenhäuser, Carola; Hoffmann, Sarah G., Kegel, Thomas (2017): *Freiwilligen-Management*. 2. Auflage. Regensburg: Walhalla/Praetoria.

Reifenhäuser, Carola; Reifenhäuser, Oliver (Hrsg.) (2013): *Praxishandbuch Freiwilligenmanagement*. Weinheim: Iuventa.

Rosenkranz, Doris; Weber, Angelika (2012): *Freiwilligenarbeit. Einführung in das Management von Ehrenamtlichen in der Sozialen Arbeit*. 1. Auflage 2002, 2. aktualisierte Auflage 2012. Weinheim: Juventa,

Wagner, Bernd (Hrsg.) (2000): *Ehrenamt, Freiwilligenarbeit und bürgerschaftliches Engagement in der Kultur*. Essen: Kulturpolitische Gesellschaft e. V.

Wagner, Bernd; Röbke, Thomas (Hrsg.) (2000): *Jahrbuch für Kulturpolitik 2000*. Bd 1. Thema: Bürgerschaftliches Engagement. Essen: Klartext 2001.

Exkurs: Internationale Entwicklung des Freiwilligenmanagements als Profession

AVM – Association of Volunteer Management (2015): Professional development for volunteer managements
Verfügbar unter: https://volunteermanagers.org.uk/professional-development-for-volunteer-managers-think-lateral/ (abgerufen am 12.08.2025).

Cull, John G.; Hardy, Richard E. L. (1974): *Volunteerism – An Emerging Profession*. Springfield, Illinois.

Ellis, Susann J. (1997): *Is Volunteer Management Really a Profession?* In: Energize.
Verfügbar unter:
https://ellisarchive.org/sites/default/files/2025-07/Is%20Volunteer%20Management%20Really%20a%20Profession_%20_%20Energize_%20Volunteer%20Management%20Resources%20for%20Directors%20of%20Volunteers.pdf (abgerufen am 12.08.2025).

Ellis, Susan J. (2017): *Pride in the Volunteer Management Profession*. In: Energize.
Verfügbar unter:
https://www.energizeinc.com/hot-topics/2017/january (abgerufen am 12.08.2025).

Ellias, Susan J. (2000); McCurley, Steve: *Should Volunteer Administration Be a „Profession"?* In: EN-GAGE – Online Journal.
Verfügbar unter:
https://engagejournal.org/quarterly/00fall/profintro (abgerufen am 12.08.2025).

Ellis, Susan J.; Noyes, Katherine (1990): *By the People – A History of Americans as Volunteers.* Revised Edition. San Francisco/Oxford.

Fisher, James C.; Cole, Kathleen M. (1993): *Leadership and Management of Volunteer Programs – A Guide for Volunteer Administrators.* San Francisco.

IVMD – International Volunteer Managers Day: Mission and Statement of Values.
Verfügbar unter:
https://volunteermanagersday.org/about/ (abgerufen am 12.08.2025).

Piatak, Jaclyn S.; Sowa, Jessica E. (2025): *Volunteer Management – A Strategic Approach.* New York/London.

Ullian, Lawrence; Schink, Anne B. (2012): *Professionalism and Credentialing in the Field of Volunteer Management.*

Urban Institute (2024): *Volunteer Management – Capacity in America's Charities and Congregations. A Briefing Report.* Washington, D. C.

Kapitel 3

3.1 Alles eine Frage der Haltung

Deutscher Bundestag (2002): *Bericht der Enquete-Kommission: „Zukunft des Bürgerschaftlichen Engagements".* Berlin.
Verfügbar unter:
https://dserver.bundestag.de/btd/14/089/1408900.pdf (abgerufen am 26.06.2025).

Permantier, Martin (2019): *Haltung entscheidet – Führung und Unternehmenskultur zukunftsfähig gestalten.* München: Vahlen.

Exkurs: Freiwillige als Freiwilligenmanager:innen

Campbell Noyes, Katherine; Ellis, Susan J. (1995): *The (Help!) I-Don't-Have-Enough-Time Guide to Volunteer Management.* Philadelphia.

Freeland, Tom (2019): *Managing Without Money: The Joy (and Challenges) of Utilizing Volunteers as Volunteer Managers.* Zuerst veröffentlicht in e-Volunteerism, Volume XIX, Issue 2, January – April 2019.
Verfügbar unter: https://engagejournal.org/Utilizing_Volunteers_Volunteer_Managers (abgerufen am 07.05.2025).

Schubert, Peter; Kuhn, David; Tahmaz, Birte (2023): *Vereine und andere zivilgesellschaftliche Organisationen in Bayern: Ergebnisse aus dem ZiviZ-Survey 2023.* Berlin: ZiviZ im Stifterverband.
Verfügbar unter:
https://www.ziviz.de/sites/ziv/files/ziviz-survey_2023_hauptbericht.pdf (abgerufen am 27.05.2025).

Exkurs: Vielfalt im Engagement – Haltung, Chancen und Zukunftsstrategie

Bundesministerium für Arbeit und Soziales (BMAS) (2006): *Gesetz zur Umsetzung europäischer Richtlinien zur Verwirklichung des Grundsatzes der Gleichbehandlung.* Vom 14. August 2006. In: Bundesgesetzblatt Jahrgang 2006 Teil I Nr. 39.
Verfügbar unter: https://www.bmas.de/DE/Service/Gesetze-und-Gesetzesvorhaben/allgemeines-gleichbehandlungsgesetz.html (abgerufen am 01.07.2025).

Bundesministerium für Familie, Senioren, Frauen und Jugend (BMFSFJ) (2010): *Hauptbericht des Freiwilligensurveys 2009. Ergebnisse der repräsentativen Trenderhebung zu Ehrenamt, Freiwilligenarbeit und Bürgerschaftlichem Engagement.* München.
Verfügbar unter:
https://www.bmfsfj.de/resource/blob/93170/73111cb56e58a95dacc6fccf7f8c01dd/3-freiwilligen-survey-hauptbericht-data.pdf (abgerufen am 01.07.2025).

Bundesministerium für Familie, Senioren, Frauen und Jugend (BMFSFJ) (2010): Nationale Engagementstrategie der Bundesregierung.
Verfügbar unter: https://www.bmfsfj.de/resource/blob/251452/ac00fb8963654019ae158f9ae7d7efa6/engagementstrategie-des-bundes-data.pdf (abgerufen am 01.07.2025).

Bundesministerium für Familie, Senioren, Frauen und Jugend (BMFSFJ) (2024): *Engagementstrategie des Bundes.*
Verfügbar unter: https://www.bmfsfj.de/resource/blob/251452/ac00fb8963654019ae158f9ae7d7efa6/engagementstrategie-des-bundes-data.pdf (abgerufen am 01.07.2025).

Orth, Martin (21.06.2024): *Bunte Republik Deutschland.*
Verfügbar unter:
https://www.deutschland.de/de/topic/leben/diversity-in-deutschland-zahlen-und-fakten (abgerufen am 01.07.2025).

Schabram, Greta; Aust, Andreas; Kipping, Katja; Rock, Joachim (2025): *Verschärfung der Armut. Paritätischer Armutsbericht.* Deutscher Paritätischer Wohlfahrtsverband – Gesamtverband e. V. (Hrsg.). Berlin.

Schubert, Peter; Kuhn, David; Tahmaz, Birthe (2023). *Der ZiviZ-Survey 2023: Zivilgesellschaftliche Organisationen im Wandel. Gestaltungspotenziale erkennen – Resilienz und Vielfalt stärken.* Berlin: ZiviZ im Stifterverband.

z'sam – Zentrum für freiwilliges Engagement.
Verfügbar unter: https://z-sam.de/#Ehrenamt-ist-bunt (abgerufen am 01.07.2025).

3.2 Rahmenbedingungen für Engagement kennen

Bundesarbeitsgem*einschaft der Freiwilligenagenturen (bagfa) e. V. (2014): Freiwillige willkommen!!! – Qualifizierung und Zertifizierung von Einsatzstellen zum Freiwilligenmanagement. Berlin.
Verfügbar unter:
https://bagfa.de/wp-content/uploads/2019/12/Leitfaden_FreiwilligeWillkommen_Qualifizierung_Zertifizierung_Einsatzstellen_bagfa_web.pdf (abgerufen am 26.05.2025).*

Bundesarbeitsgemeinschaft der Freiwilligenagenturen (bagfa) e. V. (2015): *Monetarisierung im Engagement – Was tun? Eine Handreichung für Freiwilligenagenturen. Kassel.
Verfügbar unter:
https://bagfa.de/wp-content/uploads/2019/12/bagfa_Handreichung_Monetarisierung_2015.pdf (abgerufen am 20.05.2025).*

Gesellschaft für Freiwilligenmanagement (GFM)*: Qualitätsstandards im Freiwilligenmanagement.
Verfügbar unter:
https://www.gesellschaft-freiwilligenmanagement.de/wp/qualitaetsstandards/ (abgerufen am 27.05.2025).*

Landesarbeitsgemeinschaft der Freiwilligenagenturen, Freiwilligen-Zentren und Koordinierungszentren Bürgerschaftliches Engagement (KoBE) Bayern (lagfa bayern) (2023): *Bürgerschaftliches Engagement in sorgenden Gemeinschaften. Chancen und Grenzen des Ehrenamtes in der Senioren- und Pflegearbeit. Augsburg.*

Verfügbar unter:
https://lagfa-bayern.de/downloads/positionspapier-der-lagfa-zu-buergerschaftlichem-engagement-in-sorgenden-gemeinschaften/download-file/ (abgerufen am 20.05.2025).

Simonson, Julia; Kelle, Nadiya; Kausmann, Corinna; Tesch-Römer, Clemens (Hrsg.) (2022): *Freiwilliges Engagement in Deutschland. Der Deutsche Freiwilligensurvey 2019. Wiesbaden:* Springer.

Kapitel 4

4.2 Die Organisation vorbereiten – das Haus richten

Diakonisches Werk der EKD e. V. (2001): *Das Haus richten – Fit werden für die Zusammenarbeit mit Freiwilligen.* Stuttgart.

Fachstelle Engagementförderung der Evangelischen Kirche von Kurhessen-Waldeck (2021): *Für Engagement begeistern. Eine Praxishilfe für Freiwilligenkoordinator*innen (nicht nur) in Kirche und Diakonie.* Kassel.

4.3 Freiwillige gewinnen

Landeshauptstadt München (LHM), Referat für Bildung und Sport, Pädagogisches Institut – Zentrum für Kommunales Bildungsmanagement (2024): *Praxisleitfaden zur Kommunikation von BNE-Angeboten.* München.

Bundesarbeitsgemeinschaft für Freiwilligenagenturen e. V. (2018): *Bekannter werden, Öffentlichkeitsarbeit für Freiwilligenagenturen.* Berlin.

Lewrick, Michael; Link, Patrick; Leifer, Larry (2017): *Das Design Thinking Playbook: Mit traditionellen, aktuellen und zukünftigen Erfolgsfaktoren.* München: Vahlen-Verlag.

vostel volunteering ug (2020): *Freiwilligen-Umfrage 2020.* Berlin.
Verfügbar unter:
https://vostel.de/blog/ergebnisse-freiwilligen-umfrage-2020 (abgerufen am 28.06.2025).

Deutsche Stiftung Engagement und Ehrenamt (2024): *Menschen für Engagement begeistern. Tipps und Strategien aus der Praxis, um Freiwillige zu gewinnen.* Neustrelitz.
Verfügbar unter:
https://www.deutsche-stiftung-engagement-und-ehrenamt.de/wp-content/uploads/2024/07/DSEE_Ratgeber_Menschen-fuer-Engagement-begeistern.pdf (abgerufen am 28.06.2025).

Aktion Mensch: *Engagementplattform.*
Verfügbar unter:
https://www.aktion-mensch.de/was-du-tun-kannst/ehrenamt/engagement-plattform (abgerufen am 28.06.2025).

FOKUS: Plattformen für digitale Engagementvermittlung

Bundesministerium für Familie, Senioren, Frauen und Jugend (BMFSFJ) (2020): *Dritter Engagementbericht. Zukunft Zivilgesellschaft: Junges Engagement im digitalen Zeitalter.* Berlin.

4.4 Erstgespräch und Auswahl von Freiwilligen

Paritätischer Wohlfahrtsverband Niedersachsen e. V. (Hrsg.) (2018): *Leitfaden Ehrenamtsmanagement.* Hannover.

4.5 Onboarding – Freiwillige ins Boot holen

Fachstelle Engagementförderung der Evangelischen Kirche von Kurhessen-Waldeck (2021): *Für Engagement begeistern – eine Praxishilfe für Freiwilligenkoordinator*innen (nicht nur) in Kirche und Diakonie*. Kassel.

Haug, Thomas (2023): *Freiwillige gewinnen, Gemeinschaft stärken. Eine Anleitung zur Gewinnung und Koordination von ehrenamtlichen Helfern*. Balingen.

Volunteer Ireland: *Preparing for a Volunteer's First Day.*
Verfügbar unter:
https://www.volunteer.ie/resource_library/preparing-for-a-volunteers-first-day/ (abgerufen am 27.04.2025).

Wild Apricot (11.06.2024): *How to Build a Volunteer Onboarding Process and Why You Should.*
Verfügbar unter:
https://www.wildapricot.com/blog/volunteer-onboarding-process (abgerufen am 18.01.2025).

4.6 Freiwillige begleiten und binden

Simonson, Julia; Kelle, Nadiya; Kausmann, Corinna; Tesch-Römer, Clemens (Hrsg.) (2022): *Freiwilliges Engagement in Deutschland. Der Deutsche Freiwilligensurvey 2019*. Wiesbaden: Springer.

Tatendrang Freiwilligen-Agentur (08.12.2021): *Wenn der Tatendrang nachlässt – Selbstmotivation im freiwilligen Engagement.*
Verfügbar unter: https://tatendrang.de/wenn-der-tatendrang-nachlaesst-selbstmotivation-im-freiwilligen-engagement/ (abgerufen am 29.06.2025).

4.7 Schulung, Fortbildung und Qualifizierung

Knight, Karen (25.09.2024): *Planning for Accessible Volunteer Training.*
Verfügbar unter:
https://karenknight.ca/planning-for-accessible-volunteer-training/ (abgerufen am 16.03.2025).

McCurley, Steve; Lynch, Rick; Jackson, Rob (2012): *The Complete Volunteer Management Handbook*. 3rd edition. London: Directory of Social Change.

Meet-Campus (23.05.2023): *Stärkung, Wachstum und Anerkennung: die Bedeutung von Fortbildungen im sozialen Ehrenamt.*
Verfügbar unter:
https://www.meet-campus.de/staerkung-wachstum-und-anerkennung-die-bedeutung-von-fortbildungen-im-sozialen-ehrenamt/ (abgerufen am 15.04.2025).

Swift, Meridian (2018): *Effective Volunteer Training is a Three-Tier-Investment.* In: Engage. The Global Voice of Leaders of Volunteer Engagement.
Verfügbar unter:
https://engagejournal.org/Three-Step_Investment (abgerufen am 04.05.2025).

Volunteering Australia: *Planning to Train Volunteers. Community Toolbox.*
Verfügbar unter:
https://volunteeringhub.org.au/planning-to-train-volunteers/ (abgerufen am 24.04.2025).

Volunteer Ireland (2021): *Do My Volunteers Need Training?*
Verfügbar unter: https://volunteeringhub.org.au/wp-content/uploads/2021/02/Volunteer-Ireland-Do-My-Volunteers-Need-Training.pdf (abgerufen am 24.04.2025).

4.8 Anerkennung von Freiwilligem Engagement

Bundesnetzwerk Bürgerschaftliches Engagement (BBE) (2020): *Zusammenleben vor Ort*. Berlin.

McCurley, Steve; Lynch, Rick; Jackson, Rob (2012): *The Complete Volunteer Management Handbook*. 3rd edition. London: Directory of Social Change.

Vern Lake (o. J.): 101 *Möglichkeiten, Danke zu sagen*. Minnesota.

4.9 Beendigung und Abschied vom Engagement

Fachstelle Engagementförderung der Evangelischen Kirche von Kurhessen-Waldeck (2021): *Für Engagement begeistern. Eine Praxishilfe für Freiwilligenkoordinator*innen (nicht nur) in Kirche und Diakonie*. Kassel.

Grotz, Jürgen; Leonard Ruth (2022): *Volunteer Involvement. An Introduction to Theory and Practice*. London: Palgrave Macmillan.

Lipp, John L. (2009): *The Complete Idiot's Guide to Recruiting & Managing Volunteers*. New York: Alpha Books.

Madding, Allen; King, Dan (2018): *Volunteer Management 101. How to Recruit and Retain Volunteers*. St. Petersburg, FL: Charm House Publishing.

McCurley, Steve; Lynch, Rick; Jackson, Rob (2012): *The Complete Volunteer Management Handbook*. 3rd edition. London: Directory of Social Change.

Reifenhäuser, Carola; Reifenhäuser, Oliver (Hrsg.) (2013): *Praxishandbuch Freiwilligenmanagement*. Weinheim und Basel: Beltz Verlag.

Volunteering New Zealand (2023): *Best Practice Guidelines. Te Anga Whaitake*.
Verfügbar unter:
https://www.volunteeringnz.org.nz/resources/best-practice-guidelines/best-practice-guidelines (abgerufen am 24.06.2025).

Yeager, Bryan (2017): *Volunteer Management for Non-Profit Organizations. The Art of People Management*. Mesa.

4.10 Evaluation des Engagements mit Freiwilligen

Görtler, Edmund: *Evaluation im Freiwilligenmanagement*. In: Rosenkranz, Doris; Weber Angelika (2012): Freiwilligenarbeit. Einführung in das Management von Ehrenamtlichen in der Sozialen Arbeit. 2. aktualisierte Auflage. Weinheim und München: Beltz Juventa, S. 116–124.

Lotich, Patricia (2023): *Smart Volunteer Management. A Volunteer Coordinators' Handbook for Engaging, Motivating and Developing Volunteers*. Second Edition. o. O.

McCurley, Steve; Lynch, Rick; Jackson, Rob (2012): *The Complete Volunteer Management Handbook*. 3rd edition. London: Directory of Social Change.

Kapitel 5

5.1 Projektmanagement im Bürgerschaftlichen Engagement

Bundesarbeitsgemeinschaft der Freiwilligenagenturen e. V. (bagfa) (2020): *Wege zum Aufbau einer Freiwilligenagentur*. Berlin.

Bundesministerium für Ernährung und Landwirtschaft (BMEL) (2025): *Ehrenamtliches Engagement in ländlichen Räumen*. Sammelband zur Forschungsfördermaßnahme des BULEplus.

Deutscher Bundestag (Hrsg.) (2024): *Vierter Engagementbericht Zugangschancen zum freiwilligen Engagement*. Drucksache 20/14120 05.12.2024.
Verfügbar unter: https://dserver.bundestag.de/btd/20/141/2014120.pdf (abgerufen am 01.07.2025).

digital verein(t): *Zusammenarbeit im Verein.*
Verfügbar unter:
https://digital-verein(t).de/themen/zusammenarbeit-im-verein (abgerufen am 18. Mai 2025).

Landesarbeitsgemeinschaft der Freiwilligenagenturen, Freiwilligen-Zentren und Koordinierungszentren Bürgerschaftliches Engagement (KoBE) Bayern (lagfa bayern) (2023): *Bürgerschaftliches Engagement in sorgenden Gemeinschaften. Chancen und Grenzen des Ehrenamtes in der Senioren- und Pflegearbeit.* Augsburg.
Verfügbar unter:
https://lagfa-bayern.de/downloads/positionspapier-der-lagfa-zu-buergerschaftlichem-engagement-in-sorgenden-gemeinschaften/download-file/ (abgerufen am 20.05.2025).

Phineo gAG (Hrsg.) (2021): *Kursbuch Wirkung. Das Praxishandbuch für alle, die Gutes noch besser tun wollen.* 6., überarbeitete Auflage. Berlin.

Poulakos, Ismene (2024): *Zwischen Selbstbezüglichkeit und Gemeinschaftssinn: ASB-Studie zeigt Motive für Engagement.* Reihngold.Institut.
Verfügbar unter:
https://www.rheingold-marktforschung.de/rheingold-studien/zwischen-selbstbezueglichkeit-und-gemeinschaftssinn-asb-studie-zeigt-motive-fuer-freiwilliges-engagement/ (abgerufen am 21.04.2025).

Reifenhäuser, Carola; Reifenhäuser, Oliver (Hrsg.) (2013): *Praxishandbuch Freiwilligenmanagement.* Weinheim und Basel: Beltz Verlag.

Seyhan, Leven (2021): *Projektmanagement im Ehrenamt Grundlagen und Tipps für freiwillig Engagierte.* 2. Auflage. Wiesbaden: Springer Gabler.

Simonson, Julia; Kelle, Nadiya; Kausmann, Corinna; Tesch-Römer, Clemens (2022): *Zentrale Ergebnisse des Deutschen Freiwilligensurveys 2019.* In: dies.: Freiwilliges Engagement in Deutschland: Der Deutsche Freiwilligensurvey 2019. Wiesbaden: Springer VS, S. 1–7.
Verfügbar unter:
https://doi.org/10.1007/978-3-658-35317-9_1 (abgerufen am 08.07.2025).

5.2 Finanzierung im Freiwilligenmanagement

Bayerisches Staatsministerium für Familie, Arbeit und Soziales: *Das Ehrenamtsportal.*
Verfügbar unter:
https://www.ehrenamt.bayern.de/.

Rosenkranz, Doris; Görtler, Edmund; Buchner, Enya (2024): *Pilotstudie Freiwilligenmanagement. Ergebnisbericht.* Nürnberg: Technische Hochschule Nürnberg.
Verfügbar unter:
http://dx.doi.org/10.34646/thn/ohmdok-2117 (abgerufen am 18.05.2025).

Von Schnurbein, Georg (2023): *Finanzmanagement in Non-Profit-Organisationen. Finanzielle Ressourcen strukturiert, zielgerichtet und nachhaltig einsetzen.* Wiesbaden: Springer Gabler.
Verfügbar unter:
https://doi.org/10.1007/978-3-658-41806-9 (abgerufen am 20.04.2025).

Simonson, Julia; Kelle, Nadiya; Kausmann, Corinna; Tesch-Römer, Clemens (2022): *Zentrale Ergebnisse des Deutschen Freiwilligensurveys 2019.* In: dies.: Freiwilliges Engagement in Deutschland: Der Deutsche Freiwilligensurvey 2019. Wiesbaden: Springer VS, S. 1–7.
Verfügbar unter:
https://doi.org/10.1007/978-3-658-35317-9_1 (abgerufen am 08.07.2025).

Landesarbeitsgemeinschaft der Freiwilligenagenturen, Freiwilligen-Zentren und Koordinierungszentren Bürgerschaftliches Engagement (KoBE) Bayern (lagfa bayern) (2023): *Bürgerschaftliches Engagement in sorgenden Gemeinschaften. Chancen und Grenzen des Ehrenamtes in der Senioren- und Pflegearbeit. Augsburg.*
Verfügbar unter:
https://lagfa-bayern.de/downloads/positionspapier-der-lagfa-zu-buergerschaftlichem-engagement-in-sorgenden-gemeinschaften/download-file/ (abgerufen am 20.05.2025).

5.3 Qualität sichern in der Arbeit mit Freiwilligen

Beratergruppe Ehrenamt: *Qualitätsentwicklung in der Ehrenamtskoordination.* LMS Lern-Modul-System.
Verfügbar unter:
https://lms.beratergruppe-ehrenamt.de/sfm1-paderborn/qm/ (abgerufen am 07.04.2025).

Bruhn, Manfred (2013): *Qualitätsmanagement für Nonprofit-Organisationen.* Wiesbaden: Springer Fachmedien.

Bundesministeriums des Inneren: *Organisationshandbuch.*
Verfügbar unter: https://www.orghandbuch.de/Webs/OHB/DE/OrganisationshandbuchNEU/4_MethodenUndTechniken/Methoden_A_bis_Z/Stakeholderanalyse/Stakeholderanalyse_node.html (abgerufen am 16.06.2025).

Grillitsch, Waltraud; Felscher, Steffen (2024): *Qualitätsmanagement in Organisationen der Sozialwirtschaft. Eine Einführung.* Wiesbaden: Springer Fachmedien.

König, Joachim (Hrsg.) (2016): *Praxisforschung in der Sozialen Arbeit. Ein Lehr- und Arbeitsbuch.* Stuttgart: Kohlhammer Verlag.

König, Joachim; Ottmann, Sebastian (2023): *Wirkungsorientierung in der Sozialen Arbeit. Eine Einführung für Studium und Praxis.* Stuttgart: Kohlhammer Verlag.

Pfeil, Patricia; Müller, Marion (2020): *Evaluation in der Sozialwirtschaft. Eine Einführung.* Wiesbaden: Springer VS.

Ribbeck, Jochen (2022): *Qualitätsmanagement in der Sozialwirtschaft.* 2. Auflage. Regensburg: Walhalla Fachverlag.

Simsa, Ruth; Meyer, Michael; Badelt, Christoph (2013): *Handbuch der Nonprofit-Organisation. Strukturen und Management.* 5. Auflage. Stuttgart: Schäffer-Poeschel Verlag.

5.4 Netzwerkarbeit: Chancen und Hürden

Barkhoff, Jürgen; Böhme, Hartmut; Riou, Jeanne (2004): Netzwerke. *Eine Kulturtechnik der Moderne.* Köln: böhlau Verlag.

Olk, Thomas; Rüttgers, Martin; Beinke, Inga (2011): *Netzwerke der Engagementförderung in Deutschland. Analyse und Empfehlungen zur Weiterentwicklung.* Gefördert durch das Bundesministerium für Familie, Senioren, Frauen und Jugend (BMFSFJ).

Röbke, Thomas (2016): *Engagementnetzwerke oder: von Ungleichzeitigkeiten und Verspätungen.* In: BBE Newsletter für Engagement und Partizipation in Deutschland 7/2016.
Verfügbar unter:
https://www.b-b-e.de/fileadmin/Redaktion/05_Newsletter/01_BBE_Newsletter/bis_2017/2016/newsletter-07-roebke.pdf (abgerufen am 30.06.2025)

5.5 Öffentlichkeitsarbeit im Freiwilligenmanagement und 5.6. Lobbyarbeit – Netzwerke schaffen und Interessen vertreten

Bundesarbeitsgemeinschaft der Freiwilligenagenturen e. V. (bagfa) (2018): *Bekannter werden, Öffentlichkeitsarbeit für Freiwilligenagenturen*. Berlin.

Bundesarbeitsgemeinschaft der Freiwilligenagenturen e. V. (bagfa) (2016): *Thema werden. Politische Netzwerkarbeit und Interessenvertretung von Freiwilligenagenturen*. Berlin.

Bundesnetzwerk Bürgerschaftliches Engagement. *Engagement macht stark*.
Verfügbar unter:
https://www.b-b-e.de/engagement-macht-stark/ (abgerufen am 25.05.2025).

Deutscher Paritätischer Wohlfahrtsverband Gesamtverband e. V. (2022): *Überzeugend sozial! Paritätische Arbeitshilfe zur kommunalen Lobbyarbeit*. Berlin.

Landesarbeitsgemeinschaft der Freiwilligenagenturen in Bayern (lagfa bayern) e. V. (2025): *Umfrage des Projektes „digital vereint": Studie: KI-Anwendungen im Ehrenamt – Hype oder echter Nutzen?*
Verfügbar unter:
https://digital-vereint.de/aktuelles/ki-anwendungen-im-ehrenamt-hype-oder-echter-nutzen/ (abgerufen am 25.05.2025).

Metke, Christina (17.05.2023): *Wie geht Lobbyarbeit für's Engagement?* Vortrag. lagfa-Tagung, München.

Schmidbauer, Klaus; Jorzik, Oliver (2017): *Wirksame Kommunikation – mit Konzept. Ein Handbuch für Praxis und Studium*. Potsdam: Talpa.

SINUS Markt- und Sozialforschung (2023): *Was sind Sinus-Milieus?*
Verfügbar unter:
https://www.sinus-institut.de/sinus-milieus (abgerufen am 25.05.2025).

Kapitel 6.1 Vorstandschaft in einem Verein

Breuer, Christoph; Feiler Svenia (2025): *Sportvereine in Deutschland: Ergebnisse aus der 9. Welle des Sportentwicklungsberichts*. Sportentwicklungsbericht für Deutschland 2023–2025, Teil 1.
Verfügbar unter:
https://cdn.dosb.de/Relaunch_2024/Ehrenamt/Downloads/SEB-Bundesbericht-2023-2025-web.pdf (abgerufen am 05.06.2025).

Deutsche Stiftung für Engagement und Ehrenamt (2024): *Menschen für Engagement begeistern. Tipps und Strategien aus der Praxis, um Freiwillige zu gewinnen*.
Verfügbar unter:
https://www.deutsche-stiftung-engagement-und-ehrenamt.de/wp-content/uploads/2024/07/DSEE_Ratgeber_Menschen-fuer-Engagement-begeistern.pdf (abgerufen am 05.06.2025).

Röbke, Thomas (2014): *Engagement braucht Leadership. Stärkung von Vereinen und ihren Vorständen als Zukunftsaufgabe*. Robert Bosch Stiftung (Hrsg.).
Verfügbar unter:
https://www.bosch-stiftung.de/sites/default/files/publications/pdf_import/Engagement_braucht_Leadership.pdf (abgerufen am 05.06.2025).

Schubert, Peter; Kuhn, David; Tahmaz, Birthe (2023): *Der ZiviZ-Survey 2023: Zivilgesellschaftliche Organisationen im Wandel. Gestaltungspotenziale erkennen – Resilienz und Vielfalt stärken*. Berlin: ZiviZ im Stifterverband.

Verfügbar unter:
https://www.ziviz.de/sites/ziv/files/ziviz-survey_2023_hauptbericht.pdf (abgerufen am 05.06.2025).

Exkurs: Freiwilligenmanagement im ländlichen Raum

Bundesministerium für Ernährung und Landwirtschaft (BMEL) (2025): *Ehrenamtliches Engagement in ländlichen Räumen. Sammelband zur Forschungsmaßnahme des BULEplus.*
Verfügbar unter:
https://www.bmel.de/SharedDocs/Downloads/DE/Broschueren/forschung-ehrenamt.pdf?__blob=publicationFile&v=5 (abgerufen am 02.07.2025).

Bundesministerium für Familie, Senioren, Frauen und Jugend (BMFSFJ) (Hrsg.) (2021): *Freiwilliges Engagement in Deutschland. Zentrale Ergebnisse des Fünften Deutschen Freiwilligensurveys (FWS 2019).* Berlin.

Küpper, Patrick (2016): *Abgrenzung und Typisierung ländlicher Räume.* Thünen Working Paper 68.
Verfügbar unter:
https://literatur.thuenen.de/digbib_extern/dn057783.pdf (abgerufen am 02.07.2025).

6.2 Digitales Engagement

Bundesarbeitsgemeinschaft der Freiwilligenagenturen (bagfa) e. V. (2023): *Freiwilligenagenturen und digitales Engagement. Eine Handreichung.* Berlin.
Verfügbar unter:
https://bagfa.de/wp-content/uploads/2023/11/2023_Handreichung_Freiwilligenagenturen-und-digitales-Engagement.pdf (abgerufen am 01.07.2025).

Bundesministerium für Familie, Senioren, Frauen und Jugend (BMFSFJ) (Hrsg.) (2021): *Freiwilliges Engagement in Deutschland. Zentrale Ergebnisse des Fünften Deutschen Freiwilligensurveys (FWS 2019).* Berlin.
Verfügbar unter:
https://www.bmfsfj.de/resource/blob/176836/7dffa0b4816c6c652fec8b9eff5450b6/freiwilliges-engagement-in-deutschland-fuenfter-freiwilligensurvey-data.pdf (abgerufen am 01.07.2025).

Hinz, Ulrike u. a. (2014): *Digitales Bürgerschaftliches Engagement.*
Verfügbar unter:
https://www.forum-seniorenarbeit.de/uploads/2014/09/2014-09-18-Digitales-Buergerschaftliches-Engagement.pdf (abgerufen am 07.07.2025).

Jähnert, Hannes (2012): *Was ist Online-Volunteering?* In: BBE-Newsletter 05/2012.
Verfügbar unter:
https://www.b-b-e.de/fileadmin/Redaktion/05_Newsletter/01_BBE_Newsletter/bis_2017/2012/nl05_jaehnert_online-volunteering.pdf (abgerufen am 01.07.2025).

Könitz-Goes, Stefanie et al. (2024): *Engagement fördern, Zukunft gestalten. Eine gemeinsame Initiative des ASB-Bundesverbandes und der Landesverbände NRW, Bayern und Sachsen.* Arbeiter-Samariter-Bund NRW e. V.
Verfügbar unter:
https://karriere.asb-nrw.de/fileadmin/Downloads/ASB_Engagement_Brosch%C3%BCre_Print_WEB_final.pdf (abgerufen am 01.07.2025).

Matuschek, Katrin; Niesyto, Johanna: *Freiwilligen-Engagement professionell gestalten. Engagierte und aktive Freiwillige gewinnen und beteiligen.* Friedrich-Ebert-Stiftung.
Verfügbar unter:
https://library.fes.de/pdf-files/akademie/mup/13064.pdf (abgerufen am 01.07.2025).

Saliger, Susanne (2024): *Digitales Engagement.*
Verfügbar unter:
https://elkb-digital.de/2024/09/30/digitales-engagement-eine-einfuehrung-und-inspiration-fuer-die-praxis/ (abgerufen am 01.07.2025).

6.3 Corporate Volunteering

Gute Geschäfte – Marktplatz für Unternehmen und Gemeinnützige:
Verfügbar unter:
https://www.gute-geschaefte.org/ (abgerufen am 01.07.2025).

Lewrick, Michael; Link, Patrick; Leifer; Larry (Hrsg.) (2017): *Das Design Thinking Playbook: Mit traditionellen, aktuellen und zukünftigen Erfolgsfaktoren*. München: Vahlen.

Nachtschicht: *Nachtschicht nachmachen.*
Verfügbar unter:
https://nachtschicht-berlin.de/nachmachen/ (abgerufen am 01.07.2025).

PHINEO (2021): *Ratgeber Corporate Volunteering für Unternehmen*. Berlin.

Skala Campus: *Corporate Volunteering: 5 Formate für die Zusammenarbeit mit Unternehmen.*
Verfügbar unter:
https://www.skala-campus.org/artikel/corporate-volunteering-formate/ (abgerufen: Dezember 2024).

ZiviZ gGmbH (2022): *Strategisches Corporate Volunteering*. Berlin.

6.4 Spontanes Engagement

Roth, Roland (2023): *Handreichung Krisenengagement (Crisis Volunteering). Handlungsperspektiven von Freiwilligenagenturen*. Bundesarbeitsgemeinschaft der Freiwilligenagenturen (bagfa) e. V. (Hrsg.). Berlin.
Verfügbar unter:
https://bagfa.de/wp-content/uploads/2023/12/2023_bagfa_Diskussionspapier_Krisenengagement.pdf (abgerufen am 27.05.2025).

Bundesamt für Bevölkerungsschutz und Katastrophenhilfe (BKK) (2023): *Spontanhilfe im Einsatz. Grundlagen und Empfehlungen für eine erfolgreiche Zusammenarbeit von Einsatzkräften und Spontanhelfenden*. Bonn.

Deutsche Stiftung für Engagement und Ehrenamt (DSEE): *Kessel – Koordiniertes Einsetzen von Spontanhelferinnen und Spontanhelfern in speziellen Einsatzlagen. Abschlussbericht.*
Verfügbar unter:
https://www.deutsche-stiftung-engagement-und-ehrenamt.de/studienberichte/kessel-koordiniertes-einsetzen-von-spontanhelfenden-in-speziellen-einsatzlagen/ (abgerufen am 27.05.2025).

Ely, Bianca; Weber Thomas: *Ansatzpunkte für eine zukunftsfähige Gestaltung des ehrenamtsbasierten Katastrophenschutzes in Deutschland. Das Integrierte Konzept*. In: INKA-Forschungsverbund (Hrsg.) (2015): Engagiert im Katastrophenschutz. Impulse für ein zukunftsfähiges Freiwilligenmanagement. Schwalbach/Ts.: Wochenschau Verlag, S. 65–75.

Freiwilligen-Zentrum Augsburg (2022): *Nach der Krise ist vor der Krise. Freiwilligenmanagement in Krisenzeiten – Herausforderungen für Freiwilligen-Management – internationale und nationale Erfahrungen*. Dokumentation des Fachtags vom 18.11.2022. Augsburg.
Verfügbar unter:
https://www.freiwilligen-zentrum-augsburg.de/unsere-aktionen-1/2022-fachtag-nach-der-krise-ist-vor-der-krise/ (abgerufen am 27.05.2025).

Lessig, Marina; Kunz, Mischa; Unterreitmeier, Sebastian; Wenngatz, Mandy (2019): *Spontanhilfehandbuch. Wie Spontanhilfe gelingen kann*. Münchner Freiwillige – Wir helfen e. V. (Hrsg.). München.

Schubert, Peter (2023): *Informelles Engagement: Die neue Normalität? Eine Analyse des organisationalen Rahmens von freiwilligem Engagement*. Essen: ZiviZ im Stifterverband.
Verfügbar unter:
https://www.ziviz.de/sites/ziv/files/informelles_engagement_die_neue_normalitaet.pdf (abgerufen am 27.05.2025)

Yükseler, Mustafa; Yazgan, Jale (2023): *Spontaneous Volunteers in Emergencies and Disasters*. In: Mokhtari, Mohammad (Ed.): Natural Hazards – New Insights. IntechOpen.
Verfügbar unter:
https://www.intechopen.com/chapters/85430 (abgerufen am 27.05.2025).

6.5 Service-Learning/Lernen durch Engagement

Hiebl, Petra; Leitzmann, Claudia; Oelbauer, Daniel (2024): *Service Learning als Beitrag zur Wertebildung von Studierenden*. In: Kopp, Bärbel; Schieder-Niewierra, Steffi; Tabbert, Andreas (Hrsg.): Wertebildung im Lehramtsstudium. Beiträge aus Wissenschaft, Forschung und Schulpraxis. Erlangen: FAU-University Press.

Hofer, Manfred; Derkau, Julia (Hrsg.) (2020): *Campus und Gesellschaft. Service Learning an deutschen Hochschulen. Positionen und Perspektiven*. Weinheim: Beltz Juventa.

Rosenkranz, Doris; Roderus, Silvia; Overbeck, Niels (Hrsg.) (2020): *Service Learning an Hochschulen. Konzeptionelle Überlegungen und innovative Beispiele*. Weinheim: Beltz Juventa.

Seifert, Anne; Zentner, Sandra; Nagy, Franziska (2012): *Praxisbuch Service-Learning. „Lernen durch Engagement" an Schulen*. Weinheim: Beltz.

Zentner, Sandra (2014): *Tu was für andere und lern was dabei! Mit Service-Learning fürs Mitgestalten begeistern*. In: SCHÜLER – Wissen für Lehrer (2014): Engagement und Partizipation, S. 104–107.

11. Checklisten und Vorlagen

Name des/der Freiwilligen	

Willkommen in der Organisation	**Zusätzliche Information**	**Erfolgt am (Datum)**	**Gez. von ...**
Begrüßung in unserer Organisation			
Information zum Leitbild, zu Werten, zur Satzung, Geschichte und Zukunft der Organisation			
Informationen über die Nutzer:innen/Klientengruppen/„Kund:innen" der Organisation			
Rolle der Freiwilligen in unserer Organisation			
Rolle der Beruflichen in unserer Organisation			
Information zur Zusammenarbeit von Hauptamtlichen und Ehrenamtlichen, um die Ziele der Organisation zu erreichen			
Information zur Entscheidungsfindung in der Organisation und zu verantwortlichen Personen/Gremien			
Vorstellung bei den anderen Freiwilligen			

Einführung in die Rolle als Freiwilliger	Zusätzliche Information	Erfolgt am (Datum)	Gez. von ...
Einführung in die Rolle als Freiwilliger und die konkreten Aufgaben im Engagement			
Besprechung der Stellenbeschreibung für Freiwillige			
Austausch über die Erwartungen der Organisation und die Erwartungen des/der Freiwilligen			
Austausch über mögliche Bedenken für diese Aufgaben als Freiwillige:r			
Information zu den notwendigen Schulungen und Fortbildungen, den Zeitaufwand, die Verpflichtung dazu und Gründe dafür, insbesondere wenn es eine verpflichtende Schulung ist			
Vereinbarung zur möglichen Unterstützung, also was von wem in welcher Form und wie oft angeboten wird			
Austausch über die Grenzen der Rolle als Freiwillige:r, Information über zuständigen Verantwortlichen, ob allein oder im Team gearbeitet wird, Handreichungen zu Fragen, wie z. B. Umgang mit besonderen Anfragen durch Klient:innen, die über den eigentlichen Auftrag als Freiwillige:r hinausgehen oder Geschenken von Klient:innen			
Übergabe einer schriftlichen Risikobewertung für die Rolle als Freiwillige:r und Diskussion über die notwendigen Verhaltensweisen zum eigenen Schutz und zur Einhaltung der Versicherungsvorgaben			
Information über Freiwilligentreffen, -kommunikation und sonstige Gemeinschaftsveranstaltungen			
Austausch über den Sinn und den Inhalt der Engagementvereinbarung			
Angaben zur Kontaktperson und deren Erreichbarkeit			
Übergabe eines Namensschildes und entsprechender Ausstattung für den Einsatz, wenn notwendig von Dienstkleidung			
Festlegung eines Reflexionsgesprächs mit konkretem Datum, um über die bisherigen Erfahrungen im Einsatz zu sprechen			

Einführung in Ziele und Ablaufprozesse	Zusätzliche Information	Erfolgt am (Datum)	Gez. von ...
Information über Ziele und Grundlagen der Organisation sowie über Ablaufprozesse innerhalb der Organisation sowie Information über Zugang zu entsprechenden Dokumenten			
Erläuterung zur Bedeutung von Gleichberechtigung, Diversität und Inklusion mit Bezug auf Vorschriften/Vorgaben der Organisation			
Austausch über Anerkennungskultur in der Organisation und die Vorteile für Freiwillige			
Information über Kontaktperson in Notfällen und über die Erreichbarkeit der Zuständigen in Notfällen			
Information und Austausch zu den Gesundheits- und Sicherheitsvorschriften			
Information zum Verhalten bei Feueralarm, zu Notausgängen, zu Brandbeauftragten im Haus, Notfallevakuation des Gebäudes und zu regelmäßigen Probealarmen			
Information zu Ersthelfer:innen und Erste-Hilfe-Ausstattung			
Erläuterung zu Verwaltungsabläufen bei Unfällen			
Information über Zutritt zum Gebäude und Sicherheitsvorschriften			
Information und Austausch zur eigenen Verantwortung für Gesundheit und Sicherheit			

Willkommen in den Räumlichkeiten der Organisation und andere praktische Fragen	Zusätzliche Information	Erfolgt am (Datum)	Gez. von ...
Information zum Zugang zu den Gebäuden und Räumen: Behindertentoiletten, Teeküche, Öffnungszeiten, Parkmöglichkeiten und Ruheräume			
Rundgang durch die Räume bzw. das Geländer der Organisation, evtl. auch im Stadtviertel/Gemeinde – wenn relevant			
Information über andere Organisationen, die ebenfalls im Haus ansässig sind bzw. Räume teilen			
Information zum Dresscode der Organisation – evtl. auch zur Dienstkleidung			
Unterstützende Informationen zur Kommune, zum Stadtteil, zu Parkplätzen, zu Busverbindungen und zum nächsten Imbiss			
Information über Kostenerstattung, Art der Kosten, die erstattet werden, und Fragen zu Benefits innerhalb der Organisation			
Einführung in das Telefonsystem			
Einführung in EDV: Login, Nutzername am PC, Passwörter			
Detailinformationen, wo was gelagert ist und wo Schlüssel für Lagerräume erhältlich sind			

Checkliste

Anregungen für das Erstgespräch mit Freiwilligen

- **Begrüßung** Gegenseitiges Bekanntmachen und Schaffung einer angenehmen Gesprächsatmosphäre
- **Vorstellung der/des Freiwilligen** Motivation für die ehrenamtliche Tätigkeit, Erfahrungen und Kenntnisse, Wünsche erfragen
- **Vorstellung der freiwilligen Tätigkeit** Austausch der gegenseitigen Erwartungen zu Art, Umfang und Zielrichtung (im Blick behalten, dass viele Freiwillige berufstätig sind und somit eine gewisse Flexibilität erforderlich ist)
- **Vorstellung der Einrichtung** Vorstellen der Mitarbeiter:innen und Rundgang durchs Haus
- **Vorstellung Ansprechpartner:in** Kontaktdaten, Sprech- und Arbeitszeiten und Erreichbarkeit für Notfälle
- **Vereinbarungen treffen** zu gewünschtem Beginn, Zeiteinsatz, Dauer des Engagements und Probezeit
- **Rahmenbedingungen klären** Versicherungsschutz (Unfall, Haftpflicht), Unkostenerstattung, Arbeitsmaterialien, etc.
- **Gegenseitiger Kontaktaustausch** Name, Telefon, E-Mail, Geburtstag, Krankenkasse des/der Freiwilligen aufnehmen
- **Vereinbarung der weiteren Vorgehensweise** z. B. Tag der Tätigkeitsaufnahme, Termin für weiteres Gespräch
- **Verabschiedung** Klären eventuell offener Fragen

Vorlage für ein Engagementangebot

Titel

Welche Tätigkeit, für wen, wie? (Zielgruppe, Kurzbeschreibung der Tätigkeit, möglichst konkret)

____

____

____

Wo und wie findet das Engagement statt? (Einsatzort, online oder vor Ort)

____

____

____

Zeitlicher Rahmen (Häufigkeit, Wochentage und Uhrzeiten, flexibel oder zeitlich festgelegt?, wie lange sollte das Engagement mindestens dauern?)

____

____

____

Anforderungen an den/die Freiwillige:n

Das bringen Sie mit:

- z.B. Sprachkenntnisse, Vorkenntnisse

____

____

Weitere Anforderungen:
z.B. Alter, Geschlecht

____

____

Das bieten wir:

- z.B. Austauschmöglichkeit für die Engagierten • Begleitung durch eine feste Ansprechperson • Fortbildung • Auslagenersatz (wie Fahrt- oder Telefonkosten) • Unfall- und Haftpflichtversicherung
- ______________________________
- ______________________________
- ______________________________

Kontaktdaten: (Name, Einrichtung, Anschrift, Telefon, E-Mail, Website, Ansprechpartner:in)

____

____

Quelle: Freiwilligen-Agentur TATENDRANG, München

MUSTER

Vereinbarung über die ehrenamtliche Mitarbeit

im Projekt / in der Einrichtung

____

Zwischen [Organisation]

[Anschrift]

vertreten durch ______________________________

[Funktion]

und ______________________________

[Funktion]

und

Herrn/Frau ______________________________

geboren am: ______________________________

wohnhaft in: ______________________________

wird folgende Vereinbarung geschlossen:

1. Mitarbeit im Projekt [xxx]

Herr/Frau ____________________ ist seit ____________________ ehrenamtlich im Projekt [Projektname] tätig.

Als Ehrenamtliche/r ist o.g. Person berechtigt, als [Bezeichnung der Projektmitarbeit] im Namen der [Organisationsname] bzw. des Projektes [Projektname] aufzutreten.

2. Einsatzzeiten und Aufgaben

Die Einsatzzeiten und Aufgaben werden gemeinsam vereinbart. Der Betätigungsumfang beträgt [Anzahl] Stunden pro Monat, durchschnittlich [Anzahl] Stunden pro Woche.

Die Aufgaben von Herrn/Frau [Name des Freiwilligen] im Rahmen seiner/ihrer ehrenamtlichen Tätigkeit umfassen:

- [Bezeichnung Aufgabe]
- [Bezeichnung Aufgabe]
- [Bezeichnung Aufgabe]

Bei Veränderungen der persönlichen Situation, die eine Mitarbeit nicht mehr erlauben, sollte [Organisationsname/Träger] schnellstmöglich informiert werden. Die/der Ehrenamtliche wird gebeten, die zuständige Kontaktperson/den Projektkoordinator unverzüglich zu unterrichten, falls er/sie krankheitsbedingt oder aus anderen Gründen gezwungen ist, der Tätigkeit fernzubleiben.

Zur Gewährleistung der qualitativen Umsetzung der Aufgaben verpflichtet sich der Träger, dem/der Ehrenamtlichen während seiner/ihrer Betätigung beratend und begleitend zur Seite zu stehen.

Zur Koordination und Planung sowie zur Reflexion und Fortbildung finden regelmäßige Treffen der Freiwilligen statt.

3. Kostenerstattung und Versicherung

Anfallende Kosten während des Einsatzes als [Bezeichnung der Projektmitarbeit] werden im vorher vereinbarten Rahmen gegen Nachweis erstattet. Ein entsprechendes Abrechnungsformular wurde ausgehändigt. [hier bitte andere Modalitäten ergänzen / ändern, z.B. pauschale Aufwandsentschädigung in Höhe von...]

Im Rahmen der ehrenamtlichen Tätigkeit sowie auf dem Weg zur und von ihrem ehrenamtlichen Einsatz sind die Ehrenamtlichen über [Organisationsname/Träger] als Träger des Projektes haftpflicht- und unfallversichert. Bei Einsatz eines privaten PKW im Auftrag der Organisation gilt die Dienstreise-Vollkasko-Versicherung der [Organisationsname/Träger].

4. Schweigepflicht

Der/die Freiwillige verpflichtet sich, die Interessen der [Organisationsname/Träger] bzw. des Projektes [Projektname] zu wahren und ist davon unterrichtet, dass er/sie über alle ihm/ihr während der freiwilligen Tätigkeit bekanntwerdenden Angelegenheiten Verschwiegenheit zu bewahren hat. Die Pflicht dauert auch nach Beendigung der freiwilligen Tätigkeit fort.

5. Datenschutz

Der/die Freiwillige wurde auf die Wahrung des Datengeheimnisses gem. § 5 Bundesdatenschutzgesetz (BDSG)/§5 Gesetz zum Schutz personenbezogener Daten der Bürger [Bundesland ergänzen] verpflichtet. Er/sie wurde wie folgt belehrt:

Es ist untersagt, geschützte personenbezogene Daten zu einem anderen als dem zur jeweiligen rechtmäßigen Aufgabenerfüllung gehörenden Zweck:

- zu verarbeiten, bekannt zu geben, zugänglich zu machen oder sonst zu nutzen.

Diese Pflichten dauern auch nach Beendigung der freiwilligen Tätigkeit fort.

Der Erhalt der Datenschutzinformation sowie den Erhalt und die Einhaltung der von [Organisationsname/Träger] formulierten Verhaltensregeln werden mit der Unterschrift bestätigt.

[Ort], [Datum]

____________________	____________________	____________________
Herr/Frau Ehrenamtliche/r	[Vertretungsberechtigte/r] [Projektkoordinator xxx]	[Ansprechpartner] [Organisationsname/Träger]

Quelle: Freiwilligenagentur Halle 2024, mit Ergänzungen des Freiwilligen-Zentrums Augsburg 2025

Antrag auf Gebührenbefreiung für ein erweitertes Führungszeugnis

Name der Organisation
Adresse
PLZ, Stadt
E-Mail, Telefonnr.

Name der Behörde
Adresse
PLZ, Stadt

Ort, Datum

Antrag auf Gebührenbefreiung für ein erweitertes Führungszeugnis

Sehr geehrte Damen und Herren,

hiermit beantragen wir als gemeinnützige Organisation die Gebührenbefreiung für die Ausstellung eines erweiterten Führungszeugnisses für Frau/Herrn ____________________, geboren am ____________________, wohnhaft ____________________.

[Name der Person] engagiert sich in unserem Verein/Projekt **[Name des Projekts oder Tätigkeitsbereichs]** ehrenamtlich und unentgeltlich. Da diese Tätigkeit den Kontakt zu schutzbedürftigen Personen umfasst, ist gemäß § 30a BZRG ein erweitertes Führungszeugnis erforderlich.

Gemäß § 12 JVKostO bitten wir um Gebührenbefreiung, da das Führungszeugnis ausschließlich für eine ehrenamtliche, gemeinnützige Tätigkeit benötigt wird. Eine Bestätigung über das ehrenamtliche Engagement liegt diesem Antrag bei.

Für Rückfragen stehen wir Ihnen gerne zur Verfügung.

Mit freundlichen Grüßen

____

Stempel und Unterschrift

Name der verantwortlichen Person (Position in der Organisation)

Anlagen:

- Bestätigung der ehrenamtlichen Tätigkeit von **[Name der Person]**

MUSTER

Nachweis über bürgerschaftliches Engagement

Mit dem Nachweis über bürgerschaftliches Engagement wird das ehrenamtliche, freiwillige und unentgeltliche Engagement anerkannt und gewürdigt.

Dieser Nachweis bescheinigt die im bürgerschaftlichen Engagement erbrachten Tätigkeiten und erworbenen Kompetenzen für:

Frau Nicole Musterfrau
geboren am 14. Mai 1965
Musterstr. 44
07629 Musterstadt

Umfang der Tätigkeit

Frau Musterfrau ist seit Januar 2023 ehrenamtlich bei der Freiwilligen-Agentur Halle-Saalkreis e.V. zur Unterstützung von Straßenfesten und der Öffentlichkeitsarbeit tätig. Ihr zeitliches Engagement betrug ca. 20 Stunden pro Monat. [ggf.: Das Engagement wird fortgesetzt.]

Kurzbeschreibung des Vereins/ Einrichtung:

Die Freiwilligen-Agentur Halle-Saalkreis e.V. versteht sich als Vernetzungs- und Vermittlungsstelle zur Förderung bürgerschaftlichen Engagements. Sie fungiert als Anlaufstelle sowohl für interessierte Bürger/innen als auch Organisationen.

Schwerpunkte und Einschätzung der Tätigkeit:

- Vorbereitung der Öffentlichkeitsmaterialien für Straßenfeste und sonstige Aktionen
- Koordinierung des Teams für die Öffentlichkeitsarbeit bei Straßenfesten
- Teilnahme an Straßenfesten/ Aktionen
- Ansprechpartnerin für interessierte Bürger/innen
- Erstellung von Materialien zur Öffentlichkeitsarbeit

Durch ihre Ausbildung als Grafikdesignerin brachte Frau Musterfrau wertvolle Kompetenzen in ihr Engagement ein, z.B. bei der Erstellung von Plakaten und Flyern. Darüber hinaus bewies sie Organisationstalent bei der Koordinierung des gesamten Teams. Als kommunikationsfreudige und aufgeschlossene Ansprechpartnerin stand sie interessierten Bürger/innen kompetent für Fragen zum freiwilligen Engagement zur Verfügung. Darüber hinaus sind ihre stetige Bereitschaft zur Fortbildung hervorzuheben und ihre hohe Motivation zur Unterstützung der Freiwilligen-Agentur.

Teilnahme an Fortbildungen:

- Kommunikationstraining (VHS Halle, 16 Stunden)
- Präsentationstechniken (Medien- und Kompetenzzentrum, 8 Stunden)
- „Wie erstelle ich einen Flyer“ (Heinrich-Böll-Stiftung, 12 Stunden)

Wir danken Frau Musterfrau für ihren engagierten Einsatz!

Freiwilligen-Agentur Halle-Saalkreis e.V.
Leipziger Str. 82
06108 Halle (Saale)
Tel: 0345-200 28 10
www.freiwilligen-agentur.de

Ort, Datum, Unterschrift, Stempel

Quelle: Freiwilligen-Agentur Halle-Saalkreis e.V.

12. Stichwortverzeichnis